丛书编委会

主　　任：杨新科（天水师范学院院长）

副主任：王宗礼（西北师范大学继续教育学院院长）

　　　　柳春敏（西北师范大学继续教育学院副院长）

　　　　陈逸平（天水师范学院继续教育学院院长）

　　　　陈玉霞（兰州城市学院继续教育学院院长）

　　　　高新民（陇东学院继续教育学院院长）

　　　　蔺海琨（河西学院继续教育学院院长）

　　　　崔　明（兰州大学出版社社长）

委　　员：刘旭东　杨晓宏　任遂虎　武和平

　　　　王翠英　杨　玲　毛乃佳　李元旦

　　　　俞树煜　孙晓玲　宫玉梅　王卫军

　　　　王等等　李红霞　曹依民　陈红升

普通高等师范院校继续教育通识类教材丛书

杨 玲◎主编

心理学
理论与实践

（第二版）

兰州大学出版社
LANZHOU UNIVERSITY PRESS

图书在版编目（CIP）数据

心理学理论与实践/杨玲主编. —2 版. —兰州：兰州大
学出版社，2008.12（2019.3 重印）

ISBN 978-7-311-02709-4

Ⅰ.心… Ⅱ.杨… Ⅲ.心理学—师范大学—教材 Ⅳ.B84

中国版本图书馆 CIP 数据核字（2008）第 198073 号

责任编辑　陈红升　王　剑
封面设计　张稳移

书　　名	心理学理论与实践（第二版）	
作　　者	杨　玲　主编	
出版发行	兰州大学出版社　（地址：兰州市天水南路 222 号　730000）	
电　　话	0931-8912613（总编办公室）　0931-8617156（营销中心）	
	0931-8914298（读者服务部）	
网　　址	http://press.lzu.edu.cn	
电子信箱	press@lzu.edu.cn	
印　　刷	北京虎彩文化传播有限公司	
开　　本	880 mm×1230 mm　1/32	
印　　张	10.875	
字　　数	290 千	
版　　次	2009 年 1 月第 2 版	
印　　次	2019 年 3 月第 11 次印刷	
书　　号	ISBN 978-7-311-02709-4	
定　　价	21.00 元	

第 二 版 说 明

　　由兰州大学出版社与西北师范大学继续教育学院共同立项开发的"西北师范大学继续教育通识类教材丛书"共七本,已于 2005 年 6 月正式出版。

　　该套丛书自出版以来,经过西北师范大学继续教育学院及其联合办学单位两届约一万多学生的使用,得到了各方好评和认可。为了更好地发挥这套丛书的优势和功能,充分体现区域教学特色,我们本着开发和培育精品课程、出版精品教材,司时为甘肃各高校继续教育搭建一个良好的教学科研平台的原则,经与西北师范大学继续教育学院充分沟通,邀请了甘肃各普通高等师范院校继续教育学院共同对这套丛书进行了审定。这次审定得到了甘肃省教育厅有关部门的大力支持,在此基础上我们组织相关学科的专家和有关作者又对这套丛书进行了半年多的修订,现改为**"第二版——普通高等师范院校继续教育通识类教材丛书"**继续出版。

　　希望各参编院校与广大读者继续对这套丛书提出宝贵意见,以便我们改进工作,更好地为大家服务。

总　序

　　近年来,随着经济全球化的进程、知识经济的来临以及我国社会主义现代化事业的全面推进,我国的教育事业面临着新的挑战和新的发展机遇。社会主义现代化事业的全面发展,素质教育和终身教育理念的确立,基础教育的改革发展,要求高等教育与之相适应。继续教育是普通高校教育事业的重要组成部分,也是高等院校服务社会的重要途径,大力发展普通高校的继续教育事业,是时代和社会的必然要求。

　　成人学历教育是西北师大继续教育的主体。由于受经济社会发展程度的制约,我国的高等教育发展滞后,特别是西部欠发达地区,这一情形更为突出。因此,许多适龄人口在过去失去了接受高等教育的机会。发展成人学历继续教育,既是我国教育发展的现状决定的,也为广大没有接受高等教育的适龄人口提供了接受高等教育的机会。但综观我国的成人学历教育,我们就会看到,我国的成人学历教育还存在着与我国经济社会发展不相适应的问题。具体来说主要是:第一,成人学历教育的教学内容和教学方式,不能很好地体现时代发展和科学技术发展的新进展和新成就,未能充分反映我国教育改革特别是基础教育改革的新理念、新经验;第二,成人学历继续教育存在着简单地移植普通高等教育模式的情形,不能密切结合成人学生身心发展的特点,不适应成人学习者的学习需求和学习特点;第三,成人学历教育不能很好地体现各学历层次之间教学内容的衔接关系,未能形成本专科之间教学内容既相互联系又相互区别的要求,存在着不同学历层次之间教学内容重复和不相衔接的问题;第四,过分重视知识的传授,忽视了实践环节的培养,忽视了成人的自主参与,不能很好地整合和提升成人学习者的工作经验等等。这些问题的存在,严重制约了成人学历教育教学质量的提高,也影响了成人学历教育的社会声誉。因此,大力改革成人学历教育,是经济社会发展的要求,也是成人学历教育自身良性发展的要求。

鉴于我们对成人学历教育中存在的上述问题的分析,西北师大着手进行了新一轮成人学历教育改革。学校适时召开了继续教育工作会议,认真研究了继续教育的现状和面临的挑战,制定了继续教育发展的指导思想和发展规划,决定实施"继续教育五年教改工程"。"继续教育五年教改工程"的指导思想是:以"教育要面向现代化、面向世界、面向未来"和"三个代表"重要思想为指导,全面贯彻和落实科学发展观,坚持中国特色社会主义的办学方向,适应经济社会发展和基础教育改革发展的要求,结合成人特点,以教育教学观念的转变和素质教育理念的确立为先导,在保持知识传承的同时,改造传统专业,拓宽专业口径,更新课程设置,优化课程结构,改革教学内容和教学方式方法,强化实践环节和创新能力的培养,加强教学管理,全面推进素质教育,提高人才培养的质量,更好地为基础教育改革发展和经济社会发展服务。从这一指导思想出发,学校对成人学历教育进行了一系列改革,取得了较好的成效。

课程体系改革和课程建设是西北师大"继续教育五年教改工程"的核心内容。围绕着"形成一个体现时代要求的、符合成人特点的、突出教师教育特色的继续教育课程体系"这一核心,在全面分析成人学历教育的特点和问题的基础上,本着"厚基础、宽口径、强能力、重实践"的原则,我们对原有的课程体系进行了改革。按照通识类课程、专业核心类课程、职业技能类课程各占一定比例的课程模块结构,初步构建了一个既能保证专业培养基本规格,又能体现成人学习者身心发展的特点,可以灵活组合的、有弹性的课程体系。在改革课程体系的同时,大力加强了课程建设,改革了课程内容和课程实施方式。

教材建设是课程建设的重要载体,也是课程建设成果的体现。

本次由兰州大学出版社出版的"西北师范大学继续教育通识类教材丛书",就是我校继续教育"通识类课程"建设的一个重要成果。通识类课程建设的理念,拓宽了传统的"公共课"的课程设置思维,体现了如下特点:一是本着"厚基础、宽口径"的原则,增加了通识类课程门类,加大了该类课程在整个课程体系中的权重。通识类课程门数由原来的三门公共课增加到了七门,并且增设了人文、教育等课程;二是突出教师教育的特色。教师教育也是西北师大的办学特色和办学优势,在职中小学教师是西北师大成人学历教育的学生主体,在全国成人学历教育的学生数量中也占有相当大的比重。为了更好地适应成人学习者的要求,引导和帮助他们提升和整合教学经验,我们增加了"心理学的理论与实践"、"教育学的理论和实践"、"现代教育技术"等教育类课程;三是进一步更新了课程内容。各门课程的编写均力图反映学科发展和教育实践发展的前沿知识,体现时代性要求;四是努力体现成人学习者的学习特点和学习要求,增强适应性。成人学习者大多是业余学习,具有较强的自学能力和理解能力,自学是其主要的学习方式。因此,本教材在编写中突出了重点、难点,增加了自学指导内容,设计了多种练习题,供学生自学之用;五是突出了实践能力和创新能力的培养。教材编写努力体现理论结合实际的原则,在每门课程的编写中都加大了实践能力和创新能力培养的力度,还根据学员的要求,增加了如论文撰写、课件制作指导等课程。相信本系列教材的出版,将对促进成人学历教育的教学改革、全面提高成人学历教育的教学质量起到积极的推动作用。

西北师大是一所百年老校,其成人学历继续教育有着悠久的历史。早在1941年4月,当时的国民政府教育部就在学校设立了"国立西北师院附设中心国民学校教员函授辅导区",开始进行成人学历教育。中华人民共和国建立以后,分别于1956年和1958年经教育部批准,设立了西北师院函授部和业余大学。改革开放以来,西北师大的成人学历教育进入了一个新的发展时期,办学规模有了很大的扩展,办学层次和办学形式也日益多样,管理水平不断提高,人才培养的质量显著提高,特别是近几年以来,学校高度重视继续教育事业的发展,制定和实施了"五年教改工程",继续教育进一步走上了规范化、科学化发展的道路。本系列教材就是五年教改工程的成果之一。它的出版,不仅会进一步促进西北师大继续教育事业的发展,而且也会对其他院校继续教育的改革与发展发挥借鉴作用。

　　本系列教材是集体智慧的成果。参加本系列教材编写的作者,都是西北师大相关领域的资深教师,对继续教育有着丰富的经验。一些教材已经进行了试用和修改,反映了学科和教育研究的新进展。兰州大学出版社的领导和本系列教材的责任编辑,为本教材的出版也付出了辛勤的劳动。在本书出版之际,我代表本教材编委会特向作者和兰州大学出版社的领导、责编表示感谢,也向所有关心和支持本教材编写、出版的领导和同志们表示感谢。

西北师范大学副校长　杨新科教授*

2005 年 6 月

---

　　*　杨新科,原西北师范大学副校长,现任天水师范学院院长。

前　言

　　20世纪80年代以来，伴随着社会发展对教育教学要求的提高，确认教师职业的专业性、推进教师专业化进程，一直是世界各国政府及教育界所关注的问题。2001年6月，我国开始了新一轮基础教育课程改革试验，新课改需要新教师。鉴于上述原因，对我省在职教师进行学历教育，培训以适应社会发展的需要和教师专业化需要的新型教师，是我省教育发展的当务之急。西北师范大学继续教育学院结合基础教育课程改革、教师专业化的时代背景和教师教育体制改革的趋势，组织有关专家学者及研究人员编写了"西北师范大学继续教育通识类教材丛书"，"心理学的理论与实践"系这套教材的组成部分之一。

　　在该教材编写过程中，我们立足于甘肃省政治、经济、文化、教育发展的实际情况，力图为学习者提供一种视角新颖、结构合理、实用性强、可操作的阅读材料。在教材体系上，鉴于该教材的使用者主要是师范类专业的接受成人教育的学生，学习方式以自学和面授相结合为主，集中学习时间较短等实际情况，在编写时，我们力求突出"精选、精练、精写"的原则；努力做到"学术性与师范性统一、理论与实践统一、科学严谨与通俗易懂统一"等的宗旨。主要介绍了与教书育人有紧密关系的心理学知识，突出当代心理学的新理念、新思想；在教材内容上，充分反映时代特点及最新研究成果，并辅之以开阔视野的小专栏或可操作的理论应用与实践的案例，使教材更具有针对性和适用性，以最大程度的帮助学习者。

　　参加《心理学的理论与实践》编写的主要是西北师范大学从事心理学教学和研究的学者。该书由西北师范大学教育学院杨玲教授主编。全书共九章,第一章"心理学概论"由赵国军、杨玲编写,第二章"个体心理发展与教育"由张国艳编写,第三章"学习理论与实务"由赵国军编写,第四章"品德心理"由种媛编写,第五章"教师与教学心理"及第六章"情绪"由康庭虎编写,第七章"人格"、第八章"学生心理健康与辅导"由杨晓莉编写,第九章"人际交往心理"由张国艳编写。全书由杨玲统稿。

　　每章的写作体例如下:【内容摘要】以简短、精练的语言总结出该章主要观点,旨在让读者对本章内容有一概括性了解。【学习目标】旨在说明本章学习所要达到的基本指标。每章的正文注意内容的科学性、语言的通俗性。在具体行文过程中,兼顾学科、学生发展、社会需求三者的和谐统一;注意理论性和应用性相结合;基本理论与经典实验相呼应。另外,在编写过程中,我们也注意吸收国内外一些最新的研究成果以体现教材的时代性。除文字形式外,还引证一些相关的案例、图表等,以增加教材的可读性。【主要结论】旨在概括出本章的精华,强化学生对重点内容的掌握,学会学以致用,并能够开启思路,深入思索教育实践中的教育现象和问题,给出自己的答案。【理论应用与实践】通过案例分析、举例说明、提供具体建议等教会学生学以致用。【学习评价】旨在帮助学生消化理解本章的主要内容,明确不同教学目标的教学要求,确定重点。【参考文献】列出了与有关章节相关的有影响的中外图书及文章,以满足学习者拓宽学习视野、深入思考与研究的愿望。在这本教材的编写过程中,我们借鉴、参考并引用了国内外大量相关研究成果,在此谨对这些成果的著作权人及作者们表示我们最诚挚的感谢和敬意。由于时间紧迫,特别是限于编写者的水平,在完成了编写任务后,甚觉有许多的遗憾与不满,且教材出现错误和疏漏也在所难免,敬请专家学者、同行和广大一线教师批评、指正。

目　录

第一章　现代心理学概论

【内容简介】

　　本章系统地介绍了心理学的研究对象、研究领域、研究方法、研究任务及意义。这些内容不仅构建了本书的基本框架,也为随后各章的深入学习提供了一个宏观把握的方向。第一节就心理学研究对象进行了细致的划分和详尽的介绍,澄清了大众对心理科学的一些误解,其目的在于认识真正的心理学。第二节对众多的心理学研究领域做了简要介绍,体现了心理学的强大生命力。第三节主要从心理学的研究任务出发,探讨了心理学的研究意义。第四节的主要内容是心理学研究方法,想要学好心理学,对其研究方法的灵活掌握是关键的环节,因此,应引起读者足够的重视。

【学习目标】

　　识记:

　　1.陈述心理学的定义及其研究对象。

　　2.准确表述心理学的三层研究任务。

　　3.列举理论心理学和应用心理学领域的一些心理学分支学科至少 5 个。

　　4.记忆自变量、因变量、无关变量、实验组和控制组等研究方法基本术语。

　　理解:

　　1.解释心理与行为之间的关系。

　　2.举例说明心理学的现实意义。

　　3.准确表述四种主要的心理学研究方法:观察法、调查法、测验法和实验法。

应用:

1．结合教学情况,分析心理学对于教学的意义。

2．拟定一个心理学研究问题,说明采取不同研究方法的优、缺点。

第一节 心理学的研究对象

在日常生活中,当别人向我们介绍一位心理学家时,我们会做何反应呢? 我们在他(她)面前的言谈举止也许会格外小心谨慎,否则,因为心理学家"善于察言观色、揣摩他人心理",很可能看穿我们的心事,洞悉我们的动机。不可否认,心理学的研究是通过人的言谈举止来推知人的心理内部活动,从而认识人的内心世界和个性品质。但是,心理学是一门探索人类奥秘的内容广泛、分支众多的科学。就心理学问题的复杂性而言,研究人绝不比研究宇宙更简单。因此,若仅把心理学局限于人际关系或个性探讨,未免有失偏颇。

心理学一词来源于希腊文,现代西方称之为"psychology"。在词源上,希腊语词根"psych－"的意思是心灵或精神,后缀"－logos"的意思是知识或规律。因此,心理学最早的定义就是"关于心灵或精神的知识或规律"。然而,在历史上心理学长期隶属于哲学,该定义只具有哲学意义,并不具备科学内涵。直到19世纪,心理学成为一门独立科学后,经过一百多年的发展,心理学的定义被普遍认可为"心理学是研究人类和动物心理活动和行为表现规律的一门科学"。简单地说,就是研究人的心理现象的科学。那么,什么是心理现象呢?它又包括哪些内容呢?

一、心理现象

心理现象就是指心理活动经常表现出来的各种形式、形态或状态。心理学一般为了研究的方便,把人的心理现象划分为心理过程和个性差异两个方面,每一个方面又包括了一些具体的内容(见图1

－1）。

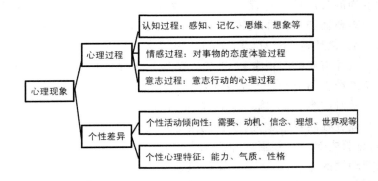

图 1－1　心理现象结构图

（一）心理过程

就心理过程而言，它是心理活动发生、发展和完成的过程，包括认知过程、情感过程和意志过程三个方面。

认知过程简称"知"，是人们获得知识和运用知识的过程，是人认识客观事物的过程，或是对信息进行加工处理的过程，是人由表及里、由现象到本质地反映客观事物特性与联系的最基本的心理活动。认知过程又包括注意、感觉、知觉、记忆、思维和想象等方面。注意在认知过程中起着"燃料"的作用，其他认知活动要发挥作用必须依赖注意的配合，没有注意的参与，我们就不能感知事物、记忆单词或思考问题。感觉是最简单的认知过程，我们看到某种颜色、听到某种声响、品尝到某种味道的心理现象都属于感觉的范畴，当大脑进一步把这些感觉综合在一起就形成了知觉，因此，感觉是个体对客观事物的个别属性的反映，而知觉则是个体对客观事物整体属性的反映。例如，我们感觉到了某个东西是红色的、圆形的、甜的，然后将这些信息进行加工整合，最后知觉到这就是苹果。记忆、思维和想象是更高一级的心理活动方式，它们在人们的生活、学习和工作中起着重要的作用。

　　情感过程简称为"情",包括情绪与情感方面。情感过程是人们对事物的态度体验过程,是人对客观事物是否满足自身物质和精神上的需要而产生的主观体验,它反映的是客观事物同人的需要之间的关系,包括喜、怒、哀、乐、爱、憎、惧等情感体验。凡是符合并满足人的某种需要的客观事物,会使人产生积极肯定的情绪情感,反之则会使人产生消极否定的情绪情感。

　　面对困难,人们确定目的、制定计划去克服困难,从而实现目的的心理过程叫意志过程,简称为"意"。意志过程是人自觉地确定目标,克服内部和外部困难并力求实现目标的心理活动。它是人的意识能动性的体现,即人不仅能认识客观事物,而且还能根据对客观事物及其规律的认识自觉地改造世界。

　　知、情、意三者的关系是相互联系、相互影响的。个体的情绪和意志受认知活动的影响,我们常说"知之深,爱之切"、"知识就是力量",就是这种影响力的体现。个体的情绪和意志也影响着认知活动,起着推动或阻碍认知的作用,我们所说的"书山有路勤为径,学海无涯苦作舟"就说明认知活动要持续深入地进行,就必须依靠顽强的意志力的支持。最后,情绪与意志之间也是密切联系、相互作用的,情绪既可以是意志活动的动力也可以是意志活动的阻力,情绪高昂的人容易忍受挫折、坚持到底,而情绪沮丧的人可能会被微小的困难而压倒。同时,人们也可以凭借意志调控自己的情绪,例如,危险的情景容易使人丧失理智,但意志顽强的人就可以做到临危不惧。

　　人的认知过程、情感过程和意志过程都有其发生、发展及变化的规律,研究人的心理活动过程发生、发展的规律是心理学研究的对象之一。

　　(二)个性差异

　　从人的整体性、稳定性和差异性来看,可以把人的心理活动看成是个性。个性是一个人的整体面貌,是精神和气质的全貌,包括世界观、人生观、伦理观、道德观、信念、兴趣、能力等等。它反映了人与人之间稳定的差异特征,可分为个性心理特征和个性活动倾向性。

个性心理特征是人们心理在能力、气质、性格上形成的差异。在认识客观对象的过程中,不同的人会表现出不同的个性心理特征。例如,在能力上的差异:有人从小表现出超人的艺术、音乐才能,有人则在数学才能上出类拔萃。这些是标志人在完成某种活动时潜在可能性的特征。有人做事快速灵活,而有人则做事沉着稳重,这种在心理活动的强度、速度、稳定性、灵活性上的差异,是高级神经活动在人的行为上的表现,称之为气质。有人内向,有人外向,或有人活泼开朗,有人则沉默寡言,这表征人在对现实态度和相应的行为方式上的差异,被称为性格特点。个性心理特征受人的需要、动机、兴趣、信念和世界观的制约。也就是说,个性心理特征受个性倾向性的制约。

个性倾向性是指决定一个人的态度、行为和积极性的选择性动力系统。它是人的个性结构中最活跃的因素,是一个人进行活动的基本动力,决定着人对现实的态度,决定着人对认识活动的对象的趋向和选择。个性倾向性主要包括需要、动机、兴趣、理想、信念和世界观。个性倾向性中的各个成分并非孤立存在,而是互相联系、互相影响和互相制约的。其中,需要又是个性倾向性乃至整个个性积极性的源泉,只有在需要的推动下,个性才能形成和发展。动机、兴趣和信念等都是需要的表现形式。而世界观属于最高指导地位,它指引着和制约着人的思想倾向和整个心理面貌,它是人的言行的总动力和总动机。由此可见,个性倾向性是以人的需要为基础、以世界观为指导的动力系统。

(三)意识和无意识

人的心理活动绝大多数是当事人能够觉知到的,但也有不少是当事人不能觉知到的。从人的心理能否被觉知到的角度来看,心理活动可区分为意识和无意识。

意识就是可以被人们觉知到的心理活动。这是相对于无意识而言的。人的意识是由人的认知、情绪、情感、欲望等构成的一种丰富而稳定的内在世界,是人们能动的认识世界和改造世界的内部资源。有意识的心理活动比较容易理解。比如,有意识地去看、去听、去注意、去思考、去想象,这是人们学习和生活中无时无刻不存在的心理活动。

除了意识活动,人还有无意识活动。无意识活动在人的心理生活中也是很普遍的。无意识是人们在正常情况下觉察不到,也不能自觉调节和控制的心理活动。例如,我们每个人都有做梦的经验,梦境的内容可能被我们意识到,但梦的产生和进程是我们意识不到的,也不能进行自觉调节和控制的。无法回忆起的记忆或无法理解的情绪常属于无意识之列。偶尔,无意识中的一些东西也会闯入意识之中,诸如失言或说漏了嘴、笔误,都会把自己无意识的愿望泄露出来。有意识的动作或经验可能在梦境、联想和神经紧张症中表现为无意识的东西。简言之,无意识活动是人反映外部世界的一种特殊形式。人借助于它来回答各种信号,而未能意识到这种反应的整个过程或它的个别阶段。大部分人平常都是在意识的支配下工作、学习和生活。只有精神错乱,大脑损伤的病人,他们的行为才失去意识的控制,而完全为无意识的欲望所支配。总之,在人的日常生活、学习和工作中,意识活动和无意识活动是紧密联系着的,它们都是心理学的研究对象。

二、行为表现

除内部心理活动之外,心理学还研究人的个体的和社会的、正常的和异常的行为表现。行为是有机体适应环境的方式,是可观察或可测量的反应。这种反应有内在生理性的反应(如肌肉运动、腺体分泌等)和外在心理性的反应(如语言、表情等)。在日常生活中人的行为是很复杂的,例如,吃饭、穿衣、写文章、驾驶汽车等行为,都是由一系列反应动作所组成而成为某种特定的反应系统。行为是在一定的情境中产生的。引发个体反应的情境因素称为刺激。刺激可能来自外部环境,也可能源于机体内部。例如,外界的声音、光线、温度、气味,他人讲话的内容、动作、面部表情以及机体内的内分泌或血液中化学成分的变化,头脑中浮现的思想观念、欲望等都可以成为引发个体反应的刺激。人类的行为具有一定的心理成分,受刺激所制约,并且是由一定的刺激而引起。因此,不考虑哪一种或哪一些刺激对人具体的影响,就无法理解人的行为。

　　人的行为与其内部心理活动关系密切。一方面,人的行为受到其内部心理活动的支配。引起行为的刺激通常是以人的心理为中介而起作用的,每个人都存在着一些个别差异,例如,知识经验、态度需要、个性特征和价值观等方面的差异。由于心理条件的不同,同样的刺激在不同人身上的反应也不相同。由于心理条件的不同,同一个人在不同的时间、地点和条件下对同样的刺激所引起的反应也不相同。例如,同一张观看足球赛的入场券,可以使球迷们趋之若鹜,但不爱好足球的人的反应则是淡漠的。即使是球迷,如果由于身体欠佳或者有重要的工作必须去完成,对同样是球赛入场券的反应也是不同的。这也说明,人的心理活动是由一定的刺激引起的,心理支配着行为而又通过行为表现出来。另一方面,人的行为对内部心理活动有隐蔽性。人们可以有意地掩盖自己的某些心理活动使其不在行为中表现出来,也可以做出与内心不符的行为表现,甚至某些行为自己也不能自觉。也就是说,人的外部行为和内部心理活动的关系不像动物的行为和心理的关系那样是单义的,人的行为往往是多义的。例如,微笑这种行为,它可能表示对某人的好感,也可能嘲笑某人的愚蠢,还可能是笑里藏刀,心里盘算着暗害某人等等。因此,要正确地理解人的行为,确定行为所表达的心理活动,最重要的是要了解引起和制约行为的各种条件,并且系统地揭示这些条件和行为的因果关系,才能明确其行为的意义。

第二节　心理学的研究领域

　　科学心理学建立以来,经过一百多年的发展,逐渐走向繁荣并涉及人类生活的各个方面,同时也产生了很多分支。这些分支按其性质可以分为两大类:一类属于心理学的理论领域,通过各种方法和途径,探讨心理活动的基本规律;另一类为心理学的应用领域,探讨心理学怎样在生活实践的各种领域中发挥作用。

一、心理学理论领域

(一)普通心理学

在普通心理学中,心理学基本原理与心理现象一般规律的研究是两个重要方面。心理学基本原理的研究主要有两类:一类是以心理实质的问题为核心,涉及心理与客观现实的关系,心理与脑、心理与社会、心理与实践的关系,以及心理活动的规律性等,这些通常称为心理学的哲学问题;另一类是以心理的结构问题为核心,涉及心理活动的层次组织,心理现象的分类,如各种心理现象的联系等。这两类研究是互相联系的,有时统称为心理学的方法论问题。对这些问题的不同观点表现出不同的心理学的理论倾向。心理现象一般规律的研究常分为几个领域:感觉与知觉;学习与记忆;思维与言语;情感与意志;人格与个别心理特征。这些领域包括了人的心理活动的极为重要的方面。许多心理学家认为,普通心理学以正常成人的心理活动为研究对象,同时也概括各分支心理学的研究成果,为其提供理论基础。它是学习心理学的入门学科。

(二)实验心理学

实验心理学是在实验室控制条件下进行研究工作的心理学。它借助科学的实验方法,研究科学心理学初期的那些传统核心课题,如感觉、知觉、学习、动机和情绪等。实验心理学的实验设计比较复杂,需要设计出一定的条件,在此条件下由刺激引发某种所期望的行为,以便清晰观察,最后还要对其结果进行统计分析。近年来,实验心理学的发展表明,它与专门研究某一方面的心理学,如教育心理学等略有不同,它更多的是研究心理学的一种方法学。

(三)认知心理学

认知心理学致力于研究人的高级心理过程,如记忆、推理、信息加工、语言、问题解决、决策和创造性活动,用科学实验的方法探讨心理活动的规律,实验设计要求严格。它不仅要把认识过程统一起来,而且要把普通心理学各个领域统一起来,也就是要用认知观点研究和说明情绪、动机、个性等方面。认知心理学的观点还进一步扩展到了社会心理学、发展心理学、生理心理学、工程心理学等领域。

（四）人格心理学

人格心理学研究个人独特的心理机制和行为策略的稳定性特征。心理机制是人类长期进化选择的产物,行为个体差异的产生是由于个体使用了不同的适应性策略。同时,它也探讨人格形成的影响因素和对人格特征进行测量、评估和培养。依据其观点,人格理论对人性的描述应包括以下内容:人类行为指向的基本目标和适应性问题,已进化的心理机制,物种典型的行为策略等。进化人格心理学为人格领域的研究注入了活力,提供了全新的研究视野。

（五）社会心理学

社会心理学是研究个体和群体社会心理现象的心理学分支。个体社会心理现象指受他人和群体制约的个人的思想、感情和行为,如人际知觉、人际吸引、社会促进和社会抑制、顺从等。群体社会心理现象指群体本身特有的心理特征,如群体凝聚力、社会心理气氛、群体决策等。其典型课题有:态度的形成和变化、偏见、顺从、攻击行为、亲密关系和集体行为等。这些研究策划有助于个体在人际交往中取得成功。

（六）发展心理学

发展心理学是研究心理的发生、发展过程和规律的心理学分支。它主要研究心理的种系发展和个体发展。发展心理学一般以人的整个生活历程为研究对象,探讨人在不同发展阶段上的不同心理特点,但广义地讲,它也包括动物心理学。发展心理学曾经一度集中于研究儿童期,现在对于青春期、成人期尤其是老年期的心理特点也都进行广泛的研究。

（七）心理测量学

心理测量学是指对行为和能力的测量,通常用心理测验的方法进行。对心理特性加以量化的研究是科学进步的表现,但心理不能直接测量,要间接进行,自然困难很大,因此,在测验的设计和使用方法上都有严格的要求。心理测量已经构成一门单独的科学,各种测验的处理还需要与之相关的统计技术。心理测量具有下列特点:从早期集中在生理解剖特性方面慢慢转向对心智活动的测量。如比奈早期度量头骨大小到提出 30 个测量题目的智力量表;由测量简单的感知觉能力发展到测量复杂的高级认知能力。如早期卡特尔测量幼儿抓握、感知方向等到后来对记忆、思维、创造力的测量;由笼统的单一量数评定个体间差异向以多个量数兼顾个别差异与个别类差异的转化。心理测量学与实验心理学和心理学的定量研究从交织到分科,再到趋合,这表明心理测量学与别的心理学科联系日益密切,应在更大的定量范围内进行心理测量的研究。

(八)生理心理学

生理心理学是研究心理现象的生理机制,即研究遗传因素对行为的影响,以及大脑、神经系统、内分泌系统和生物化学因素等生理机能在其中所起到的作用。现代科学技术的发展对脑功能的研究提供了更为有利的条件,如利用核磁共振、脑成像技术,在对研究认知心理学的一些重要方面,已经取得了引人注目的进展。

二、心理学应用领域

(一)临床心理学

临床心理学是整合心理学中的科学方法、理论和实践经验用以理解、预告并减轻适应不良、能力丧失和不安,并促进人类的适应、调节和个人发展的学科。临床心理学将其注意力聚焦于不同文化、不同社会经济发展水平中的人的一生的智力、情绪、生理、心理、社会和行为等诸方面功能上。它的研究范围包括健康心理学、对儿童青少年中的心理问题的评估及预防和干预、社区心理学等方面的理论与实践研究。但其中最重要的领域是心理测验的编制与应用、心理障碍的评估与诊断,以及心理治疗与干预。

(二)咨询心理学

咨询心理学是研究心理咨询的过程、原则、技巧和方法的心理学分支。它是运用心理学的理论指导生活实践的一个重要领域,具有明显的实用性和多学科交叉性。咨询心理学的业务范围与基本职能的内容广泛,它不仅与教育心理学、社会心理学、发展心理学和医学心理学关系密切,而且与教育学、社会学、文化人类学、医学相互交叉。咨询心理学的研究对象主要是正常人,而不是患者。它为解决人们在学习、工作、生活、保健和防治疾病方面出现的心理问题(心理危机、心理负荷等)提供有关的理论指导和实践依据,使人们的认识、情感、态度与行为有所改变,以达到更好地适应社会、环境与家庭的目的,增进身心健康。

(三)教育心理学

教育心理学是研究教育和教学过程中,教育者和受教育者的心理活动现象,及其产生和变化规律的心理学分支。它是一门介于教育科学和心理科学之间的边缘学科,其工作在于研究教与学过程中的心理规律,培养学生的健全人格和创造力等等。作为教师,要使自己的教学行为符合时代发展的要求,最重要的是要更新教育观念,设计出符合学生学习规律的教学情境,努力使自己对学生学习活动的指导做到恰到好处。而做到这些的基本前提是对教和学过程中的基本规律有全面的了解和把握。教育心理学正是一门用科学的研究方法揭示教与学相互作用过程中的基本规律的科学,因此,教育心理学的学习对于现代意义上的"好教师"是极其重要的。

(四)民族心理学

民族心理学是研究特定条件下某一民族心理活动的发生、发展和变化规律的心理学分支。它以普通心理学和社会心理学的理论为基础,又以社会学、人类学和民族学的材料为参照,不仅研究特定民族集团影响下人们的社会行为,还研究他们内在的心理特点和规律。具体研究涉及特定民族集团内人与人之间的相互关系和相互作用,以及民族集团与民族集团之间的相互影响与相互制约等。

(五)工业心理学

工业心理学是应用于工业领域的心理学分支。它主要研究工作中人的行为规律及其心理学基础。工业心理学主要在工业、企业和组织机构里发挥作用,其内容包括:在厂房设备安装、产品质量设计方面考虑到人的因素,可以更有利于促进生产,提高效率;在人事部门中知人善任是人才选拔、人员安排、人力资源合理利用等一切工作的基础;在企业中调动员工的积极性,协调关系,既提高生产力也提高员工的满意度,创造良好的企业形象等。过去许多工业心理学家都是从实验心理学研究转向工业心理学的,从经典的心理物理法、反应时研究,到当代的认知心理学、信号觉察论等,都对工业心理学产生了深远的影响。

(六)广告心理学

广告心理学研究广告活动与消费者(受众)相互作用过程中产生的心理现象及其心理规律,据此确定广告策划,以指导制定广告目标、发展广告策略和执行广告策略,从而达到将产品信息传达给群众,更好地引起消费者的购买行为的目的。

(七)消费心理学

消费心理学是研究消费者购买、使用商品和劳务的行为规律的商业心理学分支,它涉及商品和消费者两个方面。与前者有关的研究包括广告、商品特点、市场营销方法等;与后者有关的研究包括消费者的态度、情感、爱好以及决策过程等。消费心理学是一个跨学科的研究领域,与社会心理学、社会学和经济学有密切联系。早期的消费研究主要是从消费者收集信息,以便制作更有效的广告。后来,重点转向研究产品设计前后消费者的意见和态度。

(八)法律心理学

法律心理学是研究与法律有关的各种人的心理活动规律的应用社会心理学领域,也称法制心理学。它是介于法学和心理学之间的一门边缘学科。法律心理学的思想源远流长,它最初是以研究人的违法犯罪心理为起点的。现今,法律心理学的研究内容主要包括:立法心理、普法教育心理、司法心理、劳动改造心理和民事诉讼心理等。

第三节 心理学的任务和意义

一、心理学的任务

心理学的任务就是通过测量和描述人的心理现象来解释和说明人的心理现象，在此基础上达到预测和控制人的心理现象的目的。第一层任务是测量和描述人的心理现象。例如，心理学通过各种各样的测量，揭示人类遗忘的规律，注意的广度和稳定性、气质、性格的类型和特征，智力高低等等，找出其规律性，并提出有助于调节和培养的有效方法等。第二层任务是预测和控制人的心理现象。例如，心理学家可以根据一个学生的一般智力，就能够较准确地预测这个学生的作业成绩。第三层任务是理解和说明人的心理现象，实际上就是找出产生所观察到的心理现象的原因。例如，小学生在上课期间，注意力容易涣散，究其原因，并非是"多动症"或心理异常，而是符合其年龄特征的。你只要看一看下列由心理学家提出的问题，就会对心理学的研究任务有一个大致的了解了。

为什么说心理活动的主要器官是脑，而不是心脏？

学习动机越强，学习效果越好吗？

我们眼睛所看见的一切都是真实的吗？

喜怒哀乐是怎样产生的？

你了解你的智商吗？

为什么同卵双生子比异卵双生子的人格更相似？

心理发展有关键期吗？

你会使用学习策略吗？

你知道什么是元认知吗？

为什么在人际印象形成中第一印象很重要？

怎样判断心理健康？

具体来讲，心理学的任务有以下几个方面：

(一)研究心理和脑的关系

人既是生理的人,又是社会的人,人的一言一行、一举一动无不受到生理和社会的双重影响。心理学在研究心理现象的时候,必然要从生理和社会两个层面去探讨原因。就生理层面而言,我们在现实生活中发现,有的人活泼好动,精力充沛;有的人多愁善感,安静内向,这些特征在孩子很小的时候就表现出来了,因此带有更大的先天遗传性。而这种差异主要是由于人的神经类型不同而造成的,因此,要归结到心理与脑的关系的研究。只有充分说明脑与心理的关系,才可能更彻底地对人类的行为进行解释。在远古时代,人们由于知识水平的局限,对人的感觉、思维、意识等心理现象不能科学地加以解释,从而把它们归之为不可捉摸的灵魂作用,认为人和整个世界都是由一种无形的、超自然的和永存的精神力量所主宰。从这种观点产生了唯心主义的哲学世界观。随着自然科学的发展,唯物主义哲学对精神现象的理解日益建立在科学的水平之上。按照辩证唯物主义哲学的解释,心理是脑的机能,是客观世界在人脑中发生的反映。这一论断科学地阐释了心理现象的本质属性。因此,人类对心理现象本质的理解,对心理与脑和神经系统的关系的认识,是经过漫长的科学史和哲学史的发展历程才得到的。今天对这个问题的深入探究落在了心理科学的肩上。心理学将采用更为先进的方法,吸收临床科学的研究成果,借鉴更权威的理论和技术,更深入地、更细致地在这个领域内进行探讨。在心理学的研究中,诸如智力、人格等因素的形成都要涉及遗传与环境的作用孰优孰劣的问题,心理与脑的关系的探讨将对这些问题的回答给予更为充足的证据。

(二)研究心理现象和客观现实的关系

前面我们论述了心理现象与生理的关系,尤其是与脑的关系,人作为社会关系的总和,不仅受到生理因素的制约,而且在后天的发展中更受到现实环境的影响。例如,为何哭、为何笑,这些基本的行为动作是人类与生俱来的,但是在何时哭、何时笑却受到了后天环境的制约。同样的行为在不同的文化群体中有不同的含义,后天的教育可以在很大程度上弥补先天的不足。一个人在私底下的所作所为和在公开场所的表现总是有一定的差异。这些现象都说明了我们的行为无时无刻不受到他人或群体的影响。一个人在群体中可能会更高效的工作,这叫社会助长,也可能会产生消极懈怠的反应,这叫社会抑制。心理现象与客观现实的关系,主要在于讨论社会是如何影响个人发展的,在社会文化背景下,人与人之间是如何互动的。

(三)揭示心理过程的基本规律

心理过程包括认知活动、情绪活动和意志活动。认知活动就是我们平常的感知觉、注意力、记忆、思维、言语和想象等,这是课堂学习中关注的主要对象,我们主要利用这些心理品质进行学习。每个学生的记忆能力、注意品质和思维习惯都有差异,但是在这些差异的背后,存在着心理过程的一致性规律。情绪活动也是这样,尽管每天人们都可能表现出各种不同的心理状态,时而高兴、时而悲伤,也可以看到人们各种不同的行为表现,对这个人友好,对那个人冷淡,但是在这些纷繁复杂的心理现象背后依然存在着稳定的、一致的规律性。心理学的任务就是要透过这些表面的现象寻找到支配这些复杂现象的本质规律。

在教学中,幼儿园的老师在教小朋友学习1+1的问题时,会让小朋友数自己的手指头;而小学一年级的老师则让学生想象"一个苹果加上一个苹果等于几个苹果";到了高年级,老师就逐渐地引导学生直接适用抽象的数学符号进行运算。这样的教学方法遵循着儿童的思维发展要从动作思维到形象思维再到抽象思维的规律,这个过程不可能逆转。处于不同思维阶段的儿童只能以与该阶段思维形式相吻合的方式接受新的事物,违背这一规律,学习就不可能发生。再比如,背诵一篇文章后,你可以采用两种方式复习。方式一:第一天复习1小时,第二天复习1小时;方式二:第一天不复习,第二天复习2小时。一般情况下,哪一种效果更好呢?尽管复习时间都是2个小时,但是心理学的研究发现,记忆效果不仅与学习时间有关,而且与复习的时间间隔有关,遗忘的规律是先快后慢,因此,方式一要好于方式二。

（四）揭示个性心理的特点和形成规律

　　个性心理主要探讨人与人之间的稳定的差异性，我们常说"人心不同，各如其面"、"江山易改，秉性难移"，说明个性的形成在经历了一个长期的发展过程之后形成了较为统一而且稳定的行为模式。这种模式具有个体的独特性。例如有的人风风火火，有的人慢条斯理；有的人粗心大意，有的人细心体贴，这种人与人之间的差异在一定程度上决定了人们的生活方式，甚至生活质量。心理学的最终目的当然在于探讨美好生活，所以个性是如何形成的，在个性形成的过程中是否存在着一定的规律，如果心理学家能够合理利用这些规律引导父母的教养方式和学校的教育理念，我们的孩子是否会表现得更加优秀？在这个思路的引导下，心理学家展开了大量的研究。

（五）探讨心理过程和个性心理的关系

　　结合上述两个问题，心理过程和个性心理之间存在着什么样的关系呢？今天我们知道气质类型是胆汁质的孩子在注意力的稳定性方面没有粘液质的孩子好，但在反应的敏锐性方面比胆汁质的孩子强，这说明心理过程受到了个性心理的影响。具有不同个性的人在认知、情感、意志方面都存在着很大的区别。因此，心理学家在探讨个体成功的因素时，在智商的基础上，又提到了情商的概念。当一位老师在解释学生的学习成绩不好的原因时，除了对老师的讲课内容不理解、上课不注意听讲、学习方法不正确之外，是否还应该考虑到学生的学习兴趣、学习动机、班级的氛围、学生的人际关系等原因。

（六）探讨心理和实践活动的关系

　　心理学家经常采用问卷调查的方法来了解人们以前的行为或者未来可能出现的行为。那么，人们的言行是否能够统一呢？如果不能统一，又是受到了哪些因素的影响呢？人究竟是理性的，还是感性的？我们的口误、我们的梦境，对我们的现实生活是否具有提示作用，在人类的大脑中是否存在着一些我们从来没有发现的内容？这些内容是否在悄无声息地影响着我们的行为？因为我们确实有时候对自己的行为没有很充分的理由去解释。有时候我们会说："我也不知道我为什么会这样做。"那些发生在我们身上的成功和挫折的经历,我们应该如何解释它们? 是外界因素造成的,还是我们自身造成的,这样的归因方式对于人们的实践活动又会产生什么样的影响? 如果一个人经历多次失败,而一直没有有效的解决方案的话,他就有可能彻底放弃努力,这叫做习得性无助感。认知心理学家把人类的大脑比喻为一台计算机,对信息进行着加工和编码,最终输出指令引导人们的行为;但是精神分析认为人并没有那么理性,因为人类会受到无意识的影响,这些意识存在于我们的大脑,但是我们却无法意识到。人本主义的观点相对要积极的多,他们认为人就像一颗种子,具有开花结果的潜能,只要有合适的土壤,就能够实现自我。而行为主义则认为环境决定一切,我们今天的样子完全来源于我们生活的环境,以及我们在各自的环境中得到了怎样的反馈。这些观点存在着不同,但他们都在某个方面揭示了人类行为的一部分秘密,心理学家的任务就是继续整合这些观点,最终形成统一的心理学理论。

二、心理学的意义

（一）心理学的理论意义

心理学是一门基础理论学科,它的重要理论意义有以下几个方面:

1. 心理学的研究为马克思主义哲学提供了科学的论据

探明心理现象的各种规律在理论上具有重大的意义。心理学的研究成果为马克思主义认识论和辩证法提供了科学论据。心理学研究心理、意识的起源和发展;研究心理现象对客观事物的依存性;研究外界的客观刺激怎样引起脑的活动而产生主观的心理现象等问题。这些科学资料,有助于辩证唯物主义者具体地论证物质第一性、意识第二性,意识是高度组织起来的物质的产物以及意识是客观世界的反映等基本哲学命题;有助于辩证唯物主义彻底战胜形而上学和唯心论。

2. 心理学研究有助于邻近学科的发展

　　心理学的研究对邻近的社会科学如教育学、社会学、文学、艺术、法学、政治学、经济学等,也有一定的理论意义。因为这些学科和心理学一样都要研究人、研究人的心理,只不过研究的侧面有所不同。心理学还是一门应用性极强的学科,它的研究成果必然有助于它们深入地认识各自的研究对象。例如,教育学提出了因材施教的教育原则,这一原则的科学依据来自于心理学中的个性差异研究,人们存在着先天的差异,这些差异在学习上就会形成与众不同的学习风格。社会学是从社会文化的范围研究人类的群体行为的。群体行为一方面受到外界舆论、传统习俗、社会制度的限制,另一方面这些文化因素在对个体的渗透中又受到个体的认知方式、情感过程、意志水平等因素的影响。今天,管理心理学、工程心理学、临床心理学、犯罪心理学、消费心理学等学科都是在心理学和邻近学科的相互交融中发展起来的。

　　(二)心理学的现实意义

　　任何实践活动都是人的实践活动,都是在人的心理的调节下完成的。心理学还是一门应用性极强的学科,它的研究成果能使人们运用已发现的心理规律去预测和控制心理现象的发生和发展,以提高各种实践活动的效率。这样,心理学就可以直接参与到极为广泛的实践活动中去,为许多实践领域服务。

　　1. 心理学对指导人的实践活动,提高劳动生产率有重要意义

　　心理学的知识有着广阔的应用前景。例如,人们可以根据感知过程的特点,改进对劳动工具、劳动对象和产品情况的感知,保障安全生产,以提高工作效率和产品质量;也可以根据技能形成和发展过程的规律加速技工培训,尽快掌握新技术,提高技术水平。此外,还可以从技术之外的情感因素入手来提升生产效率,在这方面霍桑效应是一个非常著名的例子。在美国芝加哥市郊外的霍桑工厂是一个制造电话交换机的工厂,具有较完善的娱乐设施、医疗制度和养老金制度等,但工人们仍愤愤不平,生产状况也很不理想。为探求原因,1924 年 11 月,美国国家研究委员会组织了一个由心理学家等多方

面专家参加的研究小组,在该工厂开展一系列实验研究。这一系列实验研究的中心课题是生产效率与工作物质条件之间的相互关系。这一系列实验研究中有个"谈话实验",即用两年多的时间,专家们找工人个别谈话达两万余人次,规定在谈话过程中,要耐心倾听工人对厂方的各种意见和不满,并做详细记录;对工人的不满意见不准反驳和训斥。这一"谈话实验"收到了意想不到的结果:霍桑工厂的产量大幅度提高。这是由于工人长期以来对工厂的各种管理制度和方法有诸多不满,却无处发泄,而"谈话实验"使他们这些不满都发泄了出来,从而感到心情舒畅,干劲倍增。社会心理学家将这种奇妙的现象称为"霍桑效应"。如今,有的单位专门设立了"牢骚室",正是"霍桑效应"在管理中的具体运用。

2.心理学开拓和提升了教育的层次

心理教育是当代心理学的一种新的发展,也是当代社会对心理学所提出的新要求。当心理学逐步成熟,需要全面展现其自身的意义和价值的时候,就逐渐形成了心理教育的范畴和理念。这是对传统教育的拓展和深化。所谓心理教育,是指根据心理活动的规律,采用各种方法与措施,以维护个体的心理健康及培养良好的心理素质。从内容来看,心理教育包括两项基本任务:一项是心理素质教育,主要是教育与培养个体形成良好的心理素质,以助其学业、事业的成功。另一项是心理健康教育,针对个体在成长过程中出现的不良心理状态和问题,进行教育和指导,使之恢复正常状态,从而能适应社会,正常地成长和发展。

3.心理学对提高教育和教学质量具有更重要的意义

在教育实践领域中,心理学的知识特别重要。例如,教师可以根据知觉的发展规律培养学生的观察力;根据注意的规律组织好教学,使学生上课时专心听讲;根据思维的规律使学生正确地理解概念和教材的内容;根据记忆的规律,指导学生正确地进行复习,牢固地掌握知识和技能。人民教师是人类灵魂的工程师。他可以根据个性形成和发展的规律进行教育,促进学生德智体的全面发展和个性化成才。心理学的知识对自我教育也是很重要的。科学地理解心理现象有助于人们改进自己的学习方法,合理地进行脑力工作;有助于认识自己个性品质的优缺点,自觉地发展积极的个性品质,克服消极的个性品质;有助于认识自己的不良情绪,调节自己的情绪,保证身心健康等等。

第四节　心理学的研究方法

一、研究方法在心理学中的意义

　　心理学是研究心理活动和行为规律的科学,简单地说就是研究心理现象的科学。心理学的这一学科性质决定了心理学研究方法的独特性。因为人的心理现象错综复杂,不同于物理学研究的重量和质量,也不同于化学所研究的某一分子结构,比起生物学来又增加了更复杂的社会性,因此,尽管从古到今人们一直都在关注人类自身的发展,探讨心灵与灵魂的秘密,但心理学成为一门真正的科学不过是一百年前的事。我们知道文学艺术同样也在探讨人性,但心理学能够超越它们而成为严谨的科学,其后有一套全面的研究方法体系作为支撑。

　　美国心理学家查普林(James P. Chaplin)曾指出:"任何科学发现或概念的有效性取决于达到该发现或概念所采取的程序的有效性。"虽然这个定义只是特指操作主义而言的,但它的确坦诚地表述了科学研究的方法论对科学发展(其中也包括了心理科学发展)的重要性。因此,"科学技术每一次重大进展,几乎都伴随有研究方法的重要进展;反之,研究方法的每次发展又总是使人类对自然规律普遍性的认识更深化一步。"科学的发展和体系的形成就是在新旧方法论的交替和进化中实现的,心理学及其研究方法的发展也同样如此。

二、心理学研究的基本方法

　　心理学研究方法种类繁多,主要包括:观察法、调查法、测验法、实验法等。

（一）观察法

心理学家并不是被动地等待有趣的心理现象发生，而是积极主动地在自然状态或人类和动物存在的典型环境中进行观察。所谓"观察"，即指在自然条件下，人们为一定目的而对事物所进行的有计划的知觉过程。观察法就是以感官活动为先决条件，与积极的思维相结合，系统地运用感官对客观事物进行感知、考察和描述的一种研究方法。科学的有效的观察，不但是综合运用感官的结果，而且还需借助于科学仪器，并且对所观察对象具有一定的预备知识，对客观事物具有一定的分析和综合能力，有记录和整理材料的具体方法等。

在具体实施观察法的过程中，要注意把握好客观性、典型性、全面性等原则。科学的观察，要避免先入之见，不能受既定思想的束缚，要尊重客观现象，将观察到的情况详细记录下来；观察的对象要有典型性，暂时地、有条件地撇开次要过程和干扰因素，让事物的主要过程充分暴露，是选择观察对象过程中非常重要的环节；另外，科学的观察，根据观察对象的不同，还应注意把持好对事物全体的观察，避免一叶障目，不见森林。

观察法根据观察时是否借助有关仪器设备，可分为直接观察法和间接观察法。直接观察法是指直接通过观察者的感官考察研究对象活动的方法；间接观察法是指观察者借助一定的仪器、设备考察研究对象活动的方法。根据观察者是否参与被观察者所进行的活动，又可将观察法分为参与观察法和非参与观察法。参与观察法是指观察者参与到观察对象的活动之中，通过与观察对象共同进行的活动从内部进行观察。非参与观察是指观察者不参与被观察者的任何活动，完全以局外人的身份进行观察。上述直接观察法包括参与观察和非参与观察，而间接观察就只能是非参与观察。

观察法与其他研究方法相比，有其独特的优点。由于是在自然状态下对现象的观察研究，因而运用观察法所获得的材料比较真实，又由于是在实地观察记录行为，所以，运用观察法能把握研究情境的全面情况和特殊气氛。另外,观察往往是观察记录行为发生的全过程,具有较多的时间信息,能较有把握的作出有心理因果关系的推论,这是其他方法难于实现的。所以,在发展心理学研究中,观察法成了经常被采用的重要方法。但是,与其他方法相比,观察法研究中观察者常常处于被动的地位,观察结果带有很大的随机性、偶然性,往往难以观察到所要观察的现象,收集到的资料较散乱。只有既有机遇又有准备的人才能获得珍贵的观察资料。因为没有操纵观察的因素,观察法所获得的结果只能说明"是什么",而难于解释"为什么"。观察法还较耗费时间和精力,往往还要付出较多的钱财。基于这些原因,研究者往往在观察中发现问题之后,还要通过调查法、实验法等进一步研究,最后在实践中加以验证。

(二)调查法

调查法是就某一问题要求被调查者自由表达其意见或态度,以此来分析群体心理倾向的研究方法。其主要特点是以提问题的方式,要求被调查者就某个或某些问题回答自己的想法。调查法可以用来探讨被调查者的机体变量(如性别、年龄、教育程度、职业、经济状况等)、反应变量(即他对问题的理解、态度、期望、信念、行为等)以及它们之间的相互关系。根据研究的需要,可以向被研究者本人作调查,也可以向熟悉被研究者的人作调查。

调查法一般可分为书面调查和口头调查两种。书面调查即问卷法,是研究者根据研究课题的要求,设计出问题表格让被调查者自行填写用来搜集资料的一种方法。这种方法具有向许多人同时搜集同类型资料的优点。其缺点是发出去的调查表难以全部收回,只能得到被调查者对问题的相对完整的答案。要得到一份良好的问卷,在设计时应针对调查的目的来设计问卷;提出的问题应适合于调查的目的和被调查的对象;同时,还要考虑到使用方便,处理结果省时、经济。

口头调查即晤谈法,是研究者根据预先拟好的问题向被调查者提问,以一问一答的方式进行调查。要使晤谈法富有成效,首先应创造坦率和信任的良好气氛,使被调查者做到知无不言;同时,研究者应当有良好的准备和训练,预先拟好问题,尽量使谈话标准化,记录指标的含义保持一致。这样才有可能对结果进行客观的分析和概括。与问卷法相比,晤谈法的优点是:可以直接向被调查者解释晤谈的目的,可以提高他们回答问题的准备程度;研究者也可以控制晤谈进程,可以使调查中的遗漏大为减少;可以用不同的方式考察被调查者回答问题的真实程度;可以根据被调查者的反应提出临时应变的问题,有可能获得额外有价值的资料。但是,它的主要缺点是:在一定时间内能晤谈的对象数量有限,要收集较多对象的资料往往太费时间;研究者必须训练有素,才能掌握晤谈法。若言语不当,被调查者有可能拒答或谎答问题。另外,研究者的行为,有时甚至是无意的行为也可能对被调查者的回答有暗示作用。

(三)测验法

测验法是用标准化的量表来测量人们的智力、能力、人格、态度、情绪、人际关系以及其他心理现象的方法。量表通常由题目、指导语、测验项目、测验程序、计分标准和评分标准等环节构成。题目用来说明量表的测试目的,例如《气质类型测验》、《比奈—西蒙智力量表》等。指导语用来说明答题的程序和方式,以《气质类型量表》为例,它的指导语是:请回答下列问题。如果问题内容很符合你的情况,就在"1"上打"√";如果比较符合,在"2"上打"√";介于符合与不符合之间,在"3"上打"√";比较不符合,在"4"上打"√";完全不符合,在"5"上打"√"。回答时不要考虑应该怎样,而只回答你平时怎样。测验项目是量表的核心部分,它由一系列的项目构成,描述某一种心理特质。答题者根据这些项目描述的情况对比自己的实际情况,并按照指导语的要求表明一定的分数。例如《自尊量表》的部分题目:

1.我感到我是一个有价值的人,至少与其他人在同一水平上。

(1)非常符合;(2)符合;(3)一般;(4)不符合;(5)很不符合

2.我感到我有许多好的品质。

(1)非常符合;(2)符合;(3)一般;(4)不符合;(5)很不符合

3.归根到底,我倾向于觉得自己是一个失败者。

(1)非常符合;(2)符合;(3)一般;(4)不符合;(5)很不符合

……

测验程序是针对测验的组织者而言的,主要说明如何正确使用这一量表,如何发放量表,如何安排人们进行答题,如何向答题者解释量表的内容,如何回收量表等。计分标准和评分标准告诉人们如何对答题者的得分进行合理的解释。这其中就涉及常模参照测验和标准参照测验两种形式。所谓常模参照测验就是用常模作为标准来解释得分,常模通俗地讲就是一般人在某个测验上的平均得分,例如一位同学语文得分是 80 分,数学得分是 70 分,我们是否能够断定这位同学的语文成绩要高于数学成绩呢? 不能这样简单地下结论,而要参考班上其他同学的平均成绩。如果全班同学的语文成绩是 90 分,这位同学就显得比较低了,而全班同学的数学成绩是 60 分,这位同学就显得比较高了,所以整体而言,这位同学的数学水平要高于语文水平。这种利用常模作为评价标准的测验就是常模参照测验。标准参照测验是用一个预先既定的标准来衡量个体的得分,例如,及格线是 60 分,凡等于或大于 60 分的学生算合格,小于 60 分的学生算不合格,这种测验就是标准参照测验。

(四)实验法

实验法是心理学最严格的方法,做实验的目的就是为了探讨心理现象和周围世界的因果关系。实验首先需要建立假设,就是在纷繁复杂的社会现象和心理现象中找到所要研究的问题,并且对该问题进行预先的估计。例如,在研究学生的学习态度的影响因素时,我们凭借经验认为:教师对学生的期望会提升学生的学习态度,这就是一个实验假设。建立了假设之后,就要区分假设中的相关因素,例如,教师的期望是原因,而学生的学习态度是结果,因此,教师的期望在前,而学生的态度改变在后,这样才能符合先因后果的逻辑关系;如果教师对某同学的期望水平一直不变,而学生的学习态度发生了变化,我们就不能说这种态度的转变是由教师的期望引起的。同时我们还要找到其他的因素,例如影响学生学习态度的因素除了教师的期望之外,还有学生自身的因素、班级的氛围、家庭环境等。如果我们不研究这些额外的因素,我们就要把它们控制起来,否则就会造成原因与结果的混乱。当确定了这些实验假设的相关因素之后,就可以进行正式的实验。实验法是人为地设置了一种环境,在这种环境下,研究者创造出一种现象,让这种现象作为原因去影响人们的思想和行为,然后观察他们的变化,从而说明这种现象(原因)是否起作用。就前面的例子而言,如果假设教师对学生的期望是原因,就要控制教师的期望水平,安排教师对某些学生给予较高的期望,而对另一些学生给予较低的期望,然后观察学生的态度是否发生了变化。如果那些接受教师较高期望的学生,学习态度发生了积极的转变,而那些接受教师较低期望的学生,学习态度发生了消极的转变,就有可能证实前面的假设——教师对学生的期望会提升学生的学习态度。为了更严格的说明问题,很多实验采用了两组人群进行对比,这样,可以更好地消除其他潜在的影响因素的干扰。例如,如果发明了一种教学方法,并假设这种教学方法很有效果,然后在一个班级内进行了实验。一个学期之后,我们测量了学生的成绩,他们的平均分数是90 分,是否能够说明这种教学方法很有效果呢? 结论当然不是那么简单。可以提出很多反驳的理由,也许这个班的学生原来的成绩就很好,因此需要调查他们上一学期的学习成绩,也许随着年龄的增长他们意识到了学习的重要性,也许家长给予了他们更多的教导,也许学校改善了教学环境,等等,这些因素都可以作为解释学生学习成绩提高的原因。因此,我们可以再考察一个班,两个班的学生的基本情况都是一样的,但是另一个班没有接受新的教学方法,然后再比较两个班的成绩。他们的成绩之所以出现差异是因为他们接受了不同的教学方法,而其他方面都是相同的。这就是实验法的逻辑思路。

　　人的心理现象错综复杂,用来研究心理现象的方法也应该是多种多样的,因为研究的内容和难度的不同,所以各种方法都既有其有利的一面,也有其不足的一面,因此,需要研究者综合使用各种方法,更客观、全面地揭示心理的奥秘。

【主要结论】

1. 直到 19 世纪,心理学成为一门独立科学后,经过一百多年的发展,心理学的定义才被普遍认可为"心理学是研究人类和动物心理活动和行为表现规律的一门科学"。

2. 心理学的研究对象包括心理活动和行为表现。其中,心理活动从心理的动态—稳态维度来讲,可分为心理过程、心理状态和心理特征。从人的整体性、稳定性和差异性来讲,可分为个性心理特征、个性心理倾向性。从人的心理能否被觉知到的角度来讲,可分为意识和无意识。

3. 心理学的研究领域总体分为两大类,一类为理论心理学,另一类为应用心理学。理论心理学又可分为普通心理学、实验心理学、认知心理学、人格心理学、社会心理学、发展心理学、心理测量学和生理心理学等;应用心理学又可分为临床心理学、咨询心理学、教育心理学、民族心理学、工业心理学、广告心理学、消费心理学和法律心理学等。

4. 心理学的任务就是通过测量和描述人的心理来解释和说明人的心理,在此基础上达到预测和控制人的心理的目的。具体来讲,心理学的任务有以下几个方面:研究心理和脑的关系;研究心理现象和客观现实的关系;揭示心理过程的基本规律;揭示个性心理的特点和形成规律;探讨心理过程和个性心理的关系;探讨心理和实践活动的关系。

5. 就心理学意义而言,理论意义主要体现在:心理学的研究为马克思主义哲学提供了科学的论据;心理学研究有助于邻近学科的发展。心理学的现实意义表现在:心理学对指导人的实践活动,提高劳动生产率有重要意义;心理学开拓和提升了教育的层次;心理学对提高教育和教学质量具有更重要的意义。

6. 心理学研究的四种主要方法分别是:观察法、调查法、测验法和实验法。由于心理现象的复杂性,运用哪一种方法,要根据研究对象、研究条件、研究目的来确定,有时要综合好几种方法才能收集到多方面的资料。

【理论应用与实践】

心理学的使命①

—— 试论心理学的应用将逐步走向产业化(节选)

许金声

人活着,就是要不断追求生活质量的提高。关于如何理解生活质量,中国民间有非常生动的说法:"高职不如高薪,高薪不如高寿,高寿不如高兴。"活得高兴,有幸福感,这才是人类的终极利益。如果说任何学科无不与人的生活质量有关的话,心理学如果不是最重要的,也是最密切的。人本心理学的代言人马斯洛早就提出,心理学应该为人类的幸福做出贡献。后人本心理学以更广阔的视野来看待人的行为,深刻论证和强化了"三赢"的原则,把人类行为的意义纳入整个生态。而心理学产业,正是无污染、无公害,有利于优化人际关系和生态环境,符合人类行为"三赢"的绿色产业,是具有持续发展因素的产业。人的需要满足层次越高,心理学对于他的需要满足就越重要。心理学是帮助人真正高兴的产业,是帮助人自我实现,活出最佳状态的产业。心理学的重要性使它在人类的经济生活和社会生活中占有重要地位,其应用理所当然应该形成一个越来越大的产业。

按照经济学家的观点,所谓"产业",是一种介于微观经济细胞(企业和家庭消费者)与宏观经济整体(国民经济)之间的一个"集合",是所有从事赢利性经营活动并提供同一类产品或劳务的企业群体。例如,房地产业、计算机产业等等。要成为一个特定的产业组织,通常需要具有一定的规模经济,具有生产的专业化,管理的规范

---

① http://www.xujinsheng.com/05.htm

化,服务的社会化等等。

　　心理学的应用为什么会形成一个产业呢? 以下提出的 10 大理由仅仅是初步的思考:

　　1. 从人类认识世界的顺序来看,大体遵循由远及近、由外及内的次序。比如说,先有天文、地理,再有物理、化学,然后是生命科学、心理学。按照吉林大学车文博教授主编的《二十世纪西方心理学通史》中的说法,众多学者一致认为心理学将成为 21 世纪的带头科学、核心科学。在西蒙之后,美国普林斯顿大学教授丹尼尔·卡纳曼成为了获得诺贝尔奖的第二位心理学家。他获得了 2002 年的诺贝尔经济学奖。颁奖者称卡纳曼的杰出贡献在于"将心理学的前沿研究成果引入经济学研究中,特别侧重于研究人在不确定情况下,进行判断和决策的过程。"这一事件,印证了关于心理学将成为带头学科的说法。

　　2. 从国外的发展情况来看,西方在上个世纪中心理学的应用已经有了巨大的发展,心理学的应用应该说已经发展成为一项产业,心理学的应用已渗透进社会生活的方方面面。据统计,美国心理学的应用仅在人才测评方面产值已有 10 亿美元,再加上其他服务,有 100 亿美元。

　　3. 从我国政府对心理学的认识情况来看,"十几年前,国家制定 863 计划,重点发展的 8 个学科中没有心理学;1997 年再次提出优先发展的 15 个学科,仍然没有;但在 1999 年新增加的 3 个优先发展的学科中,心理学占了一席之地。"(中国心理学会副理事长林崇德语)这说明我国有关方面对心理学的重要性已有了必要的认识。党的十六大提出精神文明建设与物质文明建设并重,提出培育民族精神,而心理学的应用无论对物质文明还是精神文明建设都是十分重要的,而对于培育民族精神更是不可缺少的。

　　4. 以目前社会对心理咨询业的需求为例,在 2002 年 3 月 5 日《中国青年报》上的一篇文章中报道,卫生部召开的专家座谈会上发布消息说,我国 3.4 亿青少年中,有各类学习、情绪和行为障碍者约三千万人。全国有严重精神疾病患者约 1500 万人,还有约 600 万癫痫患者。全国每年约 25 万人死于自杀,估计自杀未遂者不少于 200万人。而参加全国政协九届五次会议的海军总医院副院长冯理达委员带来一个出人意料但又在情理之中的数据:目前 70％的中国人处在亚健康状态,需要心理学的帮助!

5.从中国企业界对开发人力资本的迫切需要来看,心理学进军经济主战场已成为必然趋势。自从 60 年代中期以来,越来越多的经济学家都开始注意人力资源对经济发展的重大战略意义,甚至有人把它看作是经济持续发展的决定性因素。IT 行业的迅速崛起也证明了这一点。在 IT 行业的发展中,人力资本起着关键的作用。学习型组织、终身学习等观念的盛行,也反映了企业对人的因素正给予了越来越多的重视。这反映心理学全面介入企业,已经开始有了更适合的气候。笔者提出的"心理学进军经济主战场",为企业配备"总心理师/心理师"等概念,在社会上引起了强烈反响,被大量媒体转载、引证,也证明了这一趋势的到来。心理学有力量帮助企业进行自我更新、内在升级。

6.从职业发展来看,心理学应用的一个重要的领域——心理咨询业,已经有了近十年的发展。2002 年 7 月,《心理咨询师国家职业标准》正式出台,心理咨询师已成为一个正式的职业,这是中国心理学产业化道路上的一个具有里程碑式的标志。目前,全国已经有许多医院设立了心理咨询门诊。就北京目前的情况而言,心理咨询门诊一般很难挂上号。

7.从国人的现实生活来看,如今大多数人已有了基本的物质生活条件的满足,正在向小康社会迈进。发达国家的历史告诉我们:经济越发达,对心理学的需求会越旺盛。过去心理学在中国发展缓慢,原因之一,就是因为中国人的生活水平较差,物质需要都未能得到必要的满足,自然谈不上进一步的心理需求。如今国人已经渐渐开始具备了消费心理服务的基础。当前,在一些大城市中,每小时 100 元的心理咨询价格已经被普遍接受。

8.心理学目前正在越来越多地进入各种领域。部队有了心理辅导,测谎仪开始在公安系统中使用,大学生也开始做《职业能力测评》,大学一般都设有"心理咨询中心",媒体关于心理学的报道日益增多,心理学正在成为社会上的"显学"。更为重要的是,国家教育部已在全国的中小学校推行心理健康教育,这样,这一代从小就与心理学亲密接触,他们对心理学服务的消费将更重视,这应该说是未来心理学产业化的一块沃土。

9.北京师范大学心理学学院同时开办10个研究生班,目前共有1000多名研究生在读。据华夏赛科公司苏先生对部分加拿大大学的调查,有40%的大学生选修心理学,占选修课程第一名。据《中国青年报》报道,在华东师范大学,今年报考教育、心理等学科的人数远远超过了计算机、金融等以往的热门专业:报考教育学的近700人,心理学557人,中文近600人,计算机400余人,金融300余人。此外,被考生"冷落"多年的数学类专业也有400多人报考。华师大心理系教授杨治良认为:"学科热门与否,跟学科的社会需求度有很大的关系。这两年心理学科越来越热,主要是因为心理学是一个交叉最广泛的学科,可以产生很多有应用价值的交叉学科。同时,随着社会的发展、生活的改变,人们的各种心理问题也日益得到关注,对心理学科的需求度很大,自然就吸引了大批青年人来报考。"杨教授告诉记者,他当年只能招三四个学生,但目前来报考的已经有20多人。

10.据北京高校"人文之光"活动在北京所做的抽样调查来看,当前大学生对心理学类讲座的需求,首次超过了对文学艺术、经济管理类讲座的需求,成为排名第一的学科。这也可以从一个角度证明心理学市场在迅速发育。

【学习评价】

(一)基本概念解释

1.心理学　2.心理活动　3.行为　4.个性心理倾向性

5.无意识　6.问卷法　7.观察法　8.参与观察　9.自变量

10．因变量

(二)判断正误

1．心理学家善于揣摩他人心理,与其交往需小心谨慎。

2．心理学的研究对象主要分为心理活动和行为表现。

3．人既是生理的人,又是社会的人,人的一言一行、一举一动无不受到生理和社会的双重影响。

4．心理学的第一层任务是预测和控制人的心理。

5．幼儿园的老师在教小朋友学习 1＋1 的问题时,会让小朋友数自己的手指头,主要是为了引起大家的注意。

6．大多数心理学家从事与应用有关的工作,因此心理学理论研究并不重要。

7．实验心理学家最有可能从事学习障碍问题的研究工作。

8．调查法一般可分为书面调查和口头调查两种。书面调查即问卷法,口头调查即晤谈法。

9．在采用测验法时,必须具备两个基本要求:测验的信度和效度。测验的信度是指测验实际测量出其所要测量的特质的程度;测验的效度是指测验结果的可靠性或一致性程度。

10．由于心理现象的复杂性,运用哪一种研究方法,要根据研究对象、研究条件、研究目的来确定,有时要综合好几种方法才能收集到多方面的资料。

(三)综合应用

一个孩子喜欢吃糖果,他的母亲却很忧虑,因为听说糖果吃多了会使孩子变得躁动不止,她想知道是否确有其事。设想你是一位心理学研究者,你会采用什么方法来验证这位母亲听到的说法?

【参考文献】

[1]全国十二所重点师范大学联合编写:《心理学基础》,北京:教育科学出版社,2002 年版。

[2]黄希庭主编:《心理学导论》,北京:人民教育出版社,1991 年版。

[3]Dennis Coon 著、郑钢等译:《心理学导论——思想与行为的认识之路》,北京:中国轻工业出版社,2004 年版。

[4]Richard,J.G 著、王垒等译:《心理学与生活》,北京:北京大学出版社,2005 年版。

第二章　个体心理发展与教育

【内容简介】

　　本章主要是从心理的产生发展与教育这一角度出发,探讨人类个体的心理从无到有、从简单到复杂的变化历程,重点突出儿童心理的发展。首先对心理发展的含义与相关理论作了界定与介绍;然后对个体认知和语言的发展、情绪和社会性的发展做一阐述;最后分析了在个体心理发展中遗传和环境的作用。在阐述个体心理发展基本规律的基础上,分析了如何在教育,尤其是学校教育中运用这些基本的发展规律。通过本章的学习,能对个体的心理发展和教育有一个完整的认识,为后续的深入学习奠定基础。

【学习目标】

识记:

　　1.能够陈述"发展"、"心理发展"、"关键期"、"依恋"、"客体永存性"、"自我意识"的含义。

　　2.能够阐明发育和发展概念的区别。

　　3.能够列举出个体心理发展的主要特点。

理解:

　　1.理解"遗传决定论"、"环境决定论"和"相互作用论"的主要观点。

　　2.结合实际说明记忆的发展特点。

　　3.理解个体思维发展四个阶段的主要特点。

　　4.理解个体语言获得理论三种流派的主要观点。

　　5.解释个体的依恋对成长的作用。

　　6.举例说明个体性别角色和自我意识的获得过程。

应用:

1. 结合个人成长发展历程,分析个体心理发展的影响因素。

2. 能结合注意的相关规律,分析教师的教学活动。

第一节　个体心理发展概述

我们都知道,新生儿具有初步的感知觉能力,并且他们是带着与众不同的特点降临于世的。但是,与成人所具有的高级心理过程和复杂的人格特点相比,儿童的心理世界既简单,又具有广阔的发展空间。个体的心理发展所描述的正是随着年龄的增长,体现在个体身上的心路历程,以及各种因素对心理发展的影响。

一、心理发展的含义

"发展"一词有时与"发育"、"成长"这些词交替使用,但是含义不完全等同,后者更多的是指身体、生理方面的生长成熟,是随着年龄的增长自然而然出现的个体身心的成长变化。生长成熟排除了学习和经验对儿童的影响,而且主要是意味着量的增长。而"发展"的含义更为广泛,是生理的自然成熟和在环境中学习获得知识经验共同作用的过程,是个体身心整体的连续变化,不仅是数量的变化,更重要的是质的变化。如身体各部分比例的变化,心理方面如个性结构的变化等等。发展不仅是指向前推进的过程,也指衰退消亡的变化。

心理的发展是指个体随着年龄的增长,在相应环境的作用下,从不成熟逐渐发展为成熟的这一成长过程。概括地说,是指反映活动不断得到改善,日趋完善和复杂化的过程。

并不是所有的心理变化都可以称为发展。例如:由于身体的疾病、疲劳、药物的原因所导致的心理变化就不属于发展,因为这一类变化只是暂时性的变化,可以通过休息或治疗而得到恢复。

二、心理发展的主要特点

(一)连续性与阶段性

请稍微回想一下一个人成长过程中所发生的变化。你认为我们所经历的这些变化是逐渐发生的还是突然发生的？

在发展的连续性与阶段性的问题上，心理学家们存在着争议。争论的一方是连续论者，他们强调发展是由外部环境决定的，认为人的发展是一个累加的过程。这个过程是逐渐的、连续的、没有突然的变化，个体的发展变化本质上是一种量变的过程。比如，儿童每年都会长高一些，会跑得更快一些；他们获得的关于周围世界的知识会越来越多。与此相对的是阶段论者，他们所描绘的人的成熟道路是由一系列突发的变化组成的，每一次变化都把人提升到一个新的、更高级的发展水平，这种变化是质的变化。从蝌蚪到青蛙的变化就是一种质变。同样，一个不会说话的婴儿与一个口齿伶俐的儿童有着质的不同，一个性成熟的青少年与他刚进入青春期的同学有着质的不同。

从辩证唯物主义的心理学观来看，儿童心理的发展是一个从量变到质变的过程，心理发展过程中既有连续性又有阶段性。在一定时期内，相对平稳的、细微的变化属于量的积累，体现了发展的连续性；当某些代表新质要素的量积累到一定的程度时就取代旧质要素而占据优势的主导地位，这时量变的过程就发生了质的"飞跃"，表现为发展中的间断或跳跃现象，即阶段性。

例如，从儿童的动作发展来看，婴儿一般从出生半年以后开始爬行。刚开始他们腹部着地慢慢地移动，然后靠手和膝爬行，逐渐能够摇摇晃晃地站立住，然后能够东倒西歪地前进了。随着时间的推移，他们爬得比较快了，动作也更协调，这些技能上的变化是逐渐的、连续的。但是，双足站立和行走需要一组完全不同的动作，从爬行到行走的变化，不只是爬行技能的简单扩展，而是出现了本质不同的行为模式，即进入了一个新的阶段。

（二）发展的方向性和顺序性

儿童身心的发展顺序在正常的条件下总是指向一定的方向并遵循一定的先后顺序，而且这种顺序是不可逆的，也不可逾越。

　　例如,儿童的身体和运动机能的发展是按照两条法则进行的,一是从上至下法则(头尾法则),一是从中心到边缘法则(近远法则)。

　　从上至下法则是指儿童的动作发展从头部开始依次向身体的下部发展。最早发展的动作是头部动作,其次是躯干动作,最后是脚的动作。婴儿最先能够抬头和转动头部,然后会翻身和坐,接着是使用手和臂,最后才学会腿和脚的动作,能直立行走和跑跳。不同的儿童学会某一动作的具体时间可能各不相同,但是任何一个儿童的动作发展一定遵循着抬头——→翻身——→坐——→爬——→站——→走的方向和顺序。

　　从中心到边缘法则是指以人体直立的中轴线为起点,动作的发展从身体的中部开始,越接近躯干的部位动作的发展越早,而远离身体中心的肢端动作发展则较晚。如上肢动作中,肩头和上臂的动作先发展,然后依次是肘、腕、手,最后发展的是手指的动作。下肢动作发展的顺序也是如此。

　　其他心理机能的发展也有顺序性。发展的速度可以有个别差异,可以加速或延缓,但是发展的顺序一般不会改变。

　　(三)发展的不平衡性

　　人类个体从出生到成熟的进程不是千篇一律地按照一个模式进行的,也不是按照相等的速度直线发展的。发展的不平衡性主要表现为发展的不同阶段、不同方面在发展进行的速度、到达的时间以及最终到达的高度等方面都表现出多样化的发展模式。

　　从发展的不同阶段来看,不同阶段的发展速率会有很大的差别。就总体发展而言,整个发展并不是等速上升,而是呈波浪形地向前推进。大约在幼儿前期出现第一个加速发展期,然后是童年的平稳发展,到了青春发育期又开始出现第二个加速期,然后又是平稳地发展,到了老年期则开始了各方面的下降趋势。

　　从发展的不同方面来看,个体内部的不同组织系统、不同的机能特性的发展也是各不相同的,神经系统的发展和生殖系统的发展就是很好的例子。神经系统的发展是先快后慢,人类个体在幼儿期以前大脑的重量就已发展到成年期的80%,在9岁左右就接近成人水平;而生殖系统的发展则是先慢后快,在青春期以前进展很小,一到了青春期(女性在11～12岁,男性在13～14岁)则大幅度增长。

(四)发展的差异性

发展既有共同的规律,又表现出个体差异,即共同性包含着特殊性,共性是从特殊性中概括出来的。一般来说,一个正常儿童的发展总是要经历一些共同的基本阶段。但同属正常范围内的个体,在发展的速度、最终到达的水平、发展的优势领域、发展的类型及时间上往往是千差万别的。如有的儿童早慧,有的儿童大器晚成;有的儿童对音乐特别敏感,有的儿童对艺术形象有深刻的记忆表象。在性格方面也是如此,有的好动、善于与人交往、能说会道;有的喜欢安静、独处,即我们平常所说的外向、内向之别。当然处于中间状态的儿童也是各具特色、千人千面的。

专栏 2—1

白痴学者

大脑白痴学者是精神医学的专有名词。既是"白痴"又如何是"学者"?这个名词一语道出白痴学者的矛盾与冲突。说是学者,他们确实愚鲁,智商低下;说是白痴,他们又专长独具,禀赋过人。截然相悖的两极,竟奇妙地统一在同一个生命体内,这就是令医学界百思不解的白痴学者现象。

最著名的白痴学者是美国盐湖城的一位名叫金·皮克的自闭症患者。他在历史、文学、地理、体育、音乐等15个不同领域都有着超凡的天赋。据报道,皮克有过目不忘的本领,他甚至能将一本电话号码簿上的名字和电话号码一字不差地记住。直到如今,皮克几乎能一字不漏地背诵9000本书的内容。不过,皮克在其他方面却显得相当"低能",不能料理自己的生活,像穿衣服这类简单的日常事务他都不能做。皮克的故事给了好莱坞导演灵感,1988年奥斯卡获奖电影

《雨人》就是以他为原型拍摄的,因此,白痴学者又被人们俗称为"雨人"。

大多数白痴学者实际上并非真正的白痴,其智商一般在 35~70 之间,属轻度或中度弱智。真正的白痴智商低于 20,而大多数白痴学者并非地道的学者,因为他们具有只限于某一孤立方面的突出才能。到目前为止,我们已经知道白痴学者在推算日期、计算、音乐、绘画、雕塑、查阅字典、下象棋、背诵、色彩、赌博、甚至经商及其他许多专业知识上表现出非凡的才能。有关文献揭示,白痴学者中至少拥有 300 种以上的天才。而一些弱智者在某些方面表现出的技能也实在令人刮目相看。白痴学者现象被提出一百多年来,人类对此领域的研究不能说没有进展,许多学说与假设被提出,每一种似乎都有其道理,但又有无法穷尽一些谜底。直到今天,新闻媒介报道此类现象时仍以奇闻轶事的形式出现。而对于研究此类现象最多的医学界,它同样是一个一直被人们试图解开却一直未能被真正解开的谜。这个谜底最后的揭示,无疑可使人类更加贴切地认识自身,甚至有利于帮助人类从中获得某种进化的契机。

资料来源:奇云:《白痴学者:缺陷的天才》,《科学之友》,第 24~25 页,2005 年第 2 期。

(五)发展的关键期

奥地利动物习性学家劳伦兹(K.Z.Lorenz)在研究小鸭和小鹅的习性时发现,它们通常将出生后第一眼看到的对象当作自己的母亲,并对其产生偏好和追随反应,这种现象叫"母亲印刻"。心理学家将"母亲印刻"发生的时期称为动物认母的关键期。关键期的最基本特征是,它只发生在生命中一个固定的短期时期。如小鸭的追随行为典型地出现在出生后的 24 小时内,超过这一时间,"印刻"现象就不再明显。

心理学家所讲的关键期是指,人或动物的某些行为与能力的迅速发展有一定的时间,如在此时能给以适当的良性刺激,会促使其行为与能力得到更好的发展;反之,则会阻碍其发展甚至导致其行为与能力的缺失。

值得注意的是,对人类心理发展的关键期问题,目前还存在着许多疑问和争议。一般而言,运用关键期这一概念,通常意味着缺失了关键期的有效刺激,往往会导致个体的认知能力、语言能力、社会交往能力低下,且难以通过教育与训练得到改进。印度发现的"狼孩",就是关键期缺失的典型事例。因此,有研究者认为,关键期的缺失对人类发展造成的负面影响,通常在极端的情况之下才难以弥补。

三、心理发展的主要理论

(一)遗传决定论

这种理论认为儿童的心理发展是先天的、不变的遗传所决定的,儿童心理发展的过程就是这些先天遗传素质的自我发展过程,与外界影响、教育无关;外界影响和教育即使对儿童心理发展起作用,至多只能促进或延缓遗传素质的发展,而不能改变它的本质。优生学的创始人高尔顿(F.Galton)是这种理论最早的代表人物。他认为一个人的能力是由遗传决定的。另外一个代表人物是美国心理学家格塞尔(A.Gesell)。格塞尔认为,心理发展是由机体成熟预先决定与表现的。成熟是推动心理发展的主要动力,没有足够的成熟,就没有真正的成熟与变化。

专栏 2-2

双生子爬梯实验

格塞尔的观点源于他的双生子爬梯研究。1929 年,他首先对一对双生子 T 和 C 进行了行为基线的观察,确认他们发展水平相当。在双生子出生第 48 周时,对 T 进行了爬楼梯、搭积木、肌肉协调和运用词汇等训练,而对 C 则不做训练。训练持续了 6 周,期间 T 比 C 更早地显示出某些技能。到了第 53 周当 C 达到爬楼梯的成熟水平时,对他开始集中训练,发现只要少量训练,C 就赶上了 T 的熟练水平。进一步的观察发现,55 周时 T 和 C 的能力没有差别。据此,格塞尔断言,儿童的学习取决于生理上的成熟,成熟之前的学习与训练难有显著的效果。

　　资料来源:全国十二所重点师范大学联合编写:《心理学基础》,第 201～202 页,北京,教育科学出版社,2002 年版。

　　在他看来,个体心理发展具有方向性,如动作的发展就遵循由上到下、由中心到边缘、由粗到细这样的发展规律。发展取决于成熟,而成熟的顺序取决于基因决定的时间表,因此年龄便成为心理发展的主要参照物。格塞尔收集了数以万计儿童发展的行为模式,制订了格塞尔行为发育诊断量表(即年龄常模)。通过与行为发育的年龄常模相比较,即可判断不同儿童的心智发展水平。该诊断量表在临床实践中运用十分广泛。格塞尔认为,儿童成熟之前,处于学习的准备状态,只要准备好了,学习就会发生。在发展的过程中,个体表现出极强的自我调节能力。

　　(二)环境决定论

　　美国心理学家华生(John Broadus Waston,1878—1958)则否认遗传在个体成长过程中的作用,认为一切行为都是刺激(S)——反应(R)的学习过程,通过刺激可以预测反应,通过反应可以推测刺激。

　　华生运用条件反射所做的婴儿害怕实验,为心理发展的行为决定论作了最有利的说明。实验被试是一个 11 个月大的男孩子艾伯特,他与小白鼠玩了三天,后来当艾伯特的手要接触小白鼠时,身后突然响起了钢条的敲击声,艾伯特受到了惊吓但是没有哭。第二次,当他的手再次摸到小白鼠时,钢条又被敲响,他猛然跳起,向前摔倒,开始哭泣。如此反复多次,以后当小白鼠单独出现时,艾伯特就会表现出极度恐惧,转过身去,躲避白鼠。在这个实验里,白鼠成为剧烈声响的替代刺激,引发了艾伯特的条件反应。华生据此解释说,任何行为(包括情绪),不论是积极的还是消极的,都可以通过条件反射而获得。华生的这一实验本身是违背道德的,但是不可否认,它为行为的习得与消除提供了事实依据。

行为主义后期的另一个著名代表人物是美国心理学家斯金纳（Burrhus Frederick Skinner，1904—1990）。他坚持行为主义的基本宗旨，并明确指出，任何机体当前的行为结果改变了未来的行为。例如，当一个学生在课堂上积极举手发言，得到了老师的当众表扬，他以后积极举手发言的行为就会越来越多了。这一原理不仅适用于动物训练，也适于人类的各种行为包括社会行为的塑造和矫正。他主张，可以通过强化来塑造儿童的行为。

美国心理学家班杜拉（Albert Bandura，1925—）认为，儿童通过观察学习而获得新行为。通过观察他人（榜样）所表现出来的行为及其结果，就可以完成学习。通过对攻击性行为、亲社会性行为的研究，班杜拉更坚定了"榜样的力量是无穷的"这一看法。社会学习理论开始注意到人、人的行为和环境的相互影响，主张儿童可以通过他们的行为作用于他们的环境，并经常通过有效的方式改变他们的环境。

从总体上看，尽管华生、斯金纳、班杜拉的观点各有所侧重，但他们的共同要旨，便是强调环境或教育在儿童心理发展中的作用。

（三）相互作用论

相互作用论认为儿童心理的发展是遗传与环境两大因素相互作用的结果，遗传对心理发展作用的大小依赖于环境的变化，而环境作用的发挥，也受到遗传限度的制约。其代表人物是瑞士著名心理学家皮亚杰（Jean Paul Piaget，1896—1980）。持这种观点者不仅承认遗传和环境在儿童心理发展中的作用，而且指出了两者之间的相互作用。例如，认为每个儿童都有一个范围相当广泛的智慧潜能。这个范围内的上、下限是由遗传决定的，而智慧的实际表现则是被多种多样的内部或外部环境因素以复杂的形式促成的。如，虽然甲比乙具有更高的智慧潜能，但其智慧的实际表现却可能会落在乙的后面。因为由于某种环境的影响，使乙的能力得到充分的表现，因而乙的智慧表现比甲更接近自己的潜能的上限。相互作用论比较深入地揭示了儿童心理发展影响因素的相互作用，有利于理解和解释发展的多样性和复杂性。

　　综观这几种有代表性的心理发展观,遗传决定论与环境决定论分别强调了心理发展的某一个重要的方面,但否认另一方面的作用,从而使他们的理论观点有失偏颇;相互作用论明确了主客体在心理发展中的作用,为我们了解个体心理发展提供了较为完善的理论框架。人们已不再执迷于环境和遗传的作用孰大孰小的疑问,而是更细致地、更深入地关注遗传和环境究竟以什么样的方式影响儿童的发展的内在机制问题。

第二节　认知和语言的发展与教育

　　从广义上说,认知是指人的认识过程,包括注意、感知觉、记忆、解释、分类、评价、原则推理、规则的演绎、想象各种可能性、产生策略和幻想等等。狭义地说,认知就是思维或记忆。[①]

一、注意的发展与教育

(一)注意的发展

　　注意不是一种独立的心理活动过程,但是和心理过程密切联系。如我们经常说"注意了!"实际的意思是"注意听"或"注意看"等。注意是心理活动对一定对象的指向和集中,指向性和集中性是注意的两个基本特征。指向性是指心理活动有选择地反映一定的对象,而忽视其余的对象。如在课堂上有的学生在集中注意力听老师讲课,也有的学生可能在漫不经心地看窗外走过的人。上课听讲或分心表明学生的注意力指向不同的事物。集中性是指注意力在所指向对象上的保持和巩固。集中性表现为注意的强度和持久性。注意力越集中,心理活动的强度就越大。如一个人全神贯注地读书,就听不见周

――――――
　　① 刘金花主编:《儿童发展心理学》,第101页,上海:华东师范大学出版社,1997年版。

围环境的嘈杂,所谓"视而不见,听而不闻"就是注意力高度集中的结果。

　　注意可以分为无意注意和有意注意。无意注意是指事先没有预定目标,也不需要意志努力的注意。对于学龄前的儿童,无意注意占很大的比重。色彩鲜艳的、活动的、新奇的东西容易引起儿童的无意注意,另外,符合儿童的兴趣和需要的事物也易引起幼儿的无意注意。例如,男孩子对汽车、枪支很感兴趣,不论在任何场合,他都会去注意与汽车和枪有关的事情。有意注意是指有预定的目的,需要做一定意志努力的注意。例如,当学生意识到学习的重要性时,他们会主动地投入到学习活动中,克服学习中遇到的困难,集中注意力。由于学校教学的要求,学龄期儿童的有意注意得到逐步发展。

　　注意的特征有:一是注意的稳定性,即在同一对象或活动上注意所持续的时间。如孩子玩积木可以连续玩上几个小时,学生上课能认真听讲。二是注意的广度,也叫注意的范围,是指同一时间能清楚把握的对象的数量。研究发现,注意的广度受知觉对象的特点、个人知觉的活动任务和知识经验等的影响。例如,"辩证唯物主义和历史唯物主义",虽然很长,但是我们看一眼就能完整地把握,因为词义明确。相反,对于晦涩难懂的词句,知觉的注意力的范围就大大缩小,一眼看上去也许只能把握 1～2 个字。对于小学生来说,知识经验很有限,他可能孤立地一个一个地去辨认,知觉的范围就很小。又如,给我们两幅画,一幅要求数出画面上的物体个数,另一幅画则要求找出错误。很明显后一个任务比较难,知觉的速度要放慢,知觉的广度就会缩小。三是注意的分配。指同一时间内注意力指向不同的对象。例如,司机既要注意马路环境,又要控制汽车;一位演奏家能同时演奏几种乐器。我们怎么能做到"一心二用"呢?前提是对其中的一个对象能熟练操作。例如,司机对于驾驶达到高度熟练化之后,他的注意力就主要放在路况上。四是注意的转移。指个体根据需要,主动地从一个活动或对象转移到另一个活动或对象。例如,在学习中,从一门课程到另外一门课程的学习,必须及时转移注意。如果学生的注意还停留在最初的那门课上，势必影响后续学习的质量。

（二）注意规律在教育中的运用

教师在教学中要善于运用注意的基本规律。

1. 运用无意注意的规律进行教学。在教学活动中，对于知识难点和重点，可以通过语言的强调或重复，引起学生的注意。同时注意板书的技巧，要突出重点，字迹清晰醒目。教学形式要多样化。

2. 运用有意注意的规律进行教学。首先要创造良好的学习环境，避免一些无关的干扰。例如：布置得五颜六色的教室反而会分散学生的注意力。由于有意注意需要意志努力，如果学生在课堂上长时间地注意力高度集中，很容易疲劳。因此，在课堂教学中教师要合理安排教学内容，使学生有时间在有意注意和无意注意之间做一个转换，以缓解疲劳。还要引导学生产生浓厚的学习兴趣，学会合理地安排学习活动。同时，教师要避免在课堂教学过程中批评某个学生，这容易分散其他学生的注意力。

二、感知能力的发展与教育

（一）感知能力的发展

感知觉是个体接收外界信息的心理基础。随着早期经验研究的兴起和现代化研究手段的普遍采用，越来越多的发现表明在婴幼儿期，个体的许多感知觉已达到相当高的发展水平。

当婴幼儿能感受某个刺激时，他会表现出相应的身体运动和脸部表情，或特定的反射行为。尽管绝大多数人都将视觉看作是一种不可或缺的感觉能力，然而，在新生儿时期，视觉能力的发展水平在各种感觉能力中是最低的。新生儿眼睛里的妈妈是朦朦胧胧的、模糊的。研究表明，几周的婴儿就表现出对不同图案注视时间的差异，相对于简单、杂乱、模糊的形状或图形，婴儿从一开始就偏爱观察复杂、和谐、清晰的形状与图案。如靶心图、线条图和人脸。新生儿看到的世界是彩色的，但是他们在区分蓝色、绿色、黄色以及白色上存在困难。在出生后 2～3 个月的时间里，儿童就能分辨所有的基本颜色了。[①] 6个月到1岁左右,婴儿的视力已达到成年人水平。

婴儿很早就对声音表现出了明显的兴趣,尤其是音调较高的女性的声音。研究证实,出生第一天的新生儿已有听觉反应,听觉的发展水平高于视觉。婴儿能很快学会辨认他们常听到的词语。例如,到4个月的时候,当听到有人在叫他的名字的时候,婴儿就会很准确地将头转向声音传来的方向,但如果是其他人的名字,他们就不会有这种反应。儿童的听觉能力在12、13岁以前一直在增长,成年以后听力逐渐下降。

婴儿刚一出生就表现出明确的味觉偏爱,当给婴儿提供糖水时,他们会长时间吸吮不停。和成年人一样,吃了甜食后,新生儿的面部肌肉很放松,吃到酸的东西则撅起嘴巴,遇到苦味就会张大嘴巴。这些生来就有的反应对人的生存具有重要的价值。因为,适合婴儿早期生长的理想食品就是甜甜的母乳。新生儿还能觉察到各种气味,对于不喜欢的气味,他们会做出把头扭开并表现出厌恶的表情等强烈反应。

在所有的感知觉中,儿童的方位知觉和时间知觉的发展相对较晚。方位知觉是对物体所处方向的知觉。研究表明,3岁儿童已能辨别上下方位,4岁儿童可分辨前后方位,5岁开始能以自身为中心辨别左右方位。6岁儿童能完全正确地辨认上下前后四个方向,但以自身为中心的左右方位辨认尚未发展完善。[②] 由于方位具有相对性,儿童从具体的方位知觉发展到稳定的方位概念要经过较长的时间。儿童因方位知觉困难造成的学习错误在小学低年级中会经常出现,如"b"与"d"不分,"6"与"9"误写,等等。对时间知觉的研究则表明,5岁儿童对时间知觉的把握尚不稳定,7岁儿童开始利用外部时

[①]　谢弗(David R.Shaffer)著、邹泓等译:《发展心理学——儿童与青少年》,第198页,北京:中国轻工业出版社,2005年版。

[②]　转引自李丹主编:《儿童发展心理学》,第180~181页,上海:华东师范大学出版社,1987年版。

间标尺,到 8 岁左右,时间知觉的准确性和稳定性开始接近于成人。

随着生理的发展,青少年的心理也在飞速发展。由于青少年的知识、世界观等有了很大的飞跃,他们对知识的学习有了更高的目的性和有意性,主动性不断增强。感知事物不仅能抓住事物的表面特征,而且能由表及里,抓住事物的本质特征,感知事物的精确性在不断提高。但是,由于青少年的生理发展还不够成熟,因此,在感知周围事物时,仍然会由于兴趣爱好而表现出不随意性。这些都有待于教师的引导。

(二)感知规律在教育中的运用

随着年龄的增长,中小学生都逐渐具备了一定的感性知识和经验,但是对他们来说,这些知识和经验毕竟还是有限的。在教学中,教师要丰富学生的感性认识,通过实物教学、动作示范、图片、教学录像、幻灯和多媒体辅助方法的运用,活跃课堂气氛,促使学生的注意力更为稳定和集中,思维更活跃。要根据感知发展的规律组织教学,提高教育质量。教师的板书书写要注意规范性,必要时要用不同颜色的粉笔书写以突出重点。教学中应注意语言的变化,必要时辅以一定的手势,引发学生的清晰感知。学生在知觉过程中会自觉或不自觉地将知觉对象作为一个整体来反映,感知往往不够具体、全面和系统,容易忽视知识的细节或次要方面,教师要加强对学生观察能力的培养和指导。

三、记忆的发展

记忆的发展可以从量和质的发展两方面来说明。

(一)量的发展

儿童记忆的量的发展可以从记忆的范围、记忆广度和记忆保持的时间等方面来衡量。儿童最早出现的是运动性记忆,即新生儿在出生后一至两周就可以观察到的,如由母亲哺乳姿势引起的条件反射;其次是情绪记忆,在半岁左右出现,如看到妈妈手里拿的糖水瓶,婴儿就会有愉快的情绪反应;再次是形象记忆,半岁到一岁的婴儿对熟悉和陌生的面孔的反应是不一样的,表明他对熟悉的人,如父母亲已有了记忆。最后出现的记忆是语言记忆。此后,儿童记忆的范围就扩大到日常生活中的各个领域。

记忆广度是指材料一次呈现之后被试能正确复述的最大量。儿童随着年龄的增长,记忆广度也在不断增加,至初中阶段记忆广度达到最高水平,此后逐渐下降。

记忆保持时间的长度也同样呈现出随着年龄增长而延长的趋势。学龄儿童的记忆保持时间比学前儿童更长、更确定。

有研究者对人的年龄和再认能力的关系进行了研究,结果发现再认能力的最佳年龄是青少年期。成人的记忆力与儿童相比,具有不同的特点。

就老年人而言,记忆变化的总趋势是随着年龄的增加,记忆力逐渐下降,但存在很大的个别差异。国内外研究都发现,在 60 岁以后记忆力急剧下降,对于近期记忆材料的损害更为严重,而近期记忆力的明显衰退是老年痴呆症患者的典型特征之一。

(二)质的发展

记忆的质的变化主要表现在个体的记忆态度、记忆方法和记忆内容三个方面。

记忆态度是指记忆活动的有意性和无意性。学前儿童的记忆带有很大的无意性,如幼儿在玩积木的时候偶尔听到电视里的广告词,过了几天,幼儿会说出他曾听到的广告词,这种记忆就是很随意发生的。凡是儿童感兴趣的、印象鲜明强烈的事物就容易记忆。儿童的有意记忆一般发生在学龄中期,在老师的要求和影响下,这种能力的发展就会更快。随着年龄的增长,儿童的记忆方法也不断发展,学龄前的孩子能很快地背诵古诗,但更多的是机械记忆,到了小学的中、高年级比较多地采用意义记忆。幼儿期和小学低年级的儿童由于知识经验少,往往借助于事物的具体形象来记忆。在发展的过程中,儿童较好地掌握了语言,语言记忆迅速发展起来。

(三)记忆规律在教育中的运用

在教学安排上,教师要合理地安排课程,文理交叉,动静结合,同时,要保证学生的课间休息,以提高记忆质量。同时,还应适当调节课堂教学的进度,过多的信息量不利于学生的消化和理解,也增加了记忆的难度。为了提高记忆的效果,在教学中,教师要创设愉快的学习气氛,消除不利于记忆的负面情绪。如教师在课堂上公开批评某个学生,一方面受到批评的学生情绪会有很大的变化,另外一方面也影响了课堂气氛,容易分散其他学生的注意力。

教师要根据教学的内容,明确学生记忆的任务:哪些需要完整背诵、哪些需要部分记忆,哪些需要记忆大意,这样有助于学生提高记忆的针对性。为了长时间地保持记忆,教师应该引导学生理解知识,多运用意义记忆,在此基础上提高记忆的质量。

四、思维的发展

思维与感知觉、记忆一样,是人脑对客观现实的反映,不过思维是对客观事物的间接、概括的反映,反映的是客观事物共同的、本质的特征和内在联系。

(一)思维发展的阶段

对个体思维发展的解释,最有影响的当属瑞士儿童心理学家皮亚杰的观点。他认为思维的发展是个体心理发展的核心,把个体思维发展的过程划分为四个阶段。

1.感知—动作阶段(0~2岁)。主要特点是儿童依靠感知动作适应外部世界。儿童用身体和外部动作来寻求解决问题的方法,如用推、敲、打等多种动作来认识事物。婴儿8~12个月的时候,获得"客体永久性"概念。即当物体不在眼前或通过其他感官不能觉察时,儿童仍然知道物体是继续存在的,如用一块布盖住幼儿的玩具,他会掀起布去找自己的玩具。

2.前运算阶段(2~7岁)。由于符号功能与象征功能的出现,思维得以从具体动作中摆脱出来,表象思维与直观形象思维成为该阶段的主导。儿童开始大量使用心理符号(词汇和表象)来表征他所遇到的事物和事件。如"狗"这个词就代表了长有四条腿、中等身材、被驯养的哺乳动物。皮亚杰通过"三山实验"证实,由于儿童总是从自己的角度出发来看待世界,尚不能变换角度或意识到他人有不同的视角,因而,该阶段儿童的思维具有明显的自我中心特点。此外,由于儿童不能很好地区分心理的和物理的现象,思维还具有"泛灵论"的特点,即倾向于将活动着的任何物体都视为有生命的。在儿童的绘画作品及童话中,"泛灵论"都有充分的体现。儿童的思维是单向的、具有不可逆性。例如,有人问一个 4 岁女童:"恩琪,你有姐姐吗?""有,我姐姐是安妮。"过了一会儿,再问她:"恩琪,你们家的安妮有妹妹吗?"结果,她摇了摇头。由于缺乏逆向思维的能力,儿童很难获得物质守恒的概念。

3. 具体运算阶段(7~12 岁)。在这一阶段,个体的思维具有了内化性、可逆性、守恒性以及整体性等特性。儿童是否具有守恒概念是具体运算阶段区别于前运算阶段的主要标志。所谓守恒,是指儿童认为物体尽管从外表上看来由一种状态转变为另一种状态,但实质上其物质含量既没有增加,也没有减少。如把水从高脚杯倒进盆子里,儿童知道水的总量是不变的。这表明儿童的思维已不再简单地受客体知觉特征的影响。当然,尽管此时儿童已有了简单的逻辑思维能力,但这仍需要具体对象作为支持。如果问儿童:冯玉比朱迪白些,冯玉又比苏珊黑些,在这三个人中,谁最黑,谁最白?如果这三个人站在儿童的面前,即便是 6、7 岁的孩子也能回答,但是如果用命题的形式表达出来,甚至 10 岁的儿童也感到困难。在这一年龄阶段,儿童形成了完整的分类系统,能依据某种可定量的维度排列客体,如能按照颜色或形状对物体进行归类。

4. 形式运算阶段(12 岁以后)。形式运算阶段又称命题运算阶段,与前一阶段相比,其最大的特点是儿童的思维已摆脱具体事物的束缚,把内容和形式区分开,能根据种种可能的假设进行推理,他们可以想象尚未成为现实的种种可能。因此,这一时期的思维更具灵活性、系统性和抽象性。

形式运算阶段和具体运算阶段有着本质的区别。具体运算阶段的儿童只能在联系具体事物的时候方能解决问题,而形式运算阶段的儿童能对命题进行运算。

(二)思维规律在教育中的运用

在教学中,教师要结合学科教学提高学生解决问题的思维效率,促进学生的思维发展水平。要指导学生首先仔细阅读,准确理解题意,如"增加到三倍"和"增加了三倍"具有不同的含义。由于青少年的思维处于向逻辑抽象思维的过渡阶段,仍然需要感性经验、直观材料的支持,因此,在教学中必要时教师要辅以图形的解释。在解题过程中要引导学生"举一反三",运用多种方法解决问题,培养学生的发散思维。并注意积极情绪对解决问题的影响,让学生学会调节和控制自己的心理状态。问题解决之后,引导学生不断反思和总结,提炼解决问题的经验,培养学生思维的系统性。

五、语言的发展

虽然语言不是人类所独有的,但是人类适合学习语言的程度却是独一无二的。在掌握语言方面,一个普通的人类婴儿会超过哪怕是训练最成功的灵长类动物,在学习语言的天分方面,儿童与猩猩相比就如同是飞机与马车相比。

语言的发展是一个极为复杂的过程。然而,所有生理发育正常的儿童都能在出生后四至五年内未经任何正式训练而顺利地获得听、说母语的能力。其发展的速度是其他复杂的心理过程和心理特征所不可比拟的。

语言的发展指的是儿童对母语的理解和产生能力的获得(主要是口头语言)。

(一)语言的准备

儿童真正能理解并说出单词是在1岁左右,此前为语言准备期。这个时期的幼儿虽然还不能产生语言,但是已不同程度地在某些方面表现出在为以后的说话做准备。

新生儿的第一个行为表现就是哭。最初的哭是婴儿开始独立呼吸的标志,是对环境的反射反应,或者是由生理需要而引起的反应。最初的哭声是没有分别的,也就是说,婴儿饿了、尿了、渴了的时候,他的哭声基本上是无差别的,音调也差不多。

一个月以后,婴儿的哭声开始有了分化,出现了类似于元音和辅音的反射性声音。5个月左右的幼儿进入了牙牙学语的阶段,所谓牙牙学语就是类似于成人语言中所使用的那些音节的重复。如幼儿能发出"ba-ba,ma-ma"的类似"爸爸"、"妈妈"等单音节语音,其实这些声音对婴儿毫无意义,他们只是以发音做游戏而得到快乐。这些咿呀学语在8、9个月时达到高峰。通过咿呀学语,儿童学会了调节和控制发音器官的活动。此后,婴儿开始表现出能听懂成人的一些话,并做出相应的反应,如果母亲抱着婴儿问"爸爸在哪儿",儿童就会把头转向父亲。对他说"拍拍手"、"笑一下",他就会做出相应的动作。这种以动作来表示的回答,其实是对包括语词在内的整个语言情景的反应。通常要到11个月左右,语词才从情境中得以分离,作为单独的信号引起儿童的反应,表明儿童开始真正理解词的意义了。

儿童牙牙学语的作用主要不在于儿童通过牙牙学语掌握特殊的感觉运动技能,也不在于能具体地发某个音以便以后使用,而是通过牙牙学语,学会调节和控制发音器官的活动。这是以后真正的语言产生和发展所必需的。

(二)语言的发展

1.词义的发展

儿童在1岁左右讲出了第一批能被理解的词,标志着儿童进入了语言的发展期。儿童早期掌握的词汇有:他生活中的重要人物("妈妈"、"爸爸"),能移动或者是移动的物体("球"、"汽车"、"猫"、"鞋"),熟悉的行为("再见"、"走"),或者是熟悉行为的结果("脏"、"热"、"湿")。婴儿以每个月1~3个词的速度慢慢地增加词汇量。随着时间的推移,他学到的词的数量越来越多,词汇量的迅猛增长发生在18个月至24个月之间。到了学龄前期,儿童逐渐掌握名词、动词、形容词、时间代词、空间方位词、指示代词、量词和人称代词。

尽管儿童说出最初词汇的平均年龄是1岁,但是这个范围是很宽的,从 8 个月到 18 个月,在语言发展速度方面存在着个体差异。许多研究表明,到 2 岁的时候女孩子在词汇量增长方面比男孩子要稍微快一些。随着年龄的增长,男孩子逐渐赶上来。最普遍的解释是女孩子的生理成熟的速度更快一些,促进了大脑左半球更早的发展。除了儿童性别的差异,语言发展还与个性的差异有关。沉默寡言、谨慎小心的儿童常常要等到他们理解了大量的词汇的时候才试图说话,一旦开始说话,词汇量会快速增加。[①]

2. 句子的发展

从儿童表现出的语句结构完整性和复杂性看,句子或语法结构的发展体现出从单词句到双词句、再到简单句、复合句的趋势。儿童在 1 岁到 1 岁半左右开始说出有意义的单词,用一个单词来表达比该词意义更为丰富的意思。中国儿童在学习单词句时习惯使用叠音词,如"球球"、"抱抱"等。当儿童说"球球"时,随着不同的情境可能表示几种不同的意思,如"这是我的球","我要球球","球球滚开了"等。约从 1 岁半到两岁,儿童开始用由双词或三词组合在一起的语句,如"车车开开","妈妈鞋"等,这种句子在表达时由于其表现形式简略、断续,好像成人的电报式文件,故统称为"电报句"。到 2 岁左右,儿童开始出现结构完整的简单句,如:"妹妹睡着了","娃娃玩积木"等,此后复合句也逐步出现。幼儿在 2 岁时开始说出为数不多的简单复合句,如"爸爸排排坐,宝宝吃饭"。复合句在 4、5 岁时发展较快。如"这个玩具坏了,不好玩了"。由此可见,句子和语法的发展体现出从混沌一体到逐步分化,句子结构从不完整到逐步完整,从松散到严谨的趋势。

(三)语言获得理论

儿童为什么能在短短的几年内掌握各种复杂而抽象的语言规则? 对此,不同的心理学家持不同的观点。

---

① 劳拉·E. 贝克著、吴颖等译:《儿童发展》,第 517 页,南京:江苏教育出版社,2002 年版。

1．学习理论

斯金纳(1957)和其他行为主义者认为语言也是一种行为,学习的基本规则能解释语言的出现和发展。强化(奖励)和模仿是儿童掌握语音、语意、语法和实用规则的主要机制。通过有选择性地强化儿童最早出现的发音,儿童会形成最初的语言。开始,即便儿童的发音与其母语有一点相似,照料者也给予一定的奖励,如微笑、抱抱他或表示出很惊讶。同时,对于儿童其他随意的发音则不予理睬。逐渐地,父母和其他抚养人期望孩子的语言能更符合母语的音韵和造句结构,他们才会给予奖励。稍后在幼儿期,如果儿童想要他的瓶子,"baba"这样的发音可能不会像以前一样受到强化,只有更清晰的发音才可能受到成人的奖励。

根据学习理论家的观点,模仿也有重要的作用。当父母准确地告诉儿童物体的名称时,他们就为年轻的语言学习者提供了成熟语言使用的榜样。毕竟,儿童是从所处的文化中学习语音、造句和交流规则的,他们肯定会受到环境中语言榜样的影响。美国儿童说英语,中国儿童说汉语,都是通过听别人说话来搜集有关本族语言信息的。

2．先天决定论

乔姆斯基(N.Chomsky)的语言"先天机制"理论则认为,儿童具有一种先天的加工语言符号的大脑内在机制,随着儿童脑的成熟,在一定条件下,这种内在机制被激发,便自然而然地获得语言。乔姆斯基强调年轻的语言学习者在日常的语言接触过程中能很快辨别语法规则。例如,儿童学习英语时注意到表示行为者的名词在动词的前面,表示动作对象的名词在动词后面。根据乔姆斯基的理论,儿童拥有语言学习的内部系统,称之为"普遍语法"(universal grammar),它使儿童倾向注意任何语言的普遍语言特性。儿童接触一门特殊语言时,一种称之为"路径设置"的过程出现,即区别英语与日文或区别阿拉伯文与法文的语法规则的转换设置好了,抽取出语言的普遍规则后,儿童应用形成自己新奇的和创造性的表达。大多数语言学家认为语言学习不同于其他形式的学习。儿童倾向于学什么有一定的限制,并且语言学习由不同的原则所支配,这与支配认知和其他领域的原则是不同的。

　　3.环境与主体相互作用论

　　以皮亚杰为代表的一派认为儿童的语言是儿童许多符号中的一种。语言同儿童的象征性游戏、初期绘画等符号功能一样,都出现在1.5岁到2岁之间。儿童的认知结构是儿童语言发展的基础,语言结构随着认知结构的发展而发展。由于儿童的认知结构发展顺序具有普遍性,相应地,儿童的语法结构发展的顺序也具有普遍性。儿童的认知结构和认知能力的发展源于主体和客体之间的相互作用。

　　20世纪70年代以后,心理学家们重视儿童与成人的交往在儿童语言获得中的作用。很多儿童语言研究者有一个中心信念——语言是一种社会活动,在渴望与他人交流中产生,并且在社会相互作用的背景中逐渐发展。尽管这些研究人员承认年轻的人类有机体学习语言有生物的和天生的偏向性,但是强调在语言技能的培养中与语言熟练的人的交流具有重要作用。像学习理论家一样,他们主张儿童最初尝试与人交流时需要支持和反馈。然而,社会相互作用研究人员主张榜样的语言不应超过儿童理解的能力,这才是儿童需要的。

　　(四)语言发展规律在教育中的应用

　　学龄前期是儿童语言发展从单词到“电报句”再到复杂句式的重要时期,语言的进步很大。但是上学之后,儿童的语言仍然需要进一步提炼。在接受学校书面语言的正规训练时,儿童将学会更复杂的表达形式,语言技能已相当成熟。教师在教育教学中要注意儿童思维和语言的发展关系,促进儿童语言的发展,并引导儿童在不同的情景中灵活运用语言。

第三节　情绪和社会性的发展与教育

一、情绪的发展

在生命的头两年,儿童的各种表情出现的时间不同。出生两个月后的婴儿就会表现出好奇、悲伤、厌恶和满足。在 2—7 个月之间出现的其他初级(或基本)情绪是愤怒、悲伤、快乐、惊讶和恐惧。[①]

在 6 个月到 1 岁半这一段时间里,由于认知能力的发展,加之慢慢熟悉了生活的环境和照料他的人,儿童出现了较为明显的依恋和怯生。

(一)依恋

依恋是婴儿寻求并企图保持与另外一个人亲密的身体联系的一种倾向。依恋是婴儿与抚养人之间的一种积极的、充满深情的感情联结。主要表现为啼哭、笑、吸吮、喊叫、牙牙学语、抓握、身体依偎和跟随等行为。依恋的对象主要是母亲,也可能是家庭里的其他抚养人,如爸爸、爷爷或奶奶。我们在生活中可以见到不同依恋类型的儿童,有的孩子在玩耍时对母亲在场或不在场没有明显的反应;而有的则对母亲的离去很警惕,有点大惊小怪,如果母亲要离开,他就会表现出极度的反抗。

专栏 2 - 3

恒河猴实验

为了研究依恋,美国威斯康星大学的著名动物心理学家哈洛制造了两种假母猴。一个是由金属丝构成的圆筒,称之为"金属母猴",

---

① 谢弗(David R. Shaffer)著、邹泓等译:《发展心理学——儿童与青少年》,第 398 页,北京:中国轻工业出版社,2005 年版。

另一个是在圆筒外面盖上一层柔软的毛巾的"布母猴"。这两个母猴都装有可供幼猴吸吮的奶瓶。幼猴在两个"母猴"之间可以自由选择接近哪一个。实验的结果是,不论布母猴是否供应食物,幼猴除了吃奶的时间之外,大部分时间都是和布母猴在一起度过的。哈洛把一只大的发条玩具熊放进笼内,那只单由布母猴抚养的幼猴会立刻逃到布母猴那里,并紧紧地抓住它。然后它会大着胆子去探索这个"不速之客"。而那个单独由金属母猴抚养的幼猴,一看到那个"怪物"不是逃向"母猴",而是猛力地想把那个怪物推开,或者把自己摔在地板上,或者靠着笼子去摩擦身体。为了测定幼猴与两位代理母猴的依恋程度,研究人员把幼猴与代理母猴分离一段时期,然后再放回原处。此时,两种代理母猴抚养的幼猴,其行为表现很不一致。由布母猴抚养的幼猴,回到原处似乎得到了一种安慰,仍然保持着对布母猴的依恋。而由金属母猴抚养的幼猴并无类似的表现,也并没有因为见到"母亲"而安静下来。在这个实验里,两种代理母猴抚养的其他条件都相同,唯一不同的是布母猴披有一层柔软的毛巾。于是,哈洛推断,身体接触的舒适比食物对依恋的形成起着更重要的作用。

資料来源:刘金花主编:《儿童发展心理学》(修订版),第319页,上海:华东师范大学出版社,2001版。

有充足的研究资料证明,在婴儿时期是否形成了亲子之间的依恋关系,对孩子后来的心理发展具有长远的影响。捷克学者的一项研究中,把一组计划外怀孕、生下她们本不想要的孩子的母亲,与年龄、社会地位、家庭背景均相似的父母作了比较,发现这组母亲对孩子很少有强烈的依恋。"想要的"孩子和"不想要的"孩子在出生时都是健康的。但在九年的追踪研究中发现,"不想要的"孩子更多地上医院,在学校上的年级比较低,缺乏稳定的家庭生活,与同伴关系不好,比对照组的孩子更易激怒。这些资料说明,养育者对婴儿缺乏情绪依恋,将对孩子的生理、社会性、情绪与智力发展产生长期影响。①
安全的依恋有助于培养儿童对自己、对父母、对同伴的信任感,为儿
童的个性发展奠定了良好的基础。儿童早期与父母亲、照料者的关
系是影响儿童个性的重要因素,但是这种影响,不论是积极的还是消
极的,都很难说就是确定不变的。因为,儿童在成长过程中还会受到
其他因素的影响,如进入学校后生活环境的变化、人际关系的变化和
同伴的影响等。

(二)怯生

几乎与儿童对亲人表现出依恋的同时,他对陌生人会表现出不
同程度的害怕,即怯生。婴儿并非见到陌生人就一定会害怕,而要视
很多其他的因素而定,如父母是否与他在一起,是不是处在熟悉的环
境里,陌生人的脸部特征如何,婴儿平常抚养者的多少等。7个月到
1岁半是怯生出现最多的年龄,随后对陌生人不再那么害怕。

随着年龄的增长,儿童的情绪日益复杂。这其中,害怕与焦虑通
常是伴随成长的主要负性情绪。除了怕陌生人,儿童还怕一些客体
和情境。儿童从2～5岁,对诸如噪声、陌生的物体或陌生人、身体的
疼痛等现实性事物的害怕降低了;与此同时,对想象中的生物、黑暗、
动物、有伤害性的威胁等方面的害怕则有所增加。到了学龄期,儿童
对想象中的生物和个人安全感的害怕有随年龄下降的趋势,但与学
校和社会有关的害怕则明显增加了,像学校恐惧症、考试焦虑、青少
年自杀等都有可能出现。

美国心理学家总结了有关青春期风暴的众多研究,这些研究无
一例外地支持一定程度上的青春期风暴的论述,即青春期是一个比
其他时期更容易产生各种各样问题的时期。青春期风暴的典型表现
可以概括为三个方面:与父母冲突、情绪激荡和危险行为。

青少年时期个体的情绪特点有:一是情绪兴奋性高并且容易波

---

① 陈会昌:"儿童社会性的最早表现——依恋",《父母必读》,第5页,
1995年第11期。

动起伏。可能因为一时的成功而欣喜若狂,也会因为一点挫折而垂头丧气。二是青少年的自尊心很强,这种自尊感往往过分敏感。会为一件小事争得面红耳赤,或耿耿于怀,甚至为此发生斗殴。

(三)情绪发展规律在教育中的运用

家长要重视培养孩子形成安全的依恋。不仅仅满足孩子的基本物质需求,而且重视与孩子的沟通与交流,多鼓励孩子。为了使儿童获得安全的依恋,家长应学会合理地养育儿童的行为方式。

师生间的人际交往不仅是认知方面的信息传递,而且也有情绪、情感方面的信息交流。因此,重视教育中的情绪、情感因素,发挥其积极作用,是优化教育效果的一个重要方面。

教师要创造轻松和谐的教学环境,让学生处于兴奋、饱满、振奋的情绪状态中,为认知活动创设良好的情绪背景。同时,教师要做好情绪的自我调控。因为情绪有感染作用,教师的情绪会在教学过程中随时随地地影响到学生的情绪状态。如有的老师为了体现教学的严肃性而故意绷着脸,"冷静"、"严厉"的教学状态会影响学生的情绪。正确的做法是教师要始终调控好自己的情绪,以愉悦、振奋、饱满的状态感染学生情绪,活跃课堂气氛。正如马卡连柯所说:"从来不让自己有忧愁的神色和抑郁的面容,甚至有不愉快的事情,生病了,也不在儿童面前表现出来。"① 另外,教师要引导学生关注自己的情绪变化,并学会调控情绪。

二、自我意识

(一)自我意识的发展

自我意识是人类所特有的意识,是作为主体的我对自己以及自己与周围事物的关系,尤其是人我关系的认识。

新生儿是没有自我意识的,他们还不能把自己和周围世界区分开来,他们甚至还不知道自己的身体各个部分是自己的。我们经常

---

① 马卡连柯著:《论共产主义教育》,第346页,北京:人民教育出版社,1955年版。

可以看到婴儿喜欢吃自己的手指,有的甚至还吸吮自己的脚指头。在他们眼里,它们都是自己很喜欢的玩具。

在第二年,儿童开始认识自己的身体,能用词语标志自己身体的各个主要部位,也知道自己叫什么名字。如一个名叫佳佳的孩子,在表达自己的愿望时,总是说"佳佳要喝水",不是"我要喝水"。到3岁左右,儿童能够准确地使用第一人称来代表自己,这是儿童自我意识发展过程中的一个重要的转折。也就是从这个时候起,儿童经常喜欢说"我要看电视"、"我不要书"等来表达自己的态度和意愿,儿童的独立性大大增加。

幼儿由于认知水平的限制,加上对父母或教师权威的服从,往往把成人对自己的评价当作是自己的评价,所以,他们的自我评价基本上是成人对他们评价的简单重复。同时儿童的评价只是局部的,有关某个具体行为的。如问幼儿:"你为什么是好孩子"? 时孩子会说"是我们老师说的"、"我自己能穿衣服"等等。

儿童进入学校之后,自我意识得到明显发展,正处于从具体的、个别的评价向概括的评价过渡。随着个体进入青春期,其生理、认知、情绪等各方面都发生着急剧变化,如性的成熟、逻辑思维和想象力的发展、感受性的提高,他们开始把关注的重点转向自身,开始关心自己的形象,去发现、体验自己的内心世界。该阶段是自我意识发展的一个重要时期。儿童一方面希望参加成人的活动,另外一方面也希望得到别人的尊重,希望父母把他当作成人看待。这个时候我们听到最多的就是"别把我当成小孩子!""我已经长大了!"儿童对父母以往的管教方式开始产生不满,如果父母没有认识到儿童在这一时期的内心变化,那么,两代人之间的冲突就是不可避免的。

随着自我意识水平的不断提高,青少年进行自我评价的需要越来越强烈,渴望了解自己、认识自己,并带有强烈的社会比较倾向。将自己的状态与他人的状态进行对比,从而获得比较明确的、全面的自我评价。同时,能更加认真地倾听别人的意见,尤其是同伴的意见,从而更加全面地认识自己。

（二）自我意识发展规律在教育中的运用

新精神分析学派的代表人物霍妮(K.Horney)提出,青少年在成长过程中有三种自我:理想的自我是个体所希望达到的自我状态,现实的自我是现实情况下的自我,而真实自我则是个体通过努力,可望达到的自我状态,又称为可能自我。儿童的理想自我与真实自我之间通常会有较大的距离,而这二者之间的冲突是导致儿童出现心理不适应的主要原因。因此,如何帮助青少年从现实自我迈向真实自我,进而接近于理想自我,是这一时期的重要任务。

现实的自我是发展的起点。教师要帮助青少年首先正确了解现实的自我。为此,一方面让他们懂得什么是自我? 自我的发展是怎样的? 另一方面教育学生从不同的途径,通过与同伴的比较、自我的评价、他人的评价等方式来认识自己。

理想的自我是发展的目标。因此,理想自我的合理确立对青少年的成长极为重要。所谓合理,一是指理想的目标要高尚而远大。这就要求学生认识到社会对公民的要求,从而使个人理想同社会发展相适应。二是指理想的目标要切合实际,要从现实自我的实际状况出发。随着学生的知识经验、能力水平和生活阅历的变化,他们的现实自我也在不断发展,因此,树立理想自我的工作也必须随学生年龄而由浅入深,由简略而至丰富。同时,教师要鼓励学生发展自我的调控能力。

三、性别角色

通常父母获得的关于孩子的第一个信息就是他们的性别。当喜悦的父母亲打电话告之孩子的降生喜讯时,亲友们的第一个问题往往要问是"男孩还是女孩?"可见,儿童在一生下来就被分别纳入到由社会划分好的性别范畴之中。个体要适应社会,学会认识自我的性别,并选择相应的性别角色行为是十分重要的。个体根据身体的结构和功能确定自己的性别,根据社会对性别角色的要求来确认自己,这是个体实现社会化的重要内容。

（一）性别差异

男女之间的差异首先是身体和动作方面的。出生后女孩子在身体和神经系统方面的发育比男孩子快一些。无论是走路、说话、出牙，还是青春期的到来，女孩都先于男性。从母亲怀孕开始，男孩对孕期和围产期的各种危险以及疾病的不良影响就更为敏感，其流产、死亡率均高于女童，显示出身体生长的脆弱性。

男女两性在认知方面的差异主要表现在各自有优势的领域。首先是语言，女孩的语言技能优于男性，女孩子获得语言、发展语言技能的年龄较男孩子早。在整个童年期，女孩在阅读测验上也比男孩有微小而持续的优势，语言的流畅性也优于男性。其次是感知觉，男孩在视觉、空间能力上的测验优于女孩。再次是思维，从思维的类型来说，男性偏于逻辑思维，女性偏于形象思维。从青春期开始，男孩在数学推理测验上表现出了相对女孩的微小而持续的优势。

男女两性在社交和情绪发展方面也存在差异。女孩参加社交活动比男孩多，也比男孩更善于表达情绪。从 2 岁开始，男孩的身体攻击和语言攻击就多于女孩；在青春期，男孩卷入反社会行为和暴力犯罪的可能性是女孩的 10 倍。[①]

(二)性别角色的发展

儿童最初区分"男性"和"女性"，主要是根据对象的服装和发型，儿童的体型和其他身体特征并不是主要因素。2～3 岁的孩子大多能说出自己是男孩还是女孩，4～5 岁的孩子知道人的性别不会随着年龄而变化，6～7 的孩子懂得人的性别不会随着服饰、形象或活动的变化而转变。

儿童对性别的辨认首先是认识自己的性别，然后是认识和自己同一个性别的儿童，最后认识异性儿童的性别。儿童对性别的认识必然会反映到儿童的性别角色行为上。3 岁的孩子知道男孩子应该玩汽车、枪，女孩子应该玩布娃娃。5 岁的儿童开始认识到男孩子要

---

① 谢弗(David R.Shaffer)著、邹泓等译：《发展心理学——儿童与青少年》，第 476 页，北京：中国轻工业出版社，2005 年版。

大胆、不能哭,女孩子要文静,不能粗鲁。

随着儿童年龄的增长,儿童对性别角色的认识也在不断深化。原有的刻板的性别思考降低了,儿童认识到人们可以把女子气和男子气结合起来,能更好地接受与规定的性别角色不同的行为。

儿童对自己的性别角色的认同在很大程度上与家庭的教养方式有关。父母亲对于男女孩子的穿着打扮、行为方式的要求不一样。如果女孩子跟着男孩爬树,家长会说"你哪里像个女孩子",对男孩则要求勇敢、坚强,像个男子汉。家长和学校的教师对男女孩的学习归因也是不一样的。当男孩子取得好的成绩时,他们会认为这是因为男孩子很聪明,而把女孩子的好成绩解释为她们更刻苦。这在一定程度上影响了儿童对性别的认识。

(三)性别角色发展规律在教育中的运用

在儿童的成长过程中,家长和教师要正确认识不同性别在生理发育、学习风格和社会交往上的差异,避免性别的刻板印象。在儿童进入青春期的时候,教师和父母既要关心他们的身体变化,使他们意识到这种差异是客观存在的,而且在很大程度上是遗传决定的。同时,教师要信任、尊重他们,对他们提出一定的要求和期望,以使他们能迅速渡过生理发育的适应期。从儿童发展的早期就要进行无性别歧视的儿童教育,使儿童懂得人与人之间存在许多差异,不要过于强调性别的差异。

个体的人格发展也是个体社会化中的一个重要组成部分,由于本书的第七章有详细论述,这里不再赘述。

第四节　影响个体心理发展的遗传与环境因素

心理的发展究竟是先天遗传的结果,还是环境影响使然? 这个问题涉及人们对影响心理发展因素的看法,也是历史上从未间断过的遗传—环境之争,或者说是天性—教养之争。从早期的遗传决定论和环境决定论两大阵营、到"二因素论"的调和、再到主客体相互作用论,心理学家对遗传、环境在心理发展中的作用作了多方面的探讨。

一、遗传因素

遗传因素是心理发展的生物前提和自然条件。遗传因素是指那些与基因联系着的生物有机体内在因素。遗传因素在个体身上体现为遗传素质,主要包括机体的构造、形态、感官和神经系统的特征等通过基因传递的生物特性,而其中最主要的是大脑和神经系统的解剖特点。遗传素质在精子和卵子结合的一瞬间就已经决定了,它是心理发展的生物前提和自然条件。

在人类心理与行为的发展方面,英国遗传学家高尔顿(Francis. Galton,1822—1911)坚持以遗传的观点来解释个体差异。他认为遗传在发展中起决定作用,儿童的心理与品性早在生殖细胞的基因中就已经决定了,发展只是这些内在因素的自然展开,环境和教育只起引发作用。高尔顿运用名人家谱调查法,从英国的政治家、法官、军官、文学家、科学家和艺术家等名人中选出 977 人,调查他们的亲属中有多少人成名。结果发现,名人的亲属中有 332 人也同样出名。而对照组中人数相等的普通人的亲属中只有 1 个名人。高尔顿认为,两组群体出名人比率如此悬殊,证明了能力受遗传决定。在随后进行的对名人的孩子与教皇的养子进行比较调查还发现,教皇养子成名的比率不如名人之子多,高尔顿认为教皇养子的环境条件与名人之子相仿,因而名人之子成名更多的原因在于遗传而不是环境。

对同卵双生子与异卵双生子或普通兄弟姐妹的比较,是研究遗传对心理发展作用的最有效的途径。研究发现,人的体征的遗传制约性比行为能力的遗传制约性要大,其中发色、眼色的遗传最为明显;不同的心理行为受遗传的制约程度不同,如语言、空间、数等能力的遗传一般要大于记忆、推理方面的遗传;人格方面也存在着遗传效应。美国和以色列的研究人员发现个性中的好奇心与第 11 对染色体上的基因有联系,而在第 17 对染色体上发现了与焦虑有关的基因。在人类的智慧成长方面,也有许多研究者发现了相当高的遗传作用。

专栏 2-4

唐氏综合症

唐氏综合症(Dowrn's smdrome)是最先得到证明的由常染色体的异常引起人类智力低下的例子。它主要源于第 21 对常染色体分裂不成功,使子代的第 21 对染色体上出现三条染色体,故又称为 21 三体综合症。患有唐氏综合症的儿童具有以下显著的特征:身材矮小粗壮、面部扁平、口小舌大,常伸舌流口水等。几乎都有轻度或中度的智力低下。40 年前,绝大多数患者在成年以前就离开了这个世界。今天,由于医疗水平的提高,许多人可以活到 60 岁,甚至更长。

唐氏综合症婴幼儿患者比正常婴幼儿更加难以抚养。尽管医学介入性项目在患者的社会性、情感性和运动性技能方面有更大的进展,而智能方面进步却不大,但是这对儿童的生长发育还是有促进作用的。

有研究表明,随孕妇年龄增长,唐氏综合症的发病率会大幅度增加。母亲年龄 20 岁,发病率为 1/1900;30 岁,发病率为 1/900;36 岁,发病率为 1/280;45 岁,发病率为 1/30;49 岁,发病率为 1/15。

资料来源:劳拉·E·贝克著、吴颖等译:《儿童发展》,第 108~109 页,南京:江苏教育出版社,2002 年版。

可以这样认为,正常的心理活动必须具备正常的生理基础和遗传素质。遗传奠定了个体心理发展差异的先天基础,规定了发展的高低限度,但不能限定发展的过程以及所达到的程度。

二、环境因素

环境因素规定了心理发展的现实性。环境因素分为两大类:一类是指生物有机体所共有的维持生存所必需的自然环境,如食物营养、地理气候等;另一类是指人类的社会环境,即个体所处的社会生活条件和教育条件,包括家庭、社会、学校等方面的各种影响。环境和教育规定了心理发展的现实性。

(一)胎内环境

环境因素对一个人的影响从受精卵形成的那一刻就开始了。子宫是影响个人成长的最早的环境,又称为胎内环境。孕妇的身体健康状况,接触烟酒、毒品及其他药物的情况,怀孕时的年龄,母亲的情绪状态,以及分娩状况(如早产或难产)等都可能直接或间接地影响胎儿心理的发展。这里我们分析几个主要的胎内环境因素。

1.母亲的年龄

母亲的年龄对胎儿的影响主要指两方面:年龄偏小与年龄偏大。年龄太小(18 岁以下)生育,产出低体重儿、死胎、分娩困难的概率要高于正常孕妇;35 岁以上生育(特别是第一胎),易出现分娩困难和死胎增多,另外出现唐氏综合症胎儿的可能性会大大增加。有数据显示,孕妇年龄超过 35 岁,胎儿患唐氏综合症的概率要比孕妇年龄在 35 岁以下的胎儿至少高出 2 倍。这是由于低龄与高龄孕妇为胎儿提供的胎内环境与正常孕妇相比,通常存在劣势所致。

2.药物

孕妇所服用的任何药物都会对成长中的胚胎或胎儿发生潜在的影响,其作用的大小往往视使用的剂量、时间次数及药物本身的性质而定。

20 世纪 60 年代初,西德的一家医药公司推出了"反应停"(Thalidomide)——一种药性温和的镇静剂。据说该药可以减轻孕妇的恶心、呕吐、无名状的难受等常见的早孕反应,还有镇痛、定神、改进睡眠等作用,这种镇静剂在许多国家出售,有许多孕妇服用了。结果出现了近万名畸形婴儿:孩子或是耳鼻发育不完全,或是心脏功能出现问题,最典型的是四肢特别短,上肢表现为桡骨、尺骨可以完全不存在,手好像直接从肩部长出。除了"反应停"以外,某些口服避孕药因含有雌激素,也会伤及胎儿。另外,麻醉剂、抗菌素、咖啡因等都会对胎儿的发展产生影响。母亲吸烟、酗酒对胎儿的危害也类似于药物对胎儿的影响。

药物作用于胎儿的方式一般有两种:一方面是透过胎盘,对胎儿和母亲产生同样的效果;另一方面是药物改变了母亲的生理状况,从而也改变了子宫内的环境。因此,孕妇如果的确有服药的必要,应在医生的指导下进行。一般妊娠7个月后,胎儿发育已较为完善,药物对他们的作用已大大降低。

3.母亲的情绪

一般而言,母亲所受到的短暂的不良情绪对胎儿的身体和精神不会造成大的危害。但是,如果母亲在怀孕期间遭受了直接的、重大的精神刺激,如丈夫亡故或是遭丈夫遗弃等,或者是长时间的紧张不安、焦虑或夫妻关系不和等,都会造成新生儿身体瘦小、体质差等问题,心理上则表现为易神经过敏与偏执。

母亲在受到精神的极度刺激或长时间刺激时,一方面作用于大脑,并传递到下丘脑使母亲产生消极的情绪体验,另一方面使母体释放出一种叫儿茶酚胺的激素。这种激素会通过胎盘进入胎儿的血液,同样使胎儿体内发生化学变化,并通过中枢神经系统与内分泌系统,使胎儿产生与母亲类似的情绪反应。

有研究曾比较了孕妇放声大笑与极度悲伤对胎儿的影响。结果发现,这两种情况下母亲具有类似的生理指标,这些生理指标对胎儿的成长都是不利的。因此,孕妇保持平和的情绪状态对胎儿的健康发育有着重要的意义。

母亲的情绪与胎儿的情绪并不存在对应的关系,但母亲种种激烈的情绪反应,或长时间的消极情绪,会在胎儿身上产生累积效应,从而使孩子一出生就带有不良的心理状态。

另外毒品、烟酒、辐射和母亲的营养好坏等因素都可能会影响到胎儿的发育。

(二)家庭

家庭是儿童出生后首先接触到的环境,是对儿童影响最早、影响时间最长的环境。因此,家庭环境对于儿童的发展具有特别重要的意义。家庭对于儿童的影响来自多个方面,包括父母的教养观念与方式、亲子间的依恋;家庭结构、家庭的物质环境等等。

综合鲍姆瑞德(D.Baumrind)和麦考比(E.B.Maccoby)等人的研究,可以依据控制(是否提出成熟的要求)和爱(是否关心孩子)两个维度将父母的养育方式分为四种类型:权威型父母——控制＋爱(接受)、专制型父母——控制＋不爱(拒绝)、溺爱型父母——不控制＋不完全的爱、冷漠型父母——不控制＋不爱。一般认为,权威型父母的养育方式最有利于儿童形成良好的个性品质。

随着社会的发展,我国的家庭结构也发生了很大的变化。三代同堂的大家庭减少,核心家庭日趋增加,"4＋2＋1"即四位老人和两位父母都关注一个孩子的家庭模式越来越普遍,这使得亲子关系也越来越密切,孩子的祖辈和父辈都可能出现宠爱孩子的情况。另外,还会因为教育观念和教育方法的不一致对孩子带来不利影响。

由于传统的婚姻和家庭观念日趋削弱,离婚率不断上升,单亲家庭成为越来越普遍的社会现象。与拥有完整家庭的儿童相比,单亲家庭的儿童在智力、同伴关系、亲子关系、情绪障碍和问题行为方面处于不利地位。但是除了这些令人沮丧的结果之外,还有一些鼓舞人心的信息。首先,研究一致表明,生活在稳定的单亲家庭中的儿童比生活在形式上完整、却充满着冲突的家庭中的孩子能获得更好的发展。实际上,儿童在父母离婚后所表现出来的许多行为问题实际上在父母离婚之前就比较明显,这些问题与长期的家庭冲突之间的关系可能要比离婚本身更为密切。如果结束那种充满火药味的婚姻,会减少给孩子带来的压力,同时促使父母双方或一方更敏感地对待孩子,最终会使孩子有更好的发展。其次,并不是所有的单亲家庭的孩子都有上述问题,实际上,许多成人和儿童能够走出阴影,相当好地控制这种转变,并由此获得了心理上的发展。[①]

---

① 谢弗(David R.Shaffer)著、邹泓等译:《发展心理学》,第580页,北京:中国轻工业出版社,2005年版。

(三)同伴

韦伯斯特大学词典把同伴定义为"相互之间具有同等地位的人"。年龄相同或相近的儿童,由某种共同活动并在活动中体现出相互协作的关系,就构成了儿童的同伴关系。同伴关系为儿童学习技能、交流经验、宣泄情绪、习得社会规则、完善人格提供了充分的机会。

从社会学习的观点来看,同伴是强化物。同伴间的互动,往往强化或惩罚了某种行为,从而影响了该行为出现的可能性。此外,同伴还提供了行为的榜样和社会模式。在还没有足够的能力来评价自己行为的效果之前,同伴的行为可以作为衡量自己的尺码。另外,同伴之间的竞争还是个体自我效能感的重要来源。

儿童与同伴的互动首先表现出一种量上的增加,这也是儿童与同伴之间关系最明显的变化。儿童很早就对同伴发生兴趣,婴儿与同伴的互动方式,是在早期与父母互动的基础上发展起来的。同时,婴儿与母亲的依恋质量也是影响他们与同伴互动的一个重要因素。儿童与同伴的关系也可以在一定程度上起到替代亲子关系的作用,如当母亲不在时,与熟悉的同伴在一起,可以缓解母亲离开所造成的情绪上的不适。学前期儿童的认知能力、活动能力都比婴儿期有了很大的发展,儿童已经可以根据不同的社会对象采取不同的行为,从而形成不同的同伴关系。

在儿童后期,发生的最为重要的一个变化是,集体作为同伴互动的社会背景,其重要性日益增加。集体的出现,使得同伴对个体行为、人格和价值观的影响有可能超过父母的影响。同伴的影响在青少年早期达到高峰,之后开始下降。在儿童的衣着、兴趣爱好、朋友的选择、行为举止等方面同伴的影响力超过了父母,特别是在青少年时期。而在职业选择、学业等方面,父母仍具有支配性的影响。

(四)媒介与网络

在大众传播媒体中电视和电脑、网络对儿童的影响极大。有调查显示,电视出现的最大影响在于孩子们用观看电视代替了诸如听收音机、看漫画书,减少了户外活动的时间。但儿童只要不过度沉湎于电视,他们的认知能力和学业成绩就不会受到显著影响。实际上,已有研究结果表明,儿童从电视节目中,尤其是教育节目中获得了许多有益的信息。它取决于儿童观看的内容以及他们理解和解释所看内容的能力。随着儿童年龄的增长,儿童对电视节目的理解能力迅速增长,可以获取大量的信息。但是与此同时,人们对电视节目中的暴力问题提出了质疑。首先是电视暴力和儿童的攻击性行为之间的关系。许多研究表明,它们之间存在相关:观看电视暴力助长了儿童的攻击性倾向,这种倾向刺激了他们对电视暴力的兴趣,反过来又进一步增加了攻击性行为。其次,即使儿童没有表现出攻击行为,观看暴力电视节目仍会有其他影响。例如,长期观看电视暴力会灌输残酷的世界观——认为世界充满着暴力;生活于其中的人们主要采取攻击手段来解决人际问题;同时,观看了大量暴力电视的儿童对攻击性行为和暴力行为容忍心更强,唤醒水平更低。

电视对儿童的另一个不利影响是强化了各种各样的不良社会的刻板印象,如商业广告中对于男性和女性的宣传定位可能使儿童对男、女性持更传统的观点。

虽然我们对电视抱之以非常谨慎的态度,但是,只要它向儿童传达了有意义的信息,它就是一个教育的有效途径。

与电视一样,电脑也是可能影响儿童学习、生活的现代工具。今天的教育家认为电脑作为班级教学的一种辅助工具,能激发孩子的学习兴趣,并使孩子能学到更多的知识。但是,电脑技术的发展给儿童带来了怎样的危害呢?

经常玩暴力的流行游戏与观看电视暴力一样,能增加攻击行为,培养攻击习惯。网络的丰富性、虚拟性和互动性,非常适合青少年的心理特点,因此,它深入到青少年的生活中是必然的。随着家庭电脑和网络服务的增加,儿童可以在无所监督的情况之下进入网络世界。有的青少年会受益于网络那纷繁无垠的信息;也有青少年则会困惑和茫然于网络的虚拟世界,甚至产生"网络依赖"。很明显,在网络上浏览与学习任务有关的研究性课题的信息对学生是很方便的。但是儿童可能会被引入黄色网站,或者陷入网络性关系、会见网友、甚至受到成年网友侵犯。像电视一样,电脑也会因儿童的使用情况而对其发展产生积极或消极的影响。如果儿童使用电脑的首要目的是把自己封闭起来,或者四处结交陌生人,利用学习时间与网友聊一些不当话题,电脑的积极作用就很小;如果儿童确实利用电脑学习、创造、与同伴和兄弟姐妹友好合作时,其积极作用就大大表现了出来。

　　总的说来,遗传与环境对心理发展的相互作用可以理解为发展的可能性与现实性之间的辩证关系。个体的生物遗传因素规定了发展的潜在可能范围,而个体的环境教育条件确定了发展的现实水平。这其中,潜在可能性转化为现实性离不开环境与教育条件。一般情况下,正常健康儿童发展的潜在可能性是相当广阔的,从这个意义上说,环境条件的有利与否对个体发展的现实水平起了更为重要的作用。

【主要结论】

　　1. 心理的发展是指个体随着年龄的增长,在相应环境的作用下,从不成熟逐渐发展为成熟的这一成长过程。概括地说是指反映活动不断得到改善,日趋完善和复杂化的过程。

　　2. 个体心理发展的主要特点有:发展的连续性与阶段性、发展的方向性和顺序性、发展的不平衡性、发展的差异性和发展有关键期。

　　3. 儿童的感知觉发展的趋势是:感知的分化日益细致;感知过程逐渐协调;感知过程逐渐概括化和系统化;感知事物的主动性不断加强。记忆的发展可以从量和质的发展两方面来说明。皮亚杰把个体思维发展的过程划分为四个阶段:感知—动作阶段、前运算阶段、具体运算阶段和形式运算阶段。

　　4. 学习理论认为强化(奖励)和模仿是儿童掌握语音、语意、语法和实用规则的主要机制。乔姆斯基的语言"先天机制"理论则认为,儿童具有一种先天的加工语言符号的大脑内在机制,随着儿童脑的成熟,在一定条件下,这种内在机制被激发,便自然而然地获得语言。皮亚杰认为由于儿童的认知结构发展顺序具有普遍性,相应地,儿童的语法结构发展的顺序也具有普遍性。儿童的认知结构和认知能力的发展源于主体和客体之间的相互作用。社会相互作用研究人员强调在语言技能的培养中与语言熟练的人的交流具有重要作用。

5. 早期依恋对儿童发展的影响归结如下:对照料者(父母)的依恋为婴儿提供了情绪安全的基地,也为日后父母教育儿童打下了基础;儿童依恋的强烈程度不能决定儿童发展的方向。儿童与照料者——父母的依恋关系不是一成不变的,它会随着家庭内部关系的变化而变化。青少年时期个体的情绪特点有:一是情绪兴奋性高并且容易波动起伏。二是青少年的自尊心很强,这种自尊感往往过分敏感。儿童的自我意识经历了从无到有,从片面、不完善走向全面、合理,从理想自我逐渐向现实自我过渡的过程。个体根据身体的结构和功能确定自己的性别,根据社会对性别角色的要求来确认自己,这是个体实现社会化的重要内容。

6. 遗传与环境对心理发展的相互作用可以理解为发展的可能性与现实性之间的辩证关系。个体的生物遗信因素规定了发展的潜在可能范围,而个体的环境教育条件确定了发展的现实水平。

【理论应用与实践】

如何处理好亲子依恋的问题

一个 7 岁的男孩子自入学以来一直不愿上学,起初只是不肯单独去学校,要求家长接送;后来发展到要求父母在他上课时必须在窗外看着他。即使是这样,他总能找到一些借口不去上学。发展到最后,他根本无法上学。经检查,孩子没有什么智力或身体的异常。咨询师进一步了解后才发现,问题的根源在家庭。原来这个孩子的母亲在连续三次流产之后才有了这个孩子,因此,从小就对他宠爱有加。为了防止孩子发生意外,很少让孩子独自出去,总是在家里玩。到了上幼儿园的时候,家长还是陪着孩子。因此,孩子常常不肯单独去幼儿园,家长就索性让孩子呆在家里。转眼就上小学了,孩子的问题还是依旧。老师也反映孩子在学校的参与性不高,与同学也不能自如地相处。

　　这个孩子的主要问题是不能适应环境。孩子从小的时候就过于依赖母亲,母亲的过分保护又强化了孩子对家、对母亲的依恋。一旦孩子遇到新的环境和挑战时,他就选择了逃避,首先想到的是母亲和家。另外一个原因是亲子关系。双方没有处理好亲子依恋的问题,造成孩子过度依恋母亲,母亲也过度依恋孩子。而当孩子上学,双方就要分离时,孩子的上学恐惧就会出现。孩子在心理上不能忍受与母亲分离的事实,而母亲也在无意识中愿意孩子回家。孩子与外界缺少交流,没有与同伴在一起玩耍的经历,孩子对自己的评价就不准确,同时也不知道如何与他人交往,社会化的程度不够。

　　对此,家长应主动地陪孩子到户外找同龄人玩耍,能和一两个孩子建立联系,然后逐渐扩大交友的范围。家长要与老师积极沟通,老师也要给予孩子更多的关注。安排同学主动地邀请他参与集体活动,必要时可以让孩子在班级里担任一个小职务,增加与同伴交往的机会。

【学习评价】

　　(一)基本概念解释

　　1.发展　2.心理发展　3.关键期　4.依恋　5.客体永久性
　6.自我意识　7.无意注意　8.有意注意　9.怯生

　　(二)判断正误

　　1.个体所有的心理变化都可以称为发展。

　　2.格塞尔认为,成熟是推动心理发展的主要动力,没有足够的成熟,就没有真正的成熟与变化。

　　3.儿童身心的发展顺序在正常的条件下总是指向一定的方向并遵循一定的先后顺序,而且这种顺序是不可逆的,也不可逾越。

　　4.儿童心理的发展是一个从量变到质变的过程,心理发展过程中既有连续性又有阶段性。

5．发展的不平衡性主要表现为发展的不同阶段、不同方面在发展进行的速度、到达的时间以及最终到达的高度等方面都表现出多样化的发展模式。

6．个体在发展中如果错过了关键期，会带来无法弥补的影响。

7．儿童是否具有数概念是具体运算阶段区别于前运算阶段的主要标志。

8．环境决定论主张心理发展只是量的不断增长过程，是由环境和教育塑造起来的。

9．对同卵双生子与异卵双生子或普通兄弟姐妹的比较，是研究遗传对心理发展作用的最有效的途径。

10．在婴儿时期是否形成了亲子之间的依恋关系，对孩子后来的心理发展有长远的影响。

11．幼儿的记忆更多的是无意记忆、机械记忆和形象记忆，随着年龄的增长，有意记忆、理解记忆和词语记忆逐渐占据主要地位。

12．遗传与环境对心理发展的作用是相互依存、相互渗透的。

13．儿童看暴力电视导致儿童的攻击性行为增加。

(三)综合应用

1．王老师今天穿着鲜艳的衣服，早早来到教室，在黑板上画上了漂亮的花边。上课了，她先对学生们的期中考试成绩作了点评，然后开始上课。期间有一个学生在说话，她批评了这个学生，然后继续上课。

请运用注意的相关规律分析王老师的教学中的不足之处。

【参考文献】

[1]刘金花主编:《儿童发展心理学》,上海:华东师范大学出版社,1997年版。

[2]李丹主编:《儿童发展心理学》,上海:华东师范大学出版社,1987年版。

[3]王振宇著:《儿童心理发展理论》,上海:华东师范大学出版社,2000年版。

[4]林崇德著:《发展心理学》,北京:人民教育出版社,1995 年版。

[5]申继亮等编:《当代儿童青少年心理学的进展》,杭州:浙江教育出版社,1993 年版。

[6]张文新著:《儿童社会性发展》,北京:北京师范大学出版社,1999 年版。

[7]中国心理学会编:《当代中国心理学》,北京:人民教育出版社,2001 年版。

[8]卡米洛夫—史密斯著、缪小春译:《超越模块性》,上海:华东师范大学出版社,2001 年版。

[9]劳拉·E·贝克著、吴颖等译:《儿童发展》,南京:江苏教育出版社,2002 年版。

[10]谢弗(David R.Shaffer)著、邹泓等译:《发展心理学——儿童与青少年》,北京:中国轻工业出版社,2005 年版。

第三章　学习的理论与实务

【内容简介】

本章内容主要集中探讨了学习理论中的四个主题,即学习的实质、学习迁移、知识与技能的学习和学习策略。这些问题都是学习研究领域中的核心问题,本章内容也是与学校教学联系最紧密的一部分内容。心理学中讨论的学习,其实质与日常生活中的学习概念是有区别的,第一节就这一问题进行了深入分析。为迁移而教是时代发展的过程中提出的一个全新的教育口号,其主旨在于让学生掌握必要的自我学习的技巧和能力。第二节就迁移的概念、分类、测量步骤和发展理论进行了介绍。知识和技能的学习是第三节的内容,主要探讨了知识的分类和动作技能与认知技能的学习。第四节对学习策略进行了探讨,对学习策略的关注是教育理念发展的结果,更加强调影响学生有效学习的因素,学习策略分为认知策略、元认知策略和资源管理策略。

【学习目标】

识记:

1. 能完整陈述学习、学习迁移、动作技能、认知技能、学习策略的定义。

2. 能列举出学习迁移的不同分类。

3. 能列举出动作技能的不同分类。

4. 能清晰表达学习策略的分类及各类别之间的关系。

理解:

1. 能够通过事例解释学习的特点。

2. 结合不同时期的迁移观点,说明迁移理论的发展趋势。

3．就生活中的某项动作技能为例,说明动作技能的形成过程。

4．就某一学习任务为例,说明元认知在其中的作用。

应用:

1．结合认知策略,反思自己在复述、精细加工和组织策略方面存在的问题。

2．结合元认知理论,拟定一个提问计划,帮助自己更深入地了解自己的学习状态。

3．结合资源管理理论,拟定一个改善学习环境的计划,使其能够提升自己的学习状态。

第一节　学习概述

一、学习的意义

学习是人类社会中普遍存在的现象,通过学习我们知道了如何做人,如何做事,我们能够从一个呱呱坠地的软弱无能的婴儿成长为一个能够了解社会、理解人生,灵活应付日常生活中的种种事情,坚强面对人生道路上的种种挫折的社会化的人,其中学习起着必不可少的作用。外部世界总是纷繁复杂、变化莫测的,而人类要生活在其中,就必须对自己所处的环境有所了解,总结事物发生发展的规律,进而利用这个规律改造环境,为人类创建一个和谐美好的生存空间。同时,就人类社会自身而言,为了维持社会的存在与发展,为了协调人与人之间的关系,就必须制定一定范围的法律条文和相关的行为规范,在赋予每个社会公民一定的权利的基础上,规范他们的行为,使之能够相安无事,保证社会机器的正常运转。同时,在人类世代相传的文化中,逐渐形成了一定内涵的社会风俗和道德品质,这一系列的约定俗成的舆论压力和法律规则起着相同的约束作用。每个人从出生之日起就开始生活在不同的文化氛围中,学习扮演不同的角色,而这些角色所代表的相关行为规范早已是社会文化既定的产物。除此之外,当这个婴儿逐渐成长为成人之后,必然要独立生活,因此,掌握生活的必要技能也是每个人所面临的生存之本的问题。在原始社会,部落里的孩子要跟随成人逐渐学习猎捕野兽和采摘果实之类的生存技巧,而在今天的社会里,孩子们要进入学校学习科学文化知识,与此同时还有相关的情感品德和社会文化的教育,从而使他们能够在竞争激烈的社会中占得一席之地,进而成为能够为社会贡献力量的良好公民。在这个过程中,学习就成为了重中之重,每一个孩子从开始上学的第一天,父母就会告诉他们一定要好好学习,长大之后才会成为有用的人或者过上幸福的生活。因此,学习是我们自身生存发展和社会良好运转的基本条件。

在今天这个急速发展的社会中,知识的更替正以前所未有的速度进行着,时代提出了终身学习和终身教育的口号,学习的重要性对于每一个现代人是不言而喻的。

二、学习的概念与特点

学习是一种普遍发生的现象,同时也是一个十分复杂的过程。在心理学的研究中,不同的心理学家从不同的心理学立场和研究的层面出发,对学习、学习的实质进行了不同的研究和解释。

学习有广义和狭义之分。广义的学习概念把学习看成是人和动物共同具有的一种现象。人要学习,动物也需要学习,学习是人和动物适应环境的一种手段。比如,当动物的生存环境发生了变化,要想适应变化的环境,只靠先天遗传的、本能的反应就不可能了,只有通过习得一些新的反应才能维持生存,这便是学习。对人类来说也是一样。依据巴甫洛夫的观点,凡是能建立条件反射的有机体,就有学习行为,建立条件反射的过程本身就是学习。所以,在早期的教育心理学家的研究中,尤其是行为主义的研究,往往是通过对动物学习和解决问题的实验研究来说明学习问题,甚至以此来解释人类的学习。

狭义的学习主要是指人类学习。尽管学习是动物和人类共有的现象,但是人类学习在形式、内容、心理机制等方面都和动物有着本质的不同,有些心理学家从这种差异入手,主要研究和说明人类的学习,如加涅认为"学习是人的倾向或能力的变化,这种变化能够保持且不能单纯归因于生长过程。"①

什么是学习呢? 结合以上的分析,我们可以对学习做如下的定义:

所谓学习就是指人和动物在生活过程中,凭借经验而产生的行为或行为潜能的变化。

这一定义说明,第一,学习总是通过人或动物身上的变化表现出来的,变化是衡量一种学习是否发生的重要标志。这种变化可以是外显的行为变化,如老鼠学会按压杠杆、人学会骑自行车等;也可以是行为潜能的变化,如知识的增长、能力、态度或意识倾向的变化。前者是能够直接观察到的,后者则表现为是一种内隐的变化。内隐的变化尽管直接看不到,但通过测验、心理测量或其他方式也能够对它进行评定。例如考试、测验就是了解学生知识掌握、能力发展的一种有效手段。知识的掌握、能力的增长等必然会影响到人的行为潜能的变化。

第二,由学习引起的行为或行为潜能的变化是能够相对持久保持的。在现实生活过程中,学习者的变化也可以由适应、疲劳、药物、酒精等引起,这种变化与学习引起的变化是不一样,它是短暂的,暂时的变化,随着时间的延续就可能得到恢复。如学习时间长了以后,学生就会产生生理和心理疲劳,从而影响学习效率,但稍事休息,这种疲劳就能减缓、消除。药物、酒精等的作用也会使学习者心理和行为产生变化,但这种变化也只是短暂的,因此,也不能看做是学习。

第三,学习所引起的变化是主体与环境相互作用而产生的,是后天习得的。个体在成长过程中,随着年龄的增长,也会产生一些变化,有些变化更多地受遗传、成熟、年龄等因素的影响,因而也不能称之为学习。学习是由反复经验所引起的。由经验引起的学习主要有两种:一种是由有计划的练习或训练而产生的,如学生在学校中的学

---

① 　加涅著:《学习的条件》,第 3 页,北京:人民教育出版社,1985 年版。

习；一种是由偶然的生活经历而产生的随机学习，如在生活中获得某些知识经验的学习。

综上所述，学习是后天习得的活动，是由经验或实践引起的，由学习引起的变化既可以是外显的行为变化，也可以是个体内部经验的重组或改组。学习引起的变化是能够相对持久保持的，是通过反复练习、训练所产生的。[①]

三、学习与其他现象的区分

（一）作业、习惯化与学习

在日常生活中，写作业通常也是学习的一部分。但是在专家看来，二者是不能完全等同的。从写作业的过程中，学生固然可以掌握新的解题思路，一些具有发散思维的问题需要学生查阅更多的资料，从而可以更全面地掌握知识。但是，目前学校布置作业的主要目的还是在于对老师上课内容的巩固，同时考察学生是否理解了所学的内容。因此，作业并不能够完全等同于学习。比如，在学生已经学会了某一个汉字的写法，或者某一个英语单词的拼写之后，老师可能会让学生进行一定数量的重复，这个过程就不再属于学习了，因为没有发生明显的行为变化。所以，当某种行为已经变成了一种习惯而继续进行时，我们就不能再称之为学习了。尽管在日常生活中，学生只要看书、写字我们都会说他在学习，但从心理学的角度看，它们是有区别的。

（二）遗传与学习

遗传与学习也是有区别的，在前面谈论学习的后天习得性时已经加以讨论了。但是二者又不是完全没有关系的，学习是要在遗传的基础上进行的。例如，马戏团的狗熊学会了走钢丝，这是一种后天训练的结果，但是这种学习行为是要建立在狗熊天生的行为反应之上的。例如，为了鼓励狗熊走钢丝，训练员要用狗熊爱吃的食物引诱

---

① 杨玲、王爱兰主编：《教育心理学》，第45页，兰州：甘肃人民出版社，2004年版。

它,当狗熊的学习取得一点效果时,就要用食物进行奖励,如果没有奖励,狗熊学会的行为就会逐渐遗忘。学生的学习也是如此,例如记忆是知识学习中很重要的一个因素,但是学生的记忆能力除了记忆方法等因素之外,也受到先天的记忆力好坏的影响。有的孩子智力较高,记忆效果就比较好,而有的孩子智力一般,记忆效果就相对较差。音乐、美术、体育这样一些课程,更需要一些先天的素质配合,因此,学习虽然是后天的,但是也受到先天遗传的影响。

(三)成熟与学习

成熟在这里是指生理、心理的发育过程。一个孩子出生之后,首先学会爬,再学会走,然后才是跑,同时语言也变得越来越丰富,越来越准确和流畅,这些变化主要是成熟的作用。随着身体和心理的发育,孩子只要处于一个正常的环境下,就会逐渐习得这些能力。但是,学习也在其中发挥着作用,有效的训练方法可以提高这些技能的表现水平或缩短掌握技能的时间。一个孩子从小长到大,需要经历不同的成长阶段,在不同的阶段,因为受到身心发展的限制,会影响到学习的内容。例如,研究表明,三岁儿童能够辨别上下方位,四岁儿童可以分辨前后方位,五岁儿童能够以自身为中心辨别左右方位。这是儿童发展的规律,对儿童的教育要尊重发展规律,否则就会适得其反。处于什么发展阶段的儿童就应该学习相对应的内容,这样才能取得实效。对于不同性质的学习内容,学生在不同的年龄阶段学习,所取得的效果是不一样的。最适合学习某种知识的年龄阶段被发展心理学家称为关键期。在这个阶段,儿童的学习效果要远远好于其他阶段,甚至可以取得其他阶段无法取得的成绩。研究发现,1~3岁是口语学习的关键期,4~5岁是书面语言学习的关键期,0~4岁是形象视觉发展的关键期,5岁左右是掌握数的概念的关键期,10岁以前是外语学习的关键期,5岁以前是音乐学习的关键期(参见第二章的相关内容)等。

第二节　学习迁移

一、迁移的概念和分类

（一）什么是迁移

我们通常会用融会贯通、举一反三等成语来形容学习上的一些高效率现象。这些现象在心理学上属于迁移研究的范畴。迁移从字面上理解，迁是搬迁的迁，移是转移的移，所谓迁移就是把从一个地方获得的东西搬迁、转移到另一个地方。在教育心理学中，研究学习现象的心理学家是这样界定迁移的概念的，所谓迁移就是在一种情境中获得的技能、知识、态度对另一种情境中技能、知识的获得或态度的形成所产生的影响。简单地说迁移就是一种学习对另一种学习的影响。如果学生在已知的学习领域内学会了某种技能或策略，并能够将这种技能和策略用在其他类似的领域中，这样，学生就可以独立地进行学习，从这个意义上讲，作为教师就应该做到为迁移而教，即教会学生自我学习的能力。如果学生能够主动有效地将自己已有的知识、技能进行迁移、运用，那么，将会有效地促进新的学习及问题的解决。所以，课堂教学中，教师应着眼于促进学生学习迁移能力的形成，优化学生的学习策略，为迁移而教。

（二）迁移的分类

就迁移的种类而言，按照不同的标准，迁移可以划分为不同的类型。主要的分类有：

第一，按照结果分类，可以分为正迁移和负迁移。正迁移是一种学习能促进另一种学习的迁移，而负迁移指一种学习阻碍和干扰了另一种学习。例如，在知识技能的学习中，孩子学会了拉二胡，再学习拉小提琴，或者小孩子学会了 1＋1＝2 之类的加法，再学习 2－1＝1 会进步比较快等都属于正迁移的例子。通常我们如不作特殊说明，提到的迁移都是正迁移。负迁移的例子在学习中也常有发生。

例如,多音字的混读或相似字的混写现象都是负迁移的表现,如把"校(jiào)对"读成"校(xiào)对",把"晴天"写成"睛天"等,都属于学习中的相互干扰现象。情感学习方面也有表现,我们常说的爱屋及乌这个成语就是情绪体验方面的正迁移例子,因为对某个人或物的喜爱,影响到了对连带的其他事物的喜爱。而考试焦虑则是负迁移的例子,因为某一次考试成绩不好,学生受到了老师的批评,同学们的嘲笑,家长的惩罚,因此对考试有了恐惧心理,在以后的考试中总是担心考试成绩不好带来的后果,结果致使注意力分散导致情绪焦虑、紧张,智力水平的发挥受阻,考试成绩下降,从而形成恶性循环。

迁移的第二种划分是依据学习情景进行分类,可以分为横向迁移和纵向迁移。横向迁移指在内容和水平上相似的两种学习之间的相互影响,所以也叫水平迁移;纵向迁移是不同难度、不同概括性水平的两种学习之间的相互影响,也叫垂直迁移。横向迁移经常运用在相似的学习中,例如,在学习长方形的面积后,再学习平行四边形的面积。有经验的老师可能会采用这样的方式来引导学生:想一想长方形的面积如何计算? 平行四边形与长方形有什么共同点? 平行四边形与长方形有什么区别? 长方形、正方形都用数方格的方法研究面积,平行四边形能不能采用相似的办法来研究面积呢? 从而帮助学生解决问题。纵向迁移在概念学习中会经常用到,例如,学生在学习了麻雀、乌鸦、天鹅、鹦鹉等具体的鸟之后,可能会对鸟形成这样一个概念——鸟就是会飞的动物。当出现这种理解偏差后,老师会启发学生,蝙蝠会飞,鸵鸟不会飞,哪一个是鸟? 由此让学生明白会不会飞不是鸟的本质特征。像这类从具体的事物出发总结出相对抽象的理论的学习都属于纵向迁移。在态度学习方面,也同样存在这样的例子,例如,"要想获得好成绩,就要努力学习"这种积极的学习态度,可能是通过这样的途径获得的:学生在学习过程中意识到语文课我努力学习了,所以我成绩很好。所以,如果数学课我要想获得好成绩,我也应该努力学习。在这个例子中,语文学习态度和数学学习态度因为针对的是同一水平的学科,所以属于横向迁移,而学习态度和语文学习态度则是包含与被包含的关系，因此属于纵向迁移。

第三种分类是按照学习的方向，即影响的先后顺序而划分的，可以分为顺向迁移和逆向迁移。顺向迁移是先前学习对后继学习的影响，而逆向迁移则是后继学习对先前学习的影响。通常谈到学习间的影响，人们容易想到的就是顺向迁移，认为前面的学习在先，作为基础自然会影响到后继的学习，在日常生活中我们可以看到幼儿先学会爬，再学会走，再学会跑；学生先学习英语单词，再学习句法结构；初中学习的数学知识会对高中物理知识产生影响；做事因为遇到挫折准备放弃，通过老师的鼓励，最终取得了成功，最后总结经验建立起在任何时候都不要丧失自信的人生信念。这样一些事例都是顺向迁移的明证。但是学习是一个不断反馈，融会贯通的过程，后继的学习反过来也会加深对先前知识的理解，甚至可以纠正先前学习上的错误认识。比如在生物课上，学生凭借日常的观察认为鱼就是在水中游泳的动物（先前的概念），后来学习了鲸鱼在水中游泳，但鲸鱼属于哺乳动物的知识，从而纠正了先前错误的观念，认识到在水中游泳的并不都是鱼（后继的概念）。在情感和态度方面，也有这样的例子，在班会上一位小学生这样评价自己："我一直以为自己是一个笨孩子，可是今天我发现我原来和大家一样聪明，其实我以前对自己的看法都是错误的。"同时，他这样评价同桌："以前我一直认为他是一个自私的人，自从上一次他帮助了我之后，我发现他原来也很热心。"这些例子都说明学习是一个不断进行的过程，我们所学的知识是相对的，不是绝对的，后继的学习不仅增加了新的知识，而且使原有的知识更完善。

第四种迁移的分类是以学习内容为标准的，分为一般性迁移和特殊性迁移。一般性迁移通常表现为原理原则的迁移，特殊迁移则是针对特定事实技能的迁移。例如，炒好菜关键是要掌握好火候，无论炒青菜还是炒肉食；数学课重在逻辑推理，所以擅长逻辑推理的同学比较容易学好数学课；与人交往要真诚，无论男女老幼；等腰三角形是三角形的特殊形式，它具有三角形的所有特征，并且保证两个角相等;学习一定要有恒心,无论是文科还是理科。这类学习都是一般情况的学习,因此属于一般性迁移。而下列的学习则针对的是特殊情况,因此属于特殊性迁移,如形音构字法:"钢"这个汉字是由一个形旁和一个音旁构成的,"铝"也是这样的构造;打好篮球比赛,关键在于队员之间的配合,踢好足球,关键也是如此。

二、迁移的测量步骤和方法

迁移的发生使学生的学习成为了一个有机的整体,学生不仅获得了知识,而且在掌握知识的同时获得了相关的学习策略和技能,这些因素使学生的学习变得更为高效和自主。因此,在教学中应该鼓励老师为迁移而教,尽量使新旧知识之间产生联系,促进正迁移的发生。要有效地利用迁移的规律,首先就要认识到我们的教学是否能够产生预期的迁移效果,这就涉及迁移的测量问题,即迁移到底发生了没有,如果发生了又是什么性质的迁移,这种迁移的影响力(迁移量)有多大?

迁移测量的步骤通常分为四个环节:首先要有理论假设,即哪种教学效果会产生迁移现象,我们所关注的这种教学处理就是自变量,它是迁移产生的原因。例如,我们认为三角形的学习有利于矩形的学习,那么三角形的教学就是自变量,它作为迁移产生的原因将影响矩形的学习效果。第二个步骤是建立等组,即实验组和控制组。实验组就是将要接受实验处理(自变量)的学生,而控制组的学生则不接受实验处理。除此之外,实验组和控制组的学生在智力、学习的努力程度等各个方面都是水平一致的,这样,当两个组的学生在实验之后产生差异,就可以认为是实验处理造成的,因为在其他各个方面,二者都是一样的水平。迁移测量的第三步就是测量结果的搜集,测量结果又叫因变量,是由自变量所引发的结果。在对测量数据进行分析之后,就进入了第四步,即得出结论,也就是检验先前的假设是否正确。具体的做法可参见表3-1。

表3-1以顺向迁移和逆向迁移为例。顺向迁移是先前学习对后继学习的影响,因此,实验组的学生先学习A,再学习B;而控制组

的学生只学习 B。之后对两组所学习的 B 内容进行测量,如果两组成绩存在差异,说明顺向迁移发生了,先前学习的材料 A 对后继的材料 B 的学习产生了影响。进一步讨论,如果实验组的成绩高于控制组,说明材料 A 起到了积极的作用,即为正迁移;如果实验组的成绩差于控制组,说明材料 A 起到了消极的作用,即为负迁移。

表 3 - 1　　　　　　　　迁移的测量方式

迁移方向	分组	先学	后学	测量
顺向迁移	实验组	A	B	B
	控制组	—	B	B
逆向迁移	实验组	A	B	A
	控制组	A	—	A

而逆向迁移也可以用上述思路进行解释。

上述步骤是验证迁移是否发生的方法,接下来还要对迁移产生的影响,即将迁移量进行量化,方法主要有两种。方法一:以做对数来表示:迁移率(%)=(实验组成绩-控制组成绩)/(实验组成绩+控制组成绩)×100,例如实验组=80 分,控制组=70 分,迁移率(%)=(80-70)/(80+70)×100=10/150×100=6.67。方法二:以做错数来表示:迁移率(%)=(控制组错误次数-实验组错误次数)/(控制组错误次数+实验组错误次数)×100,例如实验组=10 次,控制组=15 次,迁移率(%)=(15-10)/(15+10)×100=5/25×100=20。

三、迁移的理论

(一)形式训练说

形式训练说以官能心理学为基础。所谓官能就是感官的能力,例如眼睛是视觉感官,它观察事物的能力就是它的官能,耳朵是听觉感官,它接受信息的能力就是它的官能。如果我们要想跑得更快,就要通过锻炼腿部肌肉的力量来增加爆发力和耐受性。同样,官能心理学认为除了生理的官能之外,还有心理的官能,例如观察力、记忆力、推理能力、创造力等,这些能力也可以像身体器官一样通过锻炼而得到强化。因此,形式训练说认为迁移发生的本质就是这些心理官能的强度得到了提高,如果我们的记忆力通过某种形式的训练提高了,那么,无论记英语单词还是数学公式都可以起到事半功倍的效果。也就是说先前的训练有效的影响了后继的学习。这种观点曾一度影响到当时学校的课程设置理念,部分教育工作者认为学习内容并不重要,重要的是学习的形式。例如,拉丁语作为一门贵族语言在社会上已经不再通用,但学生如果通过学习拉丁语能够提高记忆力的话,那么,此学科就应该开设。

后来詹姆士(W.James,1890)对这一理论进行了验证。他和学生们一起背诵一首长诗,这首诗被分为相等的两个部分。詹姆士假设,如果形式训练说是正确的,那么在背诵前一段的诗歌时记忆力得到提高,在背诵后一段诗歌时就应该花费较少的时间,结果发现两段诗歌的背诵时间是相等的。说明记忆力没有通过训练而提高。詹姆士的研究使更多的学者开始对形式训练说产生质疑,后继的学者采用了更严密的方式对形式训练说进行了验证,从而提出了自己的观点,发展了迁移的理论。

(二)共同要素说

詹姆士的研究虽然证明了形式训练说的荒谬,但詹姆士的研究本身也存在问题。因为,正如肌肉锻炼不可能因为某一时刻的一次练习就增强一样,记忆力也不可能仅仅因为几个小时的背诵就立即得到提高,如果诗歌背诵可以提高记忆力,也要在练习一段时间之后才能出现效果,所以,后来的学者又进行了更为严密的实验。桑代克(Edward Thorndike,1903)以大学生为研究对象,在学期初让他们选修不同的课程,同时测量了他们在各个方面的智力水平,在一个学期之后又测量了他们的智力水平,结果发现选修不同课程的学生并没有表现出相应的那些方面的智力优势,由此彻底否认了形式训练说。桑代克开始用自己的方式训练学生,他训练大学生估计几何图形的面积,在训练中他采用的是矩形,在新的评估中他使用了各种类型的几何图形,结果发现,大学生在估计平行四边形时成绩提高了,而其他图形则没有变化,因为二者最为相似。所以,桑代克认为迁移发生的实质应该是两种学习之间存在着共同的因素,因此,他的学说被称为共同要素说。

(三)概括化原理说

概括说认为,在前一种学习中所获得的东西,所以能迁移到以后的学习中去,是因为在前一种学习中概括获得了一般原理,这种原理可以部分地或全部地应用到以后的学习中。支持这种学说的证据是贾德(C·H·Judd,l908)所做的著名的"水下击靶实验"。① 贾德以 5、6 年级小学生作为被试,分成两组。先给一组学生充分讲解光的折射原理;而不给另一组学生说明这些原理。他让两组被试练习用镖枪投掷水下的靶子。在开始的投掷练习时,靶子置于水下 1.2 英寸处。结果学过光的折射原理和未学过光的折射原理的两组学生的成绩几乎相同。也就是说,在开始的练习中,理论对于练习似乎没有起作用,因为所有的学生必须学会运用镖枪。然后改变实验条件,将水下的靶子移到水下 4 英寸处。这时两组投掷成绩的差异明显地表现出来。没有给予光的折射原理说明的学生表现出极大的混乱,他们投掷水下 1.2 英寸靶子时的练习不能帮助他们改进投掷水下 4 英寸靶子的练习,错误持续发生。而学过光的折射原理的学生,迅速地适应了水下 4 英寸掷靶的条件,投掷成绩不断提高。后继的类似研究都证明了贾德的理论,结果表明,提示原理具有重要的效果,而且提示得越详细,效果越好。

(四)关系转换说

关系转换说是格式塔心理学家提出的迁移观点。他们认为"顿悟关系"是学习迁移的一个决定因素。学习的迁移是学习者突然地发现了两个学习经验之间存在的关系的结果。柯勒(Wolfgang

---

① 张承芬主编:《教育心理学》,第 57～58 页,济南:山东教育出版社,2001 年版。

Kohler)在 1929 年用小鸡和 3 岁幼儿作为被试者所进行的实验支持了上述观点。他让被试者在浅灰色和深灰色的纸中寻找食物,而食物固定放在深灰色纸的下面。当被试者学会在深灰色纸下取得食物后,改变实验条件,取走浅灰色的纸,呈现黑色的纸和深灰色的纸,让被试者判断食物的位置。按照共同要素说的观点,迁移发生在共同的要素中,在两种学习情境中,只有深灰色的纸是共同的,但是实验结果却发现更多的被试者选择了黑色的纸。这个实验的结果说明,在前一次实验中,被试者学会了在较暗的一张纸下取得食物,在后一次实验中,被试者发现了与前一次实验同样的情境关系,并把两种情境联系起来。所以,仍然对颜色更暗的那张纸做出反应。格式塔心理学家们认为,这是一种情境关系的转换,被试者在前面的学习中顿悟了一种关系,并将此种顿悟转换到新的类似的情境中。

(五)认知结构理论

上述研究为早期的有代表性的迁移理论,当代以认知加工为理论基础的心理学则更深入地揭示了迁移的内在机制。认知心理学家将知识的学习过程解释成在头脑中形成知识结构的过程。在这一过程中人们不仅获得了信息,而且能超越一定的信息,产生创造性行为。也就是说,学习者根据所学的有关材料的原理,从他的知识结构中演绎出另外的新信息。学习迁移可以被看做是一个人把学得的知识系统应用到新的事件上的一种情况。因此,学习的重要问题是形成良好的知识结构,这就要求在教学中,为学生很好地理解知识而组织教学内容,将学习内容的最佳的知识结构以最佳的呈现顺序教给学生,使学生掌握学科的基本结构,领会基本原理和概念,这将最有利于学习的迁移。从学生方面讲,一切新的有意义的学习都是在原有的学习基础上产生的,不受学习者原有认知结构影响的有意义学习是不存在的。学生原有认知结构的特征始终是影响新的学习与保持的关键因素。在迁移的过程中,认知结构的特征主要体现在三个方面,即可利用性,是否有适当的观念可以用来理解新的知识;可辨别性,新知识与原有知识之间是否可以辨别清晰;稳定性,学生对原有的知识是否掌握得深入、透彻。个体知识结构中用来理解新知识的原有知识越丰富、越扎实，与新知识之间的关系越清晰，迁移的效率就越高。

第三节　知识与技能的学习

一、知识的分类

认知心理学把人的认知过程假设为信息加工过程，信息加工的结果就是获得按一定方式贮存的信息，按我们的习惯说法就是获得了知识。根据现代认知心理学的观点，我们把知识定义为：个体通过与其环境相互作用后获得的信息及其组织。贮存于个体内的是个体的知识，贮存于个体之外的，即为人类的知识。[①]

现代认知心理学把个体的知识分为两类，一类为陈述性知识，另一类为程序性知识。陈述性知识是个人能直接用语言表达事物本质属性的知识，这类知识主要用来回答世界是什么的问题，是描述和解释类型的知识。比如，英语单词的含义、历史知识、地理名词、数学公式、几何定理等都属于陈述性知识。这类知识一般通过记忆就可以获得，所以也称为记忆性知识或语义知识。程序性知识是个人不能用语言将事物本质属性表述清晰的知识，只能借助某种作业形式间接推测其存在的知识，它是一套办事的操作步骤，主要用来解决怎么办的问题。比如，某个汉字的发音，需要老师进行具体的示范；体育课上学生学习体操，也需要老师进行动作展示；还有日常生活中的学习洗衣、做饭，这类知识仅仅凭借语言的描述是无法具体呈现出来的，而学习这类知识也必须要经历亲身实践体验的过程，而不是单纯的书本知识的学习。

---

① 　http://www.fjtu.com.cn/fjnu/courseware/0912/course-source/web/index.htm

　　由此可见,知识概念有广义和狭义两种,狭义的知识概念仅指陈述性知识;广义的知识概念包含三类知识,即陈述性知识、对外办事的程序性知识和对内调控的程序性知识。我们平常总是说,学校教育既要传授知识,也要形成技能。这里所说的"知识",实际是指狭义的知识,即陈述性知识,它们在历史、常识、生物、地理等课程中占有很大的比重。这里所说的"技能",从广义的知识观来看,实际上是个人习得的一套程序性知识并按这套程序去办事的能力。如果学习者通过练习,习得了按某种规则或程序顺利完成身体协调任务的能力,则表明他已习得了动作技能,例如如何骑自行车、如何游泳、打球。如果学习者通过练习,习得了按某种规则或程序顺利完成智慧任务的能力,则他习得了认知技能,例如如何解题,如何总结学习方法。认知技能又包含智慧技能和认知策略两类。如果个体对外办事,这一类知识被称为智慧技能,例如如何解数学题;如果个体对内调控,这一类知识被称为认知策略,例如如何提高自己的记忆能力(见图3 -1)。

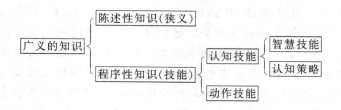

图3-1　广义知识的分类

二、知识学习的方式

　　狭义的知识主要是概念的学习,概念是用某种符号来标志的具有共同的关键属性的一类事物或其特性的观念。例如,水果这个概念是从苹果、李子、香蕉等具体的同一类事物中概括出来的,它代表了这类事物的共同的、本质的特征,这种特征仅仅存在于这类事物中,从而区别于其他事物。任何概念都有内涵和外延两个属性,内涵用来规定这个概念的属性,例如:"人是社会关系的总和",外延是这个概念的具体实例,例如:男人、女人,老人、小孩,中学生、大学生,古代的人、现代的人等。

　　概念的学习有两种方式,即概念形成和概念同化。概念形成是主体通过自我探索,从众多事物中抽取出同类事物的关键特征和本质属性,从而形成概念的过程。发现学习就是概念形成的主要形式,教师给学生呈现各类线索,学生通过自我思考,最终形成某一概念,得到正确的答案。概念同化是教师直接将相关知识讲述给学生,学生利用已有的知识去理解教师的讲授内容,这是目前学校主要的学习方式。同化学习按照新旧知识之间的关系分为三种模式,即类属性同化、总括性同化和并列结合性同化。

　　类属性同化学习是指原有知识的概括和统摄水平高于新知识,是用更高水平的知识去理解较低水果的知识,因此也称为下位学习。例如,学生的知识结构里已经存在了水果这个概念,现在告诉学生苹果也是水果的一种,学生就会明白水平的基本特性。在学习几何图形时,学生学习了矩形的概念,现在要学习正方形的概念,正方形是矩形的一个特例,具有矩形的本质特征,这类学习都是类属性学习。当我们学习了某一个比较抽象的概念或原理,然后再运用到比较具体的知识中,都属于这类学习。例如,当学生明白了三角形是由三个角、三条边构成的首尾相连的封闭图形这个概念后,就可以运用这个概念在现实生活中找到具体的实例。在类属性同化学习中,又分为派生类属和关系类属。两种类属学习的区别在于学习之后原有观念是否发生本质属性的改变。在派生类属中新的观念纳入原有观念之中而原有观念的本质属性不发生改变;而在相关类属中新知识与原有观念有一定的关联,新知识的学习同时也引起原有观念的扩展、深化、精确或修改。例如,当学生在学习鸟这个概念时,原有的观念是:"能够飞行的动物",当老师向学生展示了蝙蝠和鸵鸟后,学生认识到蝙蝠会飞行,但不是鸟,鸵鸟不会飞但属于鸟,所以,飞行不是鸟的本质特征。小学生在入学之后,老师鼓励大家做一名好学生,学生对好学生的理解开始可能仅限于学习好的学生,在以后的学校生活中,那些乐于助人、热情、友善的学生也被老师称为好学生,学生原有概念中好学生的含义就会变得更为广泛和深入。类属性同化学习的条件是新知识是学生原有知识的组成部分,是原有知识的深化或具体化。学生通过这种学习使自己的有关知识更为深入、细致,并促使自己的认知结构不断深化。

总括性同化指原有知识的概括和统摄水平低于新知识,是通过对较具体的知识的学习来获得更高水平的概念,因此,也称为上位学习。例如,在学习了苹果、橘子这些概念之后去总结概括水平更高的水果这个概念。在总括性学习中学生在利用认知结构中原有的几个观念的基础上学习一个包容性程度更高的命题,即原有的观念是从属观念,而新学习的观念是总括性观念。这类学习遵循从具体到一般的归纳概括过程,这种学习方式在低年级学生的学习中很常见。总括学习的条件是新知识和学生原有知识相比,是更为概括、更为一般的内容。学生通过这种学习使自己的知识更为系统、完整和概括,从而有助于学生把握事物的本质属性和共同规律。

并列结合性同化指新旧知识之间处于同一个层次,这时产生的联合意义学习即并列结合学习。在这种学习中,新观念与认知结构中的原有观念既不能产生类属关系,也不能产生总括关系。例如,学生首先学习了正方形和矩形,知道了正方形是矩形的一种特例,具有矩形的所有特征,二者是包含与被包含的关系,之后再学习等边三角形和三角形,就可以利用上述的对比关系理解三角形中特殊和一般的关系。并列结合学习的条件是新旧知识处于同一个层次,学生可以通过自己已经掌握的规律理解新知识,使自己的知识得到广泛的迁移。

三、技能学习

(一)技能的含义

技能是通过练习而形成的合乎规则的活动方式。例如学生的解题技能、工人的生产技能、工程师的设计技能等都属于技能的范畴。

技能通常具有下述三个特点。首先,技能是通过后天练习形成的,前面在介绍学习的定义时,我们曾经谈到,"鹰击长空、鱼翔浅底",这类动物天生具有的能力不属于学习的范畴,因此不能称之为技能。技能是学习的一种类型,因此应该是后天习得的。我们生活在什么样的环境中,这样的环境需要我们在目前或者将来具备哪些能力,我们才会根据现实的实际情况学习和掌握相关的技能技巧。在原始社会,孩子们要跟随父母学习捕获猎物的技能,在现代社会孩子们要学习英语、计算机等现代社会必备的技能,所以学习带有明显的社会文化特征,这是后天环境决定的。其次,技能的学习属于活动方式,与狭义的知识的学习不同,技能不是凭借单纯的背诵和理解就能获得的,我们足不出户可以知道世界上有哪些国家,哪些民族,他们有什么样的风俗习惯,这类知识属于陈述性知识。但是作为程序性知识的技能学习,则一定要身体力行才能获得,例如,学习游泳不可能仅仅听教练的讲解就能学会,一定要亲自下水练习才行,所谓理论无法代替实践,就体现在这里。技能的学习必须是活动性质的。最后,技能的学习要遵从客观法则。我们可以观察到在体育课上,尽管大家都在练习某一种动作,但是有的同学就表现得很好,有的同学则表现得很差,这些差异除了身体素质的因素之外,就要考虑到是否符合客观法则,只有符合事物的发展规律,才能够真正掌握某项技能。所以,当我们看到有的学生能够在水中自由游泳,而有的学生则很快就沉入水底,关键就在于客观法则的遵循。学习上也是一样,有的学生在同样的时间里学习效率又快又好,而有的学生尽管很努力,但是学习效果却不令人满意,这就要考虑学习方法的问题了,因为学习必须要符合学习的规律。

（二）技能的分类

技能是一种活动方式,这种活动可以是大脑内部的活动,也可以是身体四肢的活动。根据活动的对象不同,可以将技能分为动作技能和认知技能。

1．动作技能

动作技能是通过学习而形成的合乎规则的动作活动方式,又称为操作技能。动作技能的特点主要体现在客观性、外显性和展开性方面。首先,动作技能的对象是客观的,如做饭需要相应的炊具和饭菜,洗衣需要衣服和洗涤用具,这些物体都是客观存在的,在头脑中想象自己如何做饭洗衣显然不是动作技能。即使一些徒手运动,我们也需要运用身体的协调能力、四肢的肌肉活动来配合,这些完成动作的因素也是客观存在的。其次,动作技能的特点表现在动作执行的外显性方面,所谓外显性,就是指动作技能是可以凭借肉眼观察到的,是外在的。赛跑、打球、驾车、体操等这些经常看到的运动项目都是动作技能的表现,它们都是可以观察到的。动作技能的第三个特点表现在动作结构的展开性方面。所谓展开性,就是说要完成某一个动作,就必须要有连贯性,要有先后的顺序,而且构成这个动作的任何一个步骤都不能省略,尽管熟悉的动作可以节省很多多余的动作环节,但是构成这个动作必要的环节却不能省略。

(1)动作技能的分类

动作技能按照动作的连续性、动作的精细程度、动作与周围环境的关系以及动作针对的对象的不同可以分为四种类型。

首先,按照动作的连续性程度可以分为连续型和断续型两种。连续型动作持续的时间较长,例如骑自行车,不是仅仅踩一下车轮就可以完成的,需要连续的不断活动。而断续型动作则是一次性就可以完成的动作,例如投标枪。其次,按照动作的精细程度可以分为细微型和粗放型动作,精细型动作技能主要是小肌肉块的运动,例如绘画、刺绣等属于活动范围比较小,但活动的严密程度比较高,动作配合比较精密的动作;而像跑步、举重则属于粗放型动作,主要由大肌肉块完成,活动范围比较大,相对比较粗放。再次,按照动作与周围环境的关系可以分为闭合型和开放型动作,闭合型动作主要将注意对象针对于自身,例如书法、体操等,活动的主体和对象都集中于自身。而开放型动作要将注意力更多地投入到周围的环境中,例如开车就要注意路面状况。一些对抗性运动更是如此,如球队之间的比赛,队员不仅要发挥自己的技术,还要随时注意对方的情况。最后,我们还可以根据动作的针对对象将动作技能分为徒手型和器械型。徒手型的动作主要由身体本身的肌肉运动完成,例如做体操、跑步等;而器械型的动作则需要一定的器械配合,例如举重需要杠铃,射击需要枪和靶子等。

(2)动作技能的形成

动作技能需要经过大量的练习才能熟练掌握,一般情况下,动作技能的形成过程可大致分为四个阶段。[①] 第一,认知阶段。这个阶段学生刚开始学习一项动作技能,必须要认识这项任务的意义、要求和注意事项,理解教师提供的指导语,运用自己以前所学的一些动作技能,分析自己的基础与教师要求之间的差异。在认知阶段,学生对活动方式有所了解,在头脑中形成了关于动作过程的表象,它是动作技能形成的首要环节,也叫动作定向阶段。第二,模仿阶段。模仿是掌握行动方式或行为模式所特有的一种学习形式,是学生动作技能形成过程中的一个重要环节。在这一阶段中,学生只是对动作技能的局部动作进行模仿学习,这种模仿学习表现出来的特征是动作迟缓、忙乱而不协调,出现许多多余的动作,视觉紧张地走着监督作用。第三,联系阶段。所谓联系是指将先前学习的局部动作联合起来,形成一个连续技能的整体,先前学习的动作按照一定的顺序组合在一起构成一整套完整的动作体系。第四,自动化阶段。动作技能学习进入这一阶段时,一长串的动作系列已联合成为一个有机整体并已固定下来。整个动作相互协调似乎是自动流淌出来的,无需特别的注意和纠正。这时,学生一面从事一项技能动作,一面考虑其他事情。研究表明,任何动作技能的掌握都是相对的,随着练习的不断深入,技能水平就会不断提高。但任何一套完整的动作技能的掌握都必须经历领会动作要点、掌握局部动作、建立动作连锁,最后达到自动化

---

① http://www.ebubu.cn: 8010/Resource/Bcok/Edu/JYLL/TS090077/0025-ts090077.htm

这一过程。

2. 认知技能

认知技能是通过学习而形成的合乎规则的心智活动方式,所以又称为心智技能或智力技能。它是一种借助内部语言在头脑中实现的认识活动方式。这种认知活动借助内部语言按合理的、完善的程序组织起来,并且一环扣一环,仿佛自动化地进行着。认知技能主要是认识活动,包括感知、记忆、想象和思维。例如解题、心算、阅读、作文等的技能都属于这一类。比如,学生掌握了四则运算的技能,在演算这类习题时就能运用自如地计算出答案;学生掌握了写作技能,就能根据不同性质的命题,自如地按照写作程序构思,并写出记叙文、议论文等文章来。

认知技能与动作技能不同,它的特点主要体现在:首先,认知技能的活动对象具有观念性,也就是说认知技能不需要像动作技能那样需要运用一定的具体事物进行操作。动作技能是客观的,必须要借助一定的器械或者身体自身的肌肉配合才能完成,需要一定的场所。认知技能相对而言是主观的,主要通过大脑活动进行观念的加工。其次,认知技能在活动执行中具有内隐性,头脑中的活动他人无法直接观察,但是动作技能是外显的,可以观察的。最后,认知技能的执行过程是简缩的,这也与动作技能不同,动作技能是展开的,构成某个动作的必要环节不可省略,动作之间的顺序不可调换,但是认知技能却可以省略,认知内容越熟悉,省略的可能性越大。例如,小孩子在开始学习加法时,需要一个一个地数,但是熟悉之后就可以脱口而出。

认知技能可以分为各种专门的认知技能和一般的认知技能。专门的认知技能是在某种专门的认识活动中形成起来的。例如阅读、作文和计算的技能是学生在具体的某项学习活动中必须掌握的最基本的专门技能。一般的认知技能是在一般认识活动中形成起来的,它具有比较概括的特点。一般的认知技能和专门的认知技能既有联系又有区别,一般的认知技能体现在各种专门的认知技能中,并且在专门的认知技能中得到发展。例如,学生在数学课发展了问题解决的技能,在语文课发展了理解语言的技能,这些都属于特殊技能,但是,这些技能都需要一般的推理能力的支持,而这又是一般性的认知技能。

第四节 学习策略

每一个学生都希望自己的学习活动是高效的,但是,在实际学习过程中,不同学生的学习效率却总是有高低之分。老师面对这些学习效率不同的学生终归要有某种解释,此类解释通常是:基础较差,学习不努力,上课不能专心听讲等等。其实,这类解释是不能从根本上解决问题的,因为它们过于笼统。一个基础差的学生听了这样的解释之后,仍然不知道如何使自己的"基础"好起来。事实表明,很多学习成绩欠佳的学生都曾经尝试过"努力学习",结果,他们这样的尝试并没能成功。由此可见,在"基础较差"、"学习不努力"、"上课不能专心听讲"一类解释的背后还有更加根本的原因。所谓"更加根本的原因"是什么呢?这正是我们现在要探讨的问题,即"学习策略"问题。①

一、学习策略的概念和特点

学习策略是学习者为了提高学习的效果和效率、有目的有意识地制定的有关学习过程的复杂的方案。学习策略的特点可以归纳为以下几点:第一,学习策略是行动的过程。每一个学生在学习时都在执行某种策略。我们以英语学习为例,当你在阅读一篇英语短文时,你像以往那样,在阅读刚刚开始的时候就注意到"语言点",而且就开始记住它们,这就是你在执行阅读的学习策略。不管这种策略是不是有利于你对文段的整体理解,你实际上在通过行动来执行你的既

---

① http://218.4.84.36/blog/more.asp? name = ducheng&id = 1295

定策略。当你认识到这种学习策略不利于你的阅读理解时,你不可能立即丢掉这种策略,你需要用新的行动来代替原来的行动。第二,学习策略是体验的过程。有了学习的行动,也就有了对学习的体验。因此,在你进行学习活动时,你就必定产生某种体验。比如,你现在想改变自己的那种逐字逐句进行阅读的习惯,于是,你加快了阅读速度,忽略了语言细节,这显然是一种新的阅读行动,伴随着这种行动的是发生在你内心的新体验。第三,学习策略是适应的过程。新的行动带来新的体验。但是,你曾经很适应用较慢的速度阅读短文,你曾经习惯于探查一个个孤立的语言点,在这种情况下,你可能对快速阅读有一种不适应之感,于是,你还要经历一段适应的过程。第四,学习策略是矫正的过程。过去,你不懂得培养有效的学习策略,不自觉地养成了一种不好的学习习惯,比如,在英语写作时,你已经习惯于把心中想好的汉语意思一句一句地翻译成英语。尽管你知道这样做的弊病,但是,你仍然需要用一段时间的训练来矫正这个习惯,否则,你就会依旧执行原来的策略。第五,学习策略是巩固的过程。经过一段时间的行动、体验、适应和矫正,你会逐步获得较为有效的学习策略。但是,你应当坚持实施这些已经形成的学习策略,为的是使之得到巩固。第六,学习策略是发展的过程。每个人学习外语,都有一套学习策略,比如,喜欢从理性上接受外语的学生,往往更善于规范的阅读,更重视写作,更乐于研究语法,等等。所以,当我们说改善自己的英语学习策略时,实际上指的是用一套新的学习策略来逐步代替原有的学习策略,而要做到这一点,需要逐步把各项学习技能发展为一套相互配合、相互支持的系统,我们把它叫做"学习策略体系"。

二、学习策略分类

按照迈克卡(Mckeachie et al,1990)的分类,学习策略可以在大体上分为认知策略、元认知策略和资源管理策略,在每种策略之下又有具体的分类。①

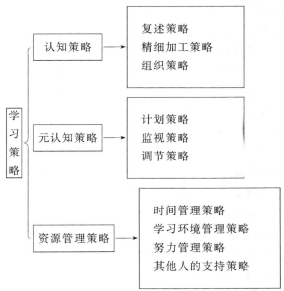

图 3-2　学习策略的分类

（一）认知策略

1.复述策略

复述策略是认知策略的基本策略。在学习环节中,复述是基本的要求,学生只有对知识反复学习,才能达到记忆的效果。如果有足够的时间和精力,仅仅凭借不断的重复,最终也可以完成记忆任务。但是这样的机械记忆无论是从学习的时间还是记忆的效果来看效率都不高,因此,我们需要讲究一定的方法和策略。在复述的策略中,经常被用到的技巧有:第一,随意识记和有意识记策略。随意识记比较轻松自如,可以利用日常生活的零散时间进行,有利于对已有知识的巩固,例如,利用英语单词进行日常交谈。有意识记注意力比较集

---

① 陈琦等主编:《教育心理学》,第 183 页,北京:北京师范大学出版社,1997 年版。

中,可以学习难度较大、比较系统的知识。第二,整体识记和分段识记。篇幅比较短或者内部逻辑体系比较强的材料适合整体识记,而篇幅较长或者内容联系不紧密的材料适合分段识记。第三,多种感官参与学习。我们常说"眼看十遍不如手写一遍",说明不同感官的学习效果是不同的,如果多种感官能够共同参与,通常比单独一种感官的学习效果要好,因此,提倡眼看、耳听、手写、脑思等多种感官参与学习。第四,划线技术。划线技术可以帮助我们将重要信息和次要信息相互区别,使学习更有重点。

2.精细加工策略

精细加工策略是在复述的基础上对知识的进一步加工,例如想象、联想,就是对原来的学习内容的进一步加工,在精细加工策略中,记忆技巧和记笔记是常用的策略。在记忆技巧中,一些诸如缩简、歌诀、谐音、联想、关键词、视觉想象、语义联想等记忆方法被很多学生应用在实际的学习活动中。记笔记的目的是将老师上课所讲的内容中的重要信息记录下来以备以后复习所用。在记笔记的过程中,有的学生仅仅是把老师写在黑板上的内容照抄下来,而有的学生则能够用自己的理解作适当的总结,并能够在课后进行笔记的整理,这类记笔记的策略更有利于系统地学习知识。

3.组织策略

组织策略是在精细加工的基础上,从总体上对学习材料进行整理。我们平常使用的列提纲、图形、表格等方式都属于组织策略。组织策略可以使学生将分散的知识点联系为一个有机的整体,在这个整体中,各个知识点之间的联系和区别都可以进行明确的划分,有利于知识结构的形成。

(二)元认知策略

元认知策略是弗拉维尔(J. H. Flavell)在 1976 年提出的。元认知是对认知的认知,是个体对自己的认知过程及结果的意识与控制。打个比方,我们在学习的时候,把自己分成了两个人,一个人在学习具体的内容,另一个人在旁边指导这个人的学习情况,这第二个人就是元认知。就像在工厂里,工人们在进行具体的工作,而管理人员在管理和监督工人的工作,虽然从表面上看,管理者没有参与实际的产品生产,但是他们能对产品质量把关,能够制定生产计划,这些工作对于工厂的正常运转同样重要。元认知的作用主要表现在三个方面,首先是计划策略,计划的目的在于对即将展开的学习活动有一个系统的规划,对于学习者自身能够有深入的了解,对于可能采用的学习方法有一个全面的评价,所谓"知己知彼、百战不殆",就是要我们在开始学习之前,对于与学习有关的因素有全面的了解,进而有目的地进行学习。例如,在学习开始之前你可以自我提问这些问题:我在这项学习活动中可以做些什么? 可能做些什么? 应当做什么? 我参与这项学习活动将会涉及哪些知识和技能? 我应当为此做哪些准备? 其次是监视策略,监视阶段就是看学习活动进行的是否顺利,是否有影响学习效率的因素存在,学习是否按照计划进行。在这个阶段,你可以这样问自己:我现在做得如何? 有哪些问题? 我在完成学习任务当中暴露出哪些弱点? 我如何提高自己的反应速度? 最后是调节策略,调节策略主要是针对监视阶段出现的问题进行调整,从而使学习活动更加适应当时的学习情景。例如,在平时的学习中,你可能会花费很长时间解决一道难题,但是在考试中因为时间有限,你可能就要放弃平时的做法。在这个阶段,你可以这样提问自己:我在完成任务的整个过程中表现出哪些优势? 我的学习表现有哪些改进? 我的交际策略有哪些改进? 我的哪些方面做得还不如他人? 我的现场表现如何?

(三)资源管理策略

资源管理策略主要是针对学习环境而言的。学习活动并不是孤立的空中楼阁,需要一定的学习资源的配合。在资源管理策略方面,主要有这样一些因素。首先是时间管理策略,尽管每一天对于每个人而言都是 24 小时,但是人们利用时间的效率却是不一样的。时间管理策略主要探讨如何更有效地利用时间,制定相关的时间计划表,在某一个时间段学习什么样的内容,一天哪个阶段是学习的高峰,哪个阶段是学习的低谷,都应该考虑在时间计划中。其次是学习环境管理策略,有的学生喜欢在音乐背景下学习,有的则需要更为安静的环境,有的喜欢自己独立学习,有的则喜欢结伴学习。这些都是关于学习环境的要求,适宜的学习环境有利于注意力更加集中,学习更加投入。再次是努力管理策略,你是否能够做到坚持不懈地实现本学期的学习计划,在遇到挫折后能否调整心态重新再来;学习取得一定的成绩后能否自我强化继续上进,这些都属于学习努力的范围。最后是其他人的支持策略,你是否敢于将自己不明白的问题在课堂上提出来,你有向老师和同学提问的习惯吗? 遇到不会做的题目,你是否主动寻求他人的帮助,这些问题涉及学习过程中与他人的互动。

【主要结论】

1. 学习是指学习者凭借经验而引起的行为或行为潜能的比较持久的变化。这个概念与日常生活中所说的学习有所不同。作业、习惯化、遗传、成熟与学习均有区别。

2. 迁移就是在一种情境中获得的技能、知识、态度对另一种情境中技能、知识的获得或态度的形成所产生的影响。简单地说,迁移就是一种学习对另一种学习的影响。按照不同的标准,迁移可以划分为不同的类型:按照结果分类,可以分为正迁移和负迁移。根据学习情景进行分类,可以分为横向迁移和纵向迁移。按照学习的方向,即影响的先后顺序划分,可以分为顺向迁移和逆向迁移。以学习内容为标准,分为一般性迁移和特殊性迁移。

3. 从迁移理论的发展来看,形式训练说、共同要素说、概括说、关系转换说和认知结构理论是比较有影响的学说。

4. 现代认知心理学把个体的知识分为两类,一类为陈述性知识,另一类为程序性知识。

5. 概念的学习有两种方式,即概念形成和概念同化。同化学习按照新旧知识之间的关系分为三种模式,即类属性同化、总括性同化和并列结合性同化。

6. 技能是一种活动方式,这种活动可以是大脑内部的活动,也可以是身体四肢的活动,根据活动的对象不同,我们可以将技能分为动作技能和认知技能。动作技能按照动作的连续性、动作的精细程度、动作与周围环境的关系以及动作的针对对象的不同可以分为四种类型:连续型和断续型、细微型和粗放型、闭合型和开放型、徒手型和器械型。

7. 学习策略是学习者为了提高学习的效果和效率,有目的、有意识地制定的有关学习过程的复杂的方案。按照迈克卡的分类,学习策略可以在大体上分为认知策略、元认知策略和资源管理策略,在每种策略之下又有具体的分类。认知策略分为复述策略、精细加工策略和组织策略;元认知策略分为计划策略、监视策略和调节策略;资源管理策略分为时间管理策略、学习环境管理策略、努力管理策略和其他人支持策略。

【理论应用与实践】

中学生应当获得什么样的英语学习策略?①

李静纯　人民教育出版社外语室

第一类　内省策略

心理学家把这类策略称为"元认知策略"。通俗地说,这类策略就是对自己的学习活动进行反思的策略。孔子曾说过:"吾日三省吾身"(《论语》),现代学习策略实际上就是把这六个字变成具体的活动。

1. 计划

假设你将要进行的学习任务是:Making a short speech to argue that women are better at using the computer than men.

——我在这项语言学习活动中可以做些什么? 可能做些什么?

---

① http://218.4.84.36/blog/more.asp? name=duzheng&id=1295

应当做什么？

——我参与这项学习活动将会涉及哪些语言知识和技能？

——我应当为此做哪些准备？

2．定向地使用注意力

——我应当把自己的注意力集中在什么语言项目上？

——我有必要进一步研究某一项语法知识吗？

——我需要收集哪些信息？

3．有选择地使用注意力

——我应当把有关 computer 方面的用语熟悉一下，如 get started with the computer, make basic operations, learn the computer language, use the file system, etc.

——我应当复习和熟悉一下关于比较的句型和短语，如 be different from/ a littlebetter than/ the same as/ be similar to/etc.

4．对学习活动的自我管理

——为了完成这项学习任务，我首先应当做什么？

——我应当分几步来完成我的任务？

——我可能会遇到什么困难？是语言知识方面的，还是语言操作方面的？

5．对学习活动的自我监控

——我现在做得如何？有哪些问题？

——我在完成学习任务当中暴露出哪些弱点？

——我如何提高自己的语言反应速度？

6．确定和解决问题

——这个学习任务的关键点是什么？

——我应当集中解决哪个问题？

——我所面临的问题之间的关系如何？

7．自我评估

——我在完成任务的整个过程中表现出哪些优势？

——我的语言表现有哪些改进？

——我的交际策略有哪些改进？

——我的哪些方面做得还不如他人？

——我的现场表现如何？

第二类 认知策略

这方面的学习策略包括学习者如何接受语言材料,如何存储语言材料,如何组织语言知识,如何理解语言结构(包括语法关系),如何提高语言操作的技能,等等。具体地说,它包括下面一些内容。

1.查询和使用学习资源

——我如何使用教科书？

——我如何收集和利用其他学习材料？

——我是否使用词典？我使用什么样的词典？

——我是否对音像材料感兴趣？

——我是否乐于发挥声音材料的作用？

2.模仿和演练

——我是否习惯于进行语言的模仿？

——我如何进行听说读写的操练？

——我在学习时是思考多于操练,还是操练多于思考？

——我更擅长记忆,还是更擅长语言的表现？

3.分类

——我把什么看成是语言的最小单位？是单词,是句子,还是完整的语境？

(1)shake

(2)The house shook

(3)I heard a sound first, and then he house shook. I noticed pictures on the wall moved and the dishes too.

——我如何对语言素材进行归类？我把哪些材料放到一起？

(1)She is good at English. He was surprised at the news. We are afraid of dogs. They were short of money.

(2)She is good at English. He learned the words by heart. We use them to express ideas. Don't talk with me this way!

4．形象思维

——我在听一段语言材料时想到了什么？

——我在读一段语言材料时头脑里出现了什么画面？

——我在进行口头表达时想到了什么？

——我在写东西的时候头脑里会出现过去的经历吗？

——我在学习语言时头脑能够像演电影那样活跃吗？

5．解悟

——我在接受语言时能够提出问题吗？

——我在接受语言时怎样提出问题？

——我怎样理解语言？

——当我说"我明白了"的时候,我到底明白了什么？

6．迁移

——我是否经常用过去的经验来理解新的东西？

过去的经验:我学会了 You need not always use the same sentence.

新的理解:We don't have to need not talk about the matter this way.

如果必要的话,我是否能够借助母语的交际经验来体会英语的交际活动？

母语的交际经验:当我们说"这个房间很热"时,我们可能是要求服务员把空调打开,或者我们是想换一个有空调的房间。

英语交际活动:我们想让服务员把房间的灯打开,不必非说 Will you turn on the light? 而是说 It is rather dark here. isn't it?

7．推断

——我在遇到新的用语时是否一定要查阅词典？

——我是否乐于体会一下语境,以便了解新词的词义？

The best way to learn about cat show is to go to one. It's easy, inexpensive (a few dollars for the entrance fee), and anyone can be admitted. You don't have to have a cat.

8. 笔记

——我能够把我认为重要的东西记录下来吗？

——我能够确定记什么和不记什么吗？（因为我不可能把一切都记下来。）

——我在记笔记时如何进行摘录、概括、分析、评估、浓缩、约简？

——我是否考虑过如何记笔记才能更有利于我日后的学习？

9. 建构

——我如何能够说出或写出"自己的话"？

——我如何使"自己的话"符合基本的语法规则而不致出现严重的错误？

——我如何使"自己的话"变得更加得体？

10. 总结

——我如何确定在一个单元里重点学习了什么内容？

——我如何确定在学期或学年里重点学习了什么内容？

——我如何概括自己在英语学习上具体的优势？

——我如何具体地确定自己在英语学习上存在的主要问题？

第三类 情意策略

这是中学师生比较容易忽略的学习策略。大家在学习过程中把注意力都集中在知识和技能的发展上，从而没有重视自己在行为和内心的"深层"已经发生和正在发生的事情。可是，往往就是这些事情阻碍了我们的进步。

1. 动机

——我为什么要接受某段语言材料？

——我要用这些语言材料做什么？

——我说话和写作为了解决哪些问题？

——我是否能够做到"有感而发"？

2. 信心

——我在阅读时遇到难词难句能够保持原有的阅读心态吗？

——我在谈话时会遇到"词不达意"的情况,我能够继续维持谈话吗?

——我能够不怕出错吗?

3. 坚持

——我能够不断地积累新词语吗?

——我能够在较长的时间里不断地增加阅读量吗?

——我能够不断地进行口语的自我训练吗?

4. 激情

——我经常能够被阅读的东西感动吗?

——我能够用英语表达自己的心声吗?

5. 合作

——我能够和同学讨论问题吗?

——我能够和老师进行良好的配合吗?

——我能够和同桌伙伴进行连贯的口头表达吗?

——我能够向同学或老师适度地求助吗?

以上三方面的学习策略对中学生都是十分重要的。我们应当把这些学习策略作为基本目标,在学习英语的同时,逐步提高自己的英语学习策略水平。

——节选自《谈英语学习策略》

【学习评价】

(一)基本概念解释

1. 学习　2. 迁移　3. 陈述性知识　4. 程序性知识　5. 类属性同化学习　6. 动作技能　7. 学习策略　8. 元认知　9. 认知技能　10. 纵向迁移

(二)判断正误

1. 在学习了苹果、橘子这些概念之后去总结概括水平更高的水果这个概念,称为上位学习。

2. 在迁移的测量中,实验组的学生先学习 A,再学习 B,而控制组的学生只学习 A,之后对两组所学习的 A 内容进行测量,如果两组成绩存在差异,说明顺向迁移发生了。

3.在柯勒的关系转换说的实验中,先前是浅灰色和深灰色的卡片,食物放在深灰色的卡片下,现在取走深灰色的卡片,以白色的卡片替代,被试更有可能从白色的卡片下面寻找食物。

4.正迁移是先前学习对后继学习的影响,而负迁移是后继学习对先前学习的影响。

5.英语单词的含义、历史知识、地理名词、数学公式、几何定理等都属于陈述性知识。

6.动作技能在陌生的时候具有展开性的特点,熟悉之后具有简缩性的特点。

7.我们平常使用的列提纲、图形、表格等方式都属于元认知策略中的组织策略。

8.划线技术属于复述策略,而记笔记则属于精细加工策略。

9.在平时的学习中,你可能会花费很长时间解决一道难题,但是在考试中因为时间有限,你可能就要放弃平时的做法。这种做法属于元认知策略中的计划策略。

10.开车时要注意路面状况这类的技能属于开放型动作技能。

(三)综合应用

1.试对以下的学习现象进行分析,判断它们是否具有学习的本质特征,并说明理由。

(1)同学A:在这么嘈杂的环境里你也可以看书?

同学B:我已经习惯了。

(2)一个小女孩问妈妈:"你看,小鸟学会飞行了,为什么我不会飞?"

(3)孩子问妈妈:"什么是鱼?"妈妈告诉孩子:"鱼就是能在水里游泳的动物。"孩子指着青蛙告诉妈妈:"那么这就是鱼了。"

(4)小明在看书,小强在看电视。老师说:小强你要向小明一样认真学习。

(5)出租车司机对乘客说:这条路我走了几十年,闭着眼睛也能够找到你要去的地方。

　　2. 结合元认知理论,拟定一个提问计划,帮助自己更深入地了解自己的学习状态。

【参考文献】

　　[1]http://218.63.248.165/RESOURCE/CZ/CZYW/YW-BL/JYXLXGY /10779-SR.htm

　　[2]http://www.fjtu.com.cn/fjnu/courseware/0912/course/-source/web/index.htm

　　[3]陈琦等主编:《教育心理学》,北京:北京师范大学出版社,1997年版。

　　[4]全国十二所重点师范大学联合编写:《心理学基础》,北京:教育科学出版社,2002年版。

第四章　品德心理

【内容简介】

优良品德的培养是实施素质教育的重要任务。长期以来,人们以"德才兼备"作为评价人才的根本标准,说明品德和才能都很重要。本章主要讨论品德的心理实质、心理结构及其形成、发展、变化的规律,探讨优良品德的培养和不良品德的矫正。第一节就道德的缘起、品德的实质以及道德和品德的关系展开了论述;第二节阐述了品德发展的理论,包括皮亚杰的品德发展观和柯尔伯格的道德发展理论,并据此分析了中学生品德心理的发展特点;第三节讨论了品德学习的一般过程:依从、认同和内化,并分析了品德学习的内、外部条件;第四节讨论了品德培养的模式和途径,具体的培养方式有:说服、群体规范、角色扮演、小组讨论、奖励与惩罚。

【学习目标】

识记:

1. 能完整陈述道德和品德的概念。

2. 能清晰表达品德学习的一般过程。

3. 能准确表述惩罚与奖励的概念。

理解:

1. 能够通过事例解释品德的结构:道德认识、道德情感、道德意志和道德行为。

2. 举例说明道德和品德的关系。

3. 结合皮亚杰的品德发展观和柯尔伯格的道德发展理论,分析中学生品德心理的发展特点。

4. 举例解释费斯廷格的认知失调理论。

应用:

1. 以自己的亲身经历为例,说明家庭教养方式对孩子品德学习的影响。

2. 列举某一道德现象,尝试采用某一种品德培养方式(说服、群体规范、角色扮演、小组讨论、奖励与惩罚)进行某一品德行为的塑造。

第一节　品德的实质

一、道德的缘起

道德是一种社会现象,是指由社会舆论力量和个人内在信念系统所支持的调整人们相互关系的行为规范的总和,是人们分辨是非善恶的尺度,进行道德判断的依据,调节道德行为的准则。人的本质是社会关系的总和,人生活在世界上就要与他人进行交流与沟通,就要有相互的合作和必要的竞争,在这个过程中就会形成一定的团体,构成一定的组织,一方面交流信息,另一方面交换物质产品,在人际互动的过程中促进社会的健康发展。在这个庞大的社会中,每个人都有一定的社会分工和社会角色,我们经常把社会比喻为一台高速运转的复杂机器,而每一个社会公民就是这台机器中的一个微小的零部件,为了保证机器能够正常运转,就需要各个部件完好无损,正常发挥自己的功能。机器中每个部件的功能都是和其他部件的功能联合在一起的,只有这样才能最终推动整台机器的运转。社会也是这样,每个生活其中的个体都在完成自己分内工作的同时,保证不影响到其他人的工作。相反,如果每个人仅仅出于一己私利,无法无天,那么整个社会就会混乱不堪,甚至走向崩溃。尽管这个世界上还有偷盗、杀人放火等各种犯罪活动,但是从宏观的角度来讲,这个社会依然是和谐而稳定的,原因就在于有一种强有力的粘合剂把社会成员牢牢地固定在一定的规范之中。这种起粘合剂作用的规范可以是明文规定的法律条文,也可以是长期以来社会成员世代相传而逐渐稳定下来的约定俗成的文化规则,这种规则我们称之为道德。因此,道德是一种被社会成员普遍认同并支配他们行动的社会意识形式,是一定社会关系在社会心理发展中长期积淀的产物。平常我们所说的尊老爱幼、遵守诚信、拾金不昧、克己奉公等都是社会道德的内容。道德是针对群体的,而不是针对某个个体的。一个人对自己有多好,并不能反映其道德素养,只有在对待别人的过程中表现出乐于助人、团结友爱等良好品质才是道德的内容。

二、品德的概念与特点

品德是道德品质的简称,是在一定社会道德的基础上形成和发展起来的,是支配、调节个体道德行为的个体意识,是在一定社会形态下,道德个性化的反映,具体指个体在一定的社会生活中遵循一定社会道德规范行动时所表现出来的稳定的心理特征或心理倾向。道德一旦形成,就要对个体的行为进行一定的约束和规范,但是每个人遵守这种约束的情况不尽相同,从长期来看,那些经常在一个人身上体现出的比较稳定的反映道德内容的态度、言论以及一系列的行为举止就成为了一个人的独特的个体风格,这种风格我们称之为品德。品德的特点主要表现在下述四个方面[①]:

第一,品德所调节的是人的社会行为,即对社会、对他人有影响的行为,而不是对他人没有影响的个体行为,当然这种影响可以是直接的,也可以是间接的。

第二,品德是与一定的社会规范或道德准则相联系的。社会规范是社会组织为调节个体间的相互关系而确立的准则,它构成了评价个人社会行为的是非善恶的标准。符合社会规范的行为就是好的、善的,违背社会规范的行为就是不好的、恶的。社会规范涉及到社会规范中所确立的准则本身,也包括作为这种准则的基础的基本

---

① 陈琦主编:《教育心理学》,第 245 页,北京:高等教育出版社,2001 年版。

价值(伦理)原则,比如人道主义、利他主义等等。相应地,一个人的品德不仅仅是对具体的行为准则的服从,在更深层次上,它体现了一定的价值原则和基本信念。

第三,品德是一种相对稳定的心理特征。就是说,一个人的品德是指他一贯的行为倾向,而不是一时一事的偶然行为表现,因此,不能因为一个人偶尔的错误行为就判断他道德败坏,也不能因为他偶尔做了好事就断定其品德高尚。

第四,品德是社会道德在个体身上的反映。道德是一种社会现象,是一定社会要求人们应当遵守的行为准则的总和。它产生于社会生活,并随着社会的发展而发展。品德则不同,它是一种个体心理现象,其形成和发展不仅要受到社会发展规律的制约,而更重要的还要受到个人身心发展特点和规律的制约,即它的存在依赖于具有某种品德的个体的生存。但品德与道德两者又是紧密联系着的,品德的内容是社会道德在个人身上的具体体现,而社会道德也无法离开个人的品德而存在。事实上,社会上众多个体的品德也构成或影响着一定社会的道德面貌或风气。社会道德舆论和社会道德风气也影响着个人品德的形成和发展,它往往以一种无形的社会压力迫使个人的行为就范。

三、品德的心理结构

品德是个体比较稳定的心理品质,它主要由道德认识、道德情感、道德意志和道德行为组成。①

(一)道德认识

道德认识是指人们对社会道德规范及其意义的理解,以及在此基础上形成的道德观念和评价能力,它是个体品德的核心部分。如学生对爱祖国、爱人民、爱劳动、爱公物和爱社会主义的重要意义,都有了较好的了解和理解,就表明他们的道德认识达到了一定的水平。道德认识的作用一方面使人们能够了解所在社会群体的道德标准,

---

① http://202.117.155.184:8080/web/dmtkj/13.files/frame.htm

并进而理解和掌握这一标准,以此作为自己行为的指南。另一方面,人们又可以利用这些道德标准去评价他人的行为,当他人的行为符合道德规范时,我们就形成赞扬的、尊重的、肯定的道德舆论,使其获得一定的价值感,进而又可能保持和促进这种道德行为;当他人的行为违背了道德规范的要求时,我们就形成了批评的、贬低的、否定的道德舆论,迫使其放弃不道德行为,从而达到维护社会正常运转的目的。道德认识是通过道德观念建立和道德信念形成两个阶段完成的。当个体对某一道德准则有了较系统的认识,并予以肯定时,就形成了有关的道德观念,也就是理解了人们为什么要支持某种行为、某种观点和态度,为什么要排斥另一种行为、观点和态度,当理解了这种道德舆论的合理性之后,道德观念就形成了。当认识继续深入,达到坚信不移的程度,并能指导自己的行动时,就形成了道德信念。道德信念对行为具有稳定的调节与支配作用,只有道德观念而无道德信念时,就经常会发生诸如明知故犯之类的错误行为。

(二)道德情感

道德情感是指根据一定的道德准则与规范去评价自己和别人的行为时产生的一种内心体验。这种情感既反映了人们的道德需要,又表现出人们对客观现实是否符合自己的道德需要而产生的一种态度体验。一般地说,如果现实生活中的各种事件、自己或别人的行为符合自己的道德认识或自己所维护的道德观念,那么,人们就会产生积极的情绪体验;相反,人们就会产生消极的情绪体验。例如,我们对英雄模范人物产生敬佩之情,对损人利己的人产生厌恶的情感,对自己的舍己为人的行为感到欣慰,对自己的过失言行感到羞愧等等。可见,道德情感是一种自我意志监督的力量,它能使人悔过自新,保持良好的行为。道德情感的内容主要包括爱国主义情感、集体主义情感、义务感、责任感、事业感、自尊感和羞耻感。其中,义务感、责任感和羞耻感对于儿童和青少年尤为重要。缺乏义务感、责任感和羞耻感,也就无所谓品德的发展。

道德情感从表现形式上看,主要包括三种:一是直觉的道德情感,即由于对某种具体的道德情境的直接感知而迅速产生的情感体验。由于其产生非常迅速,因而当事人往往不能明显意识到这个过程。例如,看到小偷的偷盗行为而产生的愤怒,听到希望工程的捐款报道而产生的敬佩等都是骤然产生的直觉的道德情感。二是想象的道德情感,即通过对某种道德形象的想象而产生的情感体验。例如,语文课本上描述的那些英雄事迹,虽然事情早已结束,但是老师能够引发学生通过想象重现当时的情景,这种身临其境的感觉引发了人们想象的道德情感。三是伦理的道德情感,即以清楚地意识到道德概念、原理和原则为中介的情感体验。它具有清晰的意识性和明确的自觉性,具有较大的概括性和较强的理论性,具有稳定性和深刻性。例如,爱国主义情感和集体主义情感就属于伦理的道德情感。

(三)道德意志

道德意志是人们自觉地确定道德行为目的,支配自己的道德行为,克服各种困难,以实现既定目的的心理过程。它体现在实现道德目标过程中的支持与控制行为的力量方面,如有的学生长年帮助孤寡老人挑水就是意志支持的结果。道德意志还能使人抵御现实中的各种诱惑,不以外界环境为转移,始终坚持道德行为。道德意志的作用就在于发动与既定目的相符合的行动,制止与既定目的相悖的行动。道德意志的发展过程一般经历下决心、树信心、立恒心三个阶段。道德意志是道德行为最终得以体现的重要因素,因为在很多情况下,人们就是有心做好事,但由于现实环境的各种约束也可能会放弃,在这种时候,道德意志就可以维持我们的道德信念,从而最终实现道德目标。

(四)道德行为

道德行为是一个人遵照道德规范所采取的言论和行动。它是品德的外显成分,是实现道德动机、达到道德目的的手段。道德行为包括道德行为技能和道德行为习惯,它们与一般的技能、习惯并无本质的区别,只是在完成一定的道德任务时便具有了道德的性质。道德技能的掌握有助于实现道德目的,它将指导道德行为做出对他人和社会具有道德意义的事情,不至于好心办不事。道德意志调节和控制着人的道德行为,使其贯彻始终,经过多次反复和实践,便形成道德行为习惯。道德行为习惯的形成则是品德形成的客观标志,例如,一个人做点好事并不难,难的是一辈子做好事。因此,只有学生具有良好的道德行为及其习惯,学校的道德品质教育才具有社会价值。

道德品质由上述四种心理成分所构成,它们相互制约、相互联系,其中道德认识和道德情感居于核心地位,当道德观念和道德情感成为稳定的、经常推动个人产生道德行为的内部动力时,它们就构成了道德动机。道德动机是道德品质的深层心理结构,它决定了道德品质的性质,如利己与利他就是性质相反的道德动机。道德动机也制约着道德行为的方向和水平,利他的动机会使人不计较个人的利益,当个人利益和他人利益冲突时,会放弃自己的利益,而利己的动机则会使人斤斤计较个人利益。道德行为方式是道德品质的表层心理结构,是道德品质的外部表现,是实现道德动机的手段。道德行为在产生的过程中,可能会遇到一定的障碍,这个时候就需要道德意志进行调节,保证道德行为得以实现。当一定的道德动机与一定的道德行为方式之间建立起比较稳固的联系时,道德品质就形成了。

四、道德与品德的关系①

上述我们讨论了道德与品德的相关概念,二者之间存在着既彼此联系又相互区别的关系。首先,品德与道德产生的力量源泉不同。道德产生的力量源泉是社会需要,即按一定社会的要求,为协调社会生活中的物质利益关系和人际关系等社会关系,以保障社会的稳定、和谐、平衡和发展。品德产生的力量源泉则是个人需要。个人为了归属于一定的社会群体,就必须适应现实生活,协调个人与社会、个人与他人的关系,自觉地按照社会道德规范发展、完善自我品德。

其次,品德与道德反映的内容不同。道德作为社会意识的一种

---

① 　http://www.fjtu.com.cn/fjnu/courseware/0912/course-source/web/index.htm

形式,是对社会关系的理性反映,即以社会观念形式概括反映社会道德行为规范对社会成员的基本要求;品德作为人的个体意识的一种形式,反映了个体道德需要与社会道德要求的关系,即个体将社会道德规范内化成为自己的内在信念,形成稳定道德品质意识的过程和结果。在一定的社会文化中,该社会群体的道德规范是针对这个群体的所有成员的,但是并不是每一个成员的道德品质都能够全部体现道德的内容。可见,从反映内容看,道德反映的内容比品德反映的内容广阔得多,概括得多。

再次,品德与道德表现的方式和发挥作用的途径不同。社会道德一经确立,就以传统、公德、舆论等方式表现出来,并对整个社会关系的维持起调节控制作用;品德一旦形成,就以个人信念、理想、稳定的心理倾向和惯常的行为倾向等方式表现出来,并对个体的品德行动起支配调节作用。

品德与道德的发展是互动的过程。社会道德的发展不但受社会需要驱动,而且受社会成员原有品德基础制约,没有品德基础的道德是空洞的道德,这样的道德,不仅难以转化为个体的信念,而且还会妨碍品德的形成和发展。品德的形成、发展以一定的社会道德为基础,没有道德基础的品德是虚假的品德。

总之,品德和道德就像一对孪生兄弟,既有紧密联系的一面,又有彼此区别的一面。心理学研究个体品德,伦理学研究社会道德。心理学所研究的个体品德不能脱离一定的道德环境和规范,心理学对个体品德的研究成果反过来又丰富了社会道德的内容,促进了社会道德的发展。

第二节　品德的发展

一、品德发展理论①

（一）皮亚杰的品德发展观

皮亚杰(Piaget, J. 1896—1980)在研究儿童品德发展方面作出了突出贡献。他关于儿童道德判断问题的研究,为儿童品德发展研究提供了一个理论框架和一套研究方法,初步奠定了品德心理研究的科学基础。皮亚杰认为,一个人道德上的成熟,主要表现在尊重准则和社会公正感这两个方面。一个有道德的人应该是一个能按社会规定的准则公平地、公道地对待别人的人。他认为,发展心理学应着重研究儿童品德发展的过程。他和他的合作者研究了儿童对规则的态度和对行为责任的道德判断,也研究了儿童公正观念以及对成人惩罚的公正性的判断。从这些方面的实证研究中,他揭示了儿童道德判断的发展进程,把儿童的道德判断区分为他律和自律两种水平,并得出了一些规律性的结论。皮亚杰在1930年出版的《儿童的道德判断》等著作中,把儿童的品德发展划分为四个阶段。

1. 自我中心阶段(2~5岁)。在自我中心阶段,规则对儿童来说还没有约束力,儿童没有把规则看成是应该遵守的社会要求。儿童按照想象去执行规则,把外在环境看作是自我的延伸,还没有把主体与客体分离,不能将自己与周围环境区别。他们的游戏活动只是个人独立活动的任意行为,与成人、同伴之间还没有形成合作关系。

2. 权威阶段(6~7、8岁),又称他律阶段。儿童的道德判断受外部的价值标准的支配和制约。他们对外在权威表现出绝对尊敬和顺从的愿望,表现之一是绝对遵从父母、权威者或年龄较大的人,认为

---

①　http://www.fjtu.com.cn/fjnu/courseware/0912/course-source/web/index.htm

服从权威就是好孩子;否则就是错误的,是坏孩子。另外一个表现是对规则本身的尊敬和顺从,即把成人规定的准则,看成是固定不变的条件。这个阶段的儿童对行为的判断主要根据客观的效果,而不考虑主观动机。

3.可逆性阶段(8~10岁),又称自律阶段。儿童的思维发展进入具体运算阶段,突出的特点就是具有守恒性和可逆性,他们达到了一定程度的自律。此时,儿童已不再把规则看成是一成不变的东西,而是同伴间共同约定的,并且可以修改。这个阶段的儿童开始意识到同伴间的社会关系,即意识到应当相互尊重共同约定的规定,规则对儿童来说具有一种保证相互行动、相互取予的可逆特性,这标志着儿童道德认识的形成。

4.公正阶段(10~12岁)。10岁左右的儿童的公正观念或正义感是在可逆性的自律阶段上发展起来的,它是互敬互惠的产物。儿童的公正感往往是通过抛弃父母的意见而获得的,因此,儿童与成人的关系,从权威性过渡到了平等性。在这一阶段,儿童的道德观念倾向于主持公道、平等,儿童体验到公正和平等应当符合个人的特殊情况,公正感成为情感领域的核心规范。皮亚杰认为,从可逆性关系转变到公正关系的主要原因是利他主义因素。

(二)柯尔伯格的品德发展理论

继皮亚杰的研究之后,美国的教育心理学家柯尔伯格(L. Kohl－berg,L.1927—1987)对儿童品德发展问题进行了大量的、卓有成效的研究,他提出了品德发展阶段理论。在研究儿童品德发展问题时,柯尔伯格采用了道德两难论的方法。这种方法是虚构一些故事,用问答的方式讨论故事中人物行为的道德性质。代表性的道德两难故事是"海因茨偷药的故事"。该故事的内容是,意大利某城市有个名叫海因茨的人。他的妻子得了癌症,危在旦夕。城市有个药剂师,他研制了一种治癌特效药,但要价极高,每剂要价2000美元。海因茨家穷,他变卖了家产,从亲友中借贷,总共凑到1000美元。他求药剂师降价卖给他一剂药,药剂师不同意。他请求分期付款,药剂师也不答应。妻子病危,药又买不上,海因茨万分焦急,于是在晚上破窗而入偷走了药。柯尔伯格围绕着这个故事提问:海因茨该不该偷药,为什么? 因为是两难问题,并没有唯一的是非判断,柯尔伯格主要从回答的原因入手分析,提出了品德发展的三种水平六个阶段模式。三种水平的内容是:前习俗水平、习俗水平和后习俗水平。六个阶段是指每个水平中又可划分为两个不同的阶段。具体地讲,三种水平六个阶段模式的基本思想如下。

1.前习俗水平(0~9岁)。这个水平的主要特征是,儿童的道德观念是纯外在的,儿童是为了免受惩罚或获得奖励而顺从权威人物规定的行为准则的。这一水平包括两个阶段,第一阶段:以惩罚与服从为准则。这个阶段的儿童对行为好坏的判断并没有固定的准则概念,而是以是否会受到惩罚和是否服从父母或权威人物的命令为准则。第二阶段:以行为的功用和相互满足需要为准则。如果行为者最终能取得成功,获得奖赏、满足相互间的需要,就是好的。它带有浓重的互利交换的实用主义色彩。也可以说,儿童的道德判断,往往是从自身利益出发的。

2.习俗水平(9~15岁)。这一水平的主要特点是儿童为了得到赞赏、表扬或维护社会秩序而服从各种准则的,也可以说是为了力图满足社会的需求和希望。它也可分为两个阶段,第三阶段:以人际和谐为准则,又称为"好孩子"取向。在这一阶段,儿童心目中的道德行为就是取悦于人、有助于人或获得别人的赞赏。所以,他们判断道德行为好坏的主要根据是看是否被人们赞许。第四阶段:以权威和维持社会现有秩序为准则。这时儿童所作判断的根据是相信准则和法律维护着社会秩序,因此,应当遵循权威和有关规范。

3.后习俗水平(15岁以后)。又称原则水平:达到这一水平的人,其行为原则已经超出了某个权威人物的规定,并且有了更普遍的认识。它表现为个人的义务感、责任感。它也可以分为两个阶段,第五阶段:以社会契约和法律为准则。这个阶段的道德判断特别看重相互之间的契约关系,即相互承担义务和享有权利。同时,看重法律的效力,认为法律可以帮助人们维持公正。但同时认为契约和法律的规定并不是绝对的,是可以改变的,个人应尽的义务和责任显得更为重要。第六阶段:以普遍的道德原则和良心为准则。这是进行道德判断的最高阶段,它完全诉诸于个人的良心和人类普遍的道德原则和道德规范。在这个阶段上,他们认为人类普遍的道义高于一切。

柯尔伯格的这种研究是根据美国的社会情况作出的划分。它向我们勾画出了道德发展是一种连续变化过程。柯尔伯格认为,这些发展顺序是一定的,不可颠倒的,各个阶段的时间长短是不相等的。同时,就个体的道德发展水平而言,有些人可能只停留在前习俗水平或者习俗水平上,而永远达不到超习俗水平的阶段。

二、中学生品德心理的发展特点①

(一)自我发展特点

学生进入中学以后,开始经历青春期的发育,伴随着生理的逐渐成熟,心理上也产生了独立感和成人感,渴望摆脱成人的控制,迫切要求独立自主,喜欢自我表现和发表自己的看法。但在这个半幼稚半成熟的时期,由于身心发展和社会阅历的限制,他们对己、对人、对事的认识、评价和感悟不深刻、不全面、不透彻,再加上自我调控能力欠缺,情绪具有冲动性、爆发性和两极性,很容易走极端。在这个时期,学生开始关注自己,关心自己是什么样的人,能够体察自己的内心世界,而且极为看重自己将成为什么样的人,开始逐步从行动的动机、道德品质和人格特征等方面来综合评价自己的行为。但这种评价通常以自我为中心,他们以自己的眼光去看待事物,因此,这些看法都是比较感性的。另外,他们的自我意识也具有矛盾性,理想的我与现实的我有时出现碰撞,往往眼高手低,好高骛远。青春期还是一个狂风暴雨的危险时期。自青春期开始,青少年的身体迅速发育成熟,但在智力、认识、情绪调控、社会经验等诸方面仍延续着儿童不成熟的水准。主要表现在:第一,注意力易分散。学生进入青春期,常

---

① http://www.lcljzx.com/Article-Print.asp? ArticleID=74

呈现出一种不安静的状态,不久前所感兴趣的事物,会很快因身体的变化而兴趣衰减,但又未能发现新的感兴趣的事物,因此,这时期中学生的心理非常不安定,心绪颇多。第二,对事物的认识不合逻辑,对各种抽象的原则,常作不成熟的批判。大多数青少年由于经验的不足和认识的偏差以及受各种错误思想的影响,往往不能公正、合理、全面地看待事物,因此常常与人作不成熟的辩论。另外,中学生由于涉世尚浅,对各种抽象的原则,如公平、正义、忠诚、勇敢、牺牲、爱情等的理解过于狭隘,有时会将谬误当作真理。第三,敢于幻想。青少年心比天高,但不能脚踏实地,他们喜欢设计未来,幻想未来,但不肯从小事做起,从自我做起。所以,对家长或老师的监督、教育和批评常有抵触、怀疑或反对和敌视的心理,经常在白日梦中补偿其实际的成功。第四,在情绪方面,中学生较任何一个时期都更为紊乱,他们面对各种难以应对的新刺激常有各种不适当的情绪反应,同时感到一种莫名的烦恼。有时变得冷淡抑郁,有时变得暴跳如雷,烦乱焦躁。在行动的自我调控方面,他们虽然比小学生有了长足的进步,但由于心理和经验以及意志品质等方面的不成熟,经常表现出见异思迁、有始无终、惧怕困难、心无定性等不足。第五,在社会行为方面,中学生已不满足于家庭的圈子,感到家庭生活单调乏味,与父母交流沟通逐渐减少,亲子关系渐趋松懈和紧张。这时期,如果交友不慎,就会招致危险和麻烦。多数中学生对异性产生兴趣,渴望畅游爱河。故此,有些中学生因与学校、家庭的矛盾激化而发生了一些不该发生的事,甚至走上了绝路。

（二）社会性发展特点

青少年作为特殊的群体,青春期作为特殊的人生阶段,使青少年有了自己特有的精神风貌和别具一格的特征。在中学这一时期,学生们开始了解、接纳和逐渐掌握更多的行为规范、价值标准、社会角色,喜欢独立探索和思考一些社会问题。随着自我意识的不断发展和抽象逻辑思维能力的提高,青少年开始运用社会价值和社会意义来衡量和评价许多社会现象,开始关注人生、思考人生、投身人生。

但遗憾的是,人们还常将他们当作小孩来对待。结果就会出现这样的现象,他们在那边高呼:其实你不懂我的心! 理解万岁! 而成人在这边又埋怨:真是看不透! 代沟难填! 中学生的情感不太外露,开始带有文饰的、内隐的、曲折的性质。在小学生时期,心理比较单纯、天真,而到了中学时期,内心世界要复杂些,他们不大乐意吐露真情,即使对自己最亲近的人也是一样。他们的心里话或悄悄话有时会对知心朋友说,但不愿和父母或教师讲。中学生渴望有自己的一间小屋,抽屉上还要加上一把锁,似乎有什么不可告人的秘密。因此,成人要想了解中学生的心理比较困难。

上述情况是处于青春期的中学生主要的心理特点。"从发展心理学的角度看,个体在儿童期依赖成人,成人约束并决定儿童生活和活动的主要内容和方面;儿童对自己的行为不承担责任。随着年龄的增长、生活范围和活动内容逐渐复杂化,使青春期的中学生具有了与儿童不同的特点。他们逐渐有了一定的特定意向和责任感并自己决定某些活动如何进行。对自己的行为,尤其是部分犯罪行为要负一定的刑事责任。但中学生也不同于成人,他们虽有一定的独立性,但还没有完全独立;在许多方面,尤其是在物质生活方面还要依赖父母;他们还没有成为完全责任能力人,并不是对自己的所有行为都要负刑事责任。由此可见,这种介于儿童和成人的过渡阶段的地位,使得中学生成为社会学上所说的边缘人,他们地位的不确定性和社会向他们提出的要求的不确定性,使他们产生了许多特殊的心理卫生问题。"因此,作为教育工作者,要正确引导学生建立正确的道德品质,就必须了解学生的心理发展特点,并在此基础上分析学生的品德发展状况,从而采取积极有效的措施进行道德教育。

(三)性别差异

有人对初中学生进行调查发现[①]:不同性别的初中学生其品德发展水平是有差异的,其父母教养方式也存在差异,并且父母教养方

---

① http://www.meide.org/lunwen/2/3/244.html

式对不同性别初中学生的品德发展有显著的影响。女生品德得分显著地高于男生,造成男女生品德发展差异的原因有:第一,传统道德文化对男女生的要求不同。家长和社会对女生的道德要求比较高,而对男生品德上的问题则易忽视,甚至还会给予鼓励,认为是有"创意"。第二,男女生性格的差异。女生对人和气可亲,容易与周围的人搞好关系,易于接受成人的教导。多数男生则表现出过于自信自强,不服管教,自由散漫,惹是生非,同正统道德相悖。第三,与身心发展有关。女生身心发育比男生大约早1~2年,这种状况有利于女生较早地接触社会,体验社会生活,遵循社会道德行为规范,并按照教师、家长的要求为人处事。因此,女生显得比较"懂事",而男生却不太"开化"。

第三节　品德的学习

一、品德学习的一般过程

品德是个体比较稳定的心理品质,这种特质反映了个体长期以来比较统一的行为倾向。个体要习得一定程度的道德品质,就要经历一个从表面到内在的过程,从被动到主动的过程,从偶尔的行为事件到稳定的行为习惯的过程。这个过程一般而言要依次经历依从、认同和内化三个阶段。

(一)依从阶段

依从是指人们为了获得奖励和避免惩罚而采取的与他人要求在表面上相一致的行为。依从阶段的主要特点是:个体还没有对相关的道德规范有深入的认识,没有建立自己的行为标准和评价体系,在道德认知上表现为仅仅了解但不够深入,即知其然但不知其所以然。所表现出的相关的道德行为主要以大众的行为为参考,也就是别人做什么我也做什么,这是一种自发的道德行为方式。个体怀着法不责众的心理,认为跟随大多数人的脚步,即使没有奖励至少也不会遭受惩罚。在依从阶段根据随大流的主动性程度又分为从众和服从两种情况。

1. 从众

从众是指个人受到外界人群行为的影响,通过向社会压力让步,以使自己的认知及行为符合群体的、社会的标准和规范。它是一种比较普遍的社会心理和行为现象,通俗地解释就是"人云亦云"、"随大流"。社会心理学家认为,人类有一种天然的冲动去模仿他人的行为,这叫做社会从众行为。从众行为的特点主要表现为以下几个方面:一是引起从众行为的压力可能是真实存在的也可能是想象的,很多情况下个体想象中的群体优势倾向也会对个体行为造成压力,使其选择与想象中的大多数人的行为倾向相一致的行为。二是群体压力可以在个体意识到的情况下发生作用,使个体通过理性选择而从众,也可以在没有意识到的情况下发生作用,使其表现为"人云亦云"的盲目跟从。三是尽管从众有时并非个体本意,但却是个体的自愿行为,即表现为自愿性。

从众是人类社会存在的一种必然的社会现象,又必然在社会生活中发挥一定的作用。从众在一定程度上具有积极的促进作用,有利于学习他人的智能经验,扩大视野,克服固执己见和盲目自信,修正自己的思维方式。从众也有着不容忽视的消极作用,它很大程度上压抑了个性,束缚了思维,扼杀了创造力,甚至于成为谣言的温床。2003 年 SARS 危机初始,谣言和恐慌在国人从众心理的驱使下蔓延,肆虐全国,进而引发了一场比病魔更可怕的心理危机。在品德形成的初期,小学生因为看到成人的行为举止而进行模仿,就带有从众的因素。在班级氛围的建设中,如果主流氛围是积极向上、团结友爱的,那么,其中的个体就很容易表现出相同的良好行为,但是如果班级氛围是相互排斥、不求上进的,也就可能引发个体的不良行为。影响从众的因素就团体而言,首先体现在团体凝聚力上,团体凝聚力越强,团体成员从众的可能性就越大;其次是团体的一致性程度,就某件事而言,团体内部意见越一致,成员越可能发生从众行为,还有团体规模也对从众行为产生影响,规模越大影响力也越大。

2．服从

服从是指个体由于受到压力而去做那些他们不愿做的事。服从与从众的主要区别在于:个体发生从众行为的时候并没有受到别人的明确要求,是出于某种目的自发去做的;而服从是在别人的要求下出现的依从行为,带有一定程度的被迫的性质。比如,上课不能随便说话,老师要求所有的学生都服从这一规定。影响服从的因素首先在于他人的权威性,提出要求者越具有权威影响力,个体就越容易服从对方的要求;其次是奖励、惩罚与威胁的程度,奖励的诱惑性越大或者惩罚的威胁性越大,就越容易迫使对方服从。另外,他人的期待也会影响到服从,当他人、尤其是重要他人对自己有过高的期望时,容易使自己服从于对方的意见。

(二)认同阶段

认同是个体自愿地接受心目中榜样人物的观点、信念,使自己的态度与他们相一致。在认同阶段,个体所表现出来的道德行为更多地是一种自愿的性质,与从众相比带有更多理智性的特点。认同表明自己所作的事情能够被自己所理解,并且认为是应当的,更能够给行为动机以合适的理由。在认同阶段,已经建立了自我评价的标准,并且利用这个标准衡量别人的行为。当某一种社会道德规范被个体接纳,即使在没有其他人的场合,个体也可以自发地遵守这一规则。显然,这个阶段个体开始由被动的受他人影响的状态发展到主动地开始自我抉择的状态。

(三)内化阶段

内化阶段是认同阶段的进一步发展,是道德观念内化成为人生信念的阶段。从认同阶段开始,个体道德行为逐渐由受他人控制转变为自我调节,当外界环境没有障碍时,处于认同阶段的个体就可以自行遵守他所认可的道德观念;但是一旦外界环境给个体造成一定的压力之后,这种被个体认为正确的行为就有可能发生变化,或者是不敢坚持下去,或者干脆改变原来的想法。因此,认同阶段培养出的道德感更多时候就像一株温室里的小苗,虽然已经具备品德的雏形,但是却无法经历现实的考验,因为很多道德行为在一定程度上都带有一定的自我奉献、自我约束的性质。以拾金不昧为例,当个体在自己尚无经济困境的情况下捡到一笔数目不大的钱财时,可能会拾金不昧;但是,当自己正处于经济困境,而这笔钱又恰好可以解决自己的问题时,道德观念就会受到挑战。因此,内化阶段要比认同阶段更深入,在内化阶段,某种道德观念已经变成了人生价值中比较稳定的一部分,深入人心,更具有道德意志的功能,对行为的指导具有更大的、更强的、更持久的约束力。

二、品德学习的一般条件

(一)品德学习的外部条件

个体的发展通常都受到两方面的影响,即先天遗传与后天环境的联合作用。品德的形成是在后天环境的基础上形成的,但是,后天环境对个体的影响也要与个体自身的主观能动性联系在一起,同样的道理讲给这位同学比较有效,但讲给另一位效果就不大。因此,我们将从外部和内部两个方面来探讨品德的形成条件。

1. 父母教养方式

家庭是孩子成长的首要影响因素。有关家庭因素影响孩子品德发展的研究很多,这里主要讨论父母的教养方式对孩子品德形成的影响。纵观天下父母的教养方式,学者们认为不外乎从四个纬度出发,即管束、冀望、教导、关爱。所谓管束,就是对子女不良行为的约束,仿佛园丁修枝除草,使其健康发展;所谓冀望,就是为孩子制订未来的发展方向,希望其不仅长大成人,而且成才;所谓教导,就是循循善诱,以使其理解父母的苦心,树立正确的人生理念和健康的生活态度;所谓关爱,就是给予孩子无私的父母之爱,使其感受到温暖和爱护,给予孩子一个心灵的港湾。四种教育方式的不同组合大致可以形成三种类型的家庭教养模式,即专制型、溺爱型和权威型。

专制型家庭的教养模式表现为:孩子的一切事情均由父母决定,孩子无法自我掌握其发展方向,父母对子女从小要求从小就十分严格,甚至苛刻。父母对孩子少鼓励,多训斥。在这种家庭中成长的孩子,一般都比较顺从,但缺乏独立意识,因为孩子从小就生活在父母的控制之下,缺乏一定的独立决断的能力。溺爱型的家长对于孩子过分关爱,而管束与教导不足,在这种家庭中成长起来的孩子,比较自私自利,以自我为中心,过多考虑自己的得失,容易忽视他人的利益,对集体荣誉相对淡漠。权威型的家长则在管束、冀望、教导、关爱方面做的比较全面,对孩子既有严格的约束,又给予民主协商的权利,尊重孩子的想法,对不适当的地方既有批评,又有指导。这种家庭又称为民主型家庭。在这种家庭中成长起来的孩子,相对比较自信,而且人际关系适应良好。20 世纪 60 年代前后,美国心理学家佩克(R. Peck)、哈维格斯特(R. J. Havighurst)采用测验法、评定法与访谈法对青少年品德进行的较大规模研究发现,学生的态度和品德特征与家庭的作风之间的关系甚为密切。家长对待子女的态度过分严格或过分放任,都极不适宜,只有采取民主作风,对于儿童的品德发展才有良好影响。

另外,相关研究探讨了性别因素在家庭中的作用[①]:男、女生感受到的父母教养方式存在着较大的差异。男生感受到父母的惩罚严厉、拒绝否认和过度干涉、过度保护高于女生。造成男女生感受到父母教养方式差异的原因有:首先,父母更易对男生采取消极的教养方式。一般来说,女生比较文静、顺从,违规行为较少,得到父母疼爱较多;男生好动,爱玩,不服管教,调皮,具有反抗性,违规行为较多,易受到惩罚和拒绝否认。其次,受中国传统文化影响,男生是家庭关注的焦点和未来的希望,当前激烈的社会竞争又使父母对男生的要求进一步提升,教育更为严格,保护也相应增加。另外,男生比女生对消极教养方式更敏感、体验更深刻。男生对父母离异的适应差于女生,即男生对消极情绪的调适能力差于女生,更易对消极教养方式作出反应。所以,父母应多关心男生的感受,尽量避免消极的教养方

---

① 　http://www.meide.org/lunwen/2/3/244.html

式。

此外,父亲和母亲的教养方式也存在差异。母亲在情感温暖与理解和拒绝否认方面显著高于父亲;父亲在惩罚严厉和过度干涉、过度保护方面显著高于母亲。这说明孩子更多地感受到母亲的温暖、关爱与理解,但也觉得母亲比父亲更容易拒绝否认孩子;父亲则表现出更多的惩罚严厉和过度干涉、过度保护。得出这一结果的原因有:第一,父母与孩子接触的时空不同。一般来说,母亲是孩子日常生活的主要照顾者,与孩子接触的机会多于父亲。第二,父母生活角色的差异。父亲是权威和统治的象征,是孩子树立理想的榜样;母亲则富有感情,给予孩子情感上的支持。所以,在孩子情感深处与母亲更密切,更能体验到母亲的温暖和关怀,且父母一旦有拒绝的言行,孩子从情感上也易首先体验到母亲的拒绝。

综合上述两个特点,学者们发现父母教养方式对不同性别的学生的品德发展有显著影响,且影响模式不同。母亲的教养方式对男生有显著影响,即母亲的情感温暖、理解与关爱使其品德发展得以顺利进行,而母亲惩罚严厉和拒绝否认有消极影响;父亲的教养方式对女生影响显著,即父亲的情感温暖、理解与关爱促进了她们的品德发展,而父亲的过度干涉则有消极影响。

处于青春期的中学生,剧烈的生理变化引起了心理上的改变,尤其是更加关注异性对自己的评价,所以,他们在父母心目中的地位在很大程度上影响了这一时期的青少年的发展。如果得到了父母较多的关怀和爱护,自信心就会增强,好的道德行为会不断得到强化,品德发展水平就较高;如果对他们采用拒绝否认的教养方式,则会使他们产生非常消极的自我评价及逆反心理,易与父母形成鲜明的对立,品德发展也受到相应的阻碍。总之,积极的教养方式对子女的品德发展会产生积极影响。

2. 现代传媒

当代社会是一个信息社会,大量的信息主要是通过大众传媒和舆论来传播的,而现代社会的传播媒体日益发达,所以,导致信息无孔不入。每天我们都在接受各式各样的信息熏陶,在这些繁杂的信息中,有积极的内容,也有消极的内容。例如,因特网就是典型的例子。通过因特网,我们可以更方便地查询信息,与世界各地的人快速有效地进行交流。但是与此同时,由于缺乏相关的约束,暴力、色情等各种不良信息也蜂拥而至,许多青少年因为网络成瘾而影响了身心的健康发展,并且发生逃学、离家出走等恶性事件,甚至少数学生因此走上犯罪道路。在学校中,因为处于正统教育之下,所以,学生有一个相对纯净的环境,但是当学生离开学校走进社会,情况就复杂得多。今天我们的社会对青少年的文化保护还很不够,电视、广播、报刊、杂志、网络的很多内容都不适合中学生,在这个良莠不齐的信息时代里,学生很容易迷失方向。学校里老师们传授给学生的是社会主义的道德风尚,但是在社会上存在着多元的价值观,这些价值观与学校的主流观念并不完全相同,有些甚至截然相反。在这种情况下,必须给学生以明确的指导,帮助学生分析各种媒体信息的优劣,形成健康积极的道德观念,并且形成辨别真伪的能力,能够做到自我保护,避免不良信息的污染。

3.同伴群体

如今,我们经常发现某一部电视剧的热播,某一首流行歌曲的传唱,某一个新名词的使用都很容易在同伴群体中迅速流行起来。同伴群体中的成员因为大家年龄相仿,阅历相同,因此有更多的兴趣爱好,更容易达成共识。实践证明,学生们一起活动时情绪较为愉快,在这种民主和谐的合作氛围中,共同交往、合作完成任务的效率远远高于个人单独完成任务的效率。学生们通过伙伴间的相互评价、指责和赞扬,可以较直观地了解具体事件的是与非,慢慢地开始学习和遵循正确的行为规范;通过伙伴间的相互帮助,学生可以学会理解、尊重、友爱和同情他人,培养了平等精神、服务精神和责任感;通过伙伴间的自主活动,学生学会了独立和自主,从而增强了适应环境和克服困难的能力。由此可见,同伴间的有效互动,不仅能在课堂上营造和谐的合作氛围,还能帮助学生在同伴之间建立起和谐、融洽、合作的新型同伴关系。在同伴交往中,学生逐渐意识到群体对个体生存的重要意义,从而自觉地以大众的道德规范要求自己,逐渐形成良好的品德。

(二)品德学习的内部条件

1. 认知失调

我们常说内因是导致事物发生变化的根本原因,学生要习得良好的品德,就要从内部原因入手。其中,态度的改变就是首当其冲的因素。如果学生将学习成绩奉为一切,而不在乎采用任何方式,那么,考试作弊的现象又如何能够制止? 如果学生认为人与人之间就是相互利用,那么,助人为乐的品质又如何能够培养出来? 因此,良好的道德行为一定要以端正的态度为后盾。在引导学生进行品德学习的过程中,首先要注意学生的态度转变。关于态度转变的经典理论是费斯廷格(L.Festinger,1957)的认知失调理论。[①]

费斯廷格认为,人们的认知体系由诸多观点构成,这些观点之间可能是不相关的,彼此一致的或不一致的。当观点之间不一致时就产生了认知失调。这种不和谐会产生心理矛盾,为了避免心理压力,人们会主动减轻不和谐感,达到和谐,并且尽量避免不和谐的增加。例如:认知因素 A1—做人要诚实,诚实的学生受人欢迎;认知因素 A2—考试成绩要好,学习好的学生受人欢迎;认知因素 B1—考试不能作弊;认知因素 B2—考试作弊可以获得好成绩。认知因素 A1 与认知因素 B1 是协调的,认知因素 A1 与认知因素 B2 是不协调的,认知因素 A1 与认知因素 A2 是不相关的。当个体发现自己所持的两个或两个以上认知因素不协调时,就会出现认知失调,内心会有不愉快或紧张的感受。在这种情况下,个体总是力求通过改变自己的观点或行为,以达到新的认知协调。因此,认知失调便成为态度改变的先决条件。费斯廷格等人的研究发现,认知失调主要来源于四种情

---

① http://www.hstc.edu.cn/xuesheng/tanzhao/xl-jiaoyu/section/section702.htm

况。第一,逻辑上不一致。例如,学生一方面认为抽烟对人的身体有害,另一方面又认为抽烟对自己无害。第二,与社会风气不一致。周围的人都在学雷锋、做好事,自己却只关心个人利益。第三,个人的一贯行为倾向与其特殊的行为不一致。如一向待人和气的学生偶然对人发脾气。第四,新出现的事物与个人旧经验不一致。由于个人经常遭遇上述四种不一致,因而经常会出现认知失调,有可能使态度发生改变。但认知失调仅仅为态度改变提供了条件,它不一定必然导致态度改变。教师的任务就是要及时抓住认知失调的时机,采取有效的措施促使学生态度转变。首先,设法改变其中的一个认知因素,使它与其他因素协调一致。例如,可将"认知因素 A2—考试成绩要好,学习好的学生受人欢迎"改为"学习成绩好的学生不一定受人欢迎"。其次,设法增加新的认知因素,以达到认知系统的协调状态。例如"考试作弊是不诚实的表现,凭作弊获得好成绩不算好学生"。最后,也可以强调某一认知因素的重要性,或者降低某一因素的重要性。例如"做人诚实比考试成绩好更受人欢迎"。

2．智力水平

心理学研究表明,智力水平与品德的关系是复杂的。例如,有人对 500 名有法庭记录的青少年犯的智商进行测量,结果发现他们的智商分布与随机抽样的儿童的智商分布相似,也就是这些人里面有高智商者,也有低智商者,但他们的平均智商比正常儿童低 8 至 10分。而且,在他们当中,相对而言,智商低的较多,智商高的较少。但是,在智商的各级水平上都有青少年犯,也就是说,他们中既有天才,也有智力落后者。许多研究比较一致地发现,考试作弊与智商水平成负相关。智商水平越高,考试作弊行为越少。心理学家认为,智商低且成绩不良的学生,由于失败的经验导致他们企图通过欺骗来提高自己的成绩。但聪明与道德不是同一回事,当测验涉及非知识性问题时,智商与欺骗行为的上述关系便会消失或下降,聪明用得不当,只能使欺骗行为更狡诈。

3．教育程度

　　前面已经提到,品德行为是价值内化的结果。青少年的道德认识与道德判断,不仅与智力有关,也随着年级升高、教育水平的提高而进步。例如,有人以小学二年级、五年级和初中二年级的学生为被试,研究者在谈话中告诉他们许多问题情境和纠纷事件,要他们设想最好的解决办法。如"一天早晨甲把乙书桌上的一支计算尺拿走了,甲不愿归还乙。这时乙应怎样对待呢?"被试回答的类型和年级高低有关系,在回答中以破坏性和报复性解决问题的学生,二年级占72%,五年级占21%,而初二年级仅占7%;以毁坏他的器具为解决问题的学生,二年级占69%,五年级占31%,而初二年级为零。尽管这一研究未涉及道德行为本身,但人的道德观念可以迁移到道德行为。低年级学生或文化水平不高的成人,常常因道德观念水平低,为细小的事而感情冲动,甚至发生不道德的行为。

第四节　品德的培养

一、品德培养的一般模式

　　儿童品德的形成是社会化的产物,其实质是一个由外制而内化的过程。[①] 儿童行为的典型特征是模仿和追随,品德教育由外部教导开始,经诱导或限制的手段,使儿童按长辈指示的道德规范行动,或使儿童不能做与不敢做违犯社会规范的事。儿童通过模仿和追随这种外制引导的行为,并经过多次重复、积累,就会达到内化的境界,从而形成稳定的个人品德。一般而言,在外制阶段,儿童的道德行为是被动的,有时甚至是屈从的,若外制力量一旦消失,其行为就会随之消失,甚至出现相反的行为。只有达到内化境界,儿童才能在任何情况下都能独立地按社会道德规范去行动,并表现出正确的自我导

---

　　①　李玮:"儿童早期品德形成的行与知",《北京青年政治学院学报》,第50～53页,1999年第2期。

向。幼儿的行为一旦偏离了道德规范,父母和教师应给以告诫或惩罚,使之产生不愉快的情绪体验;如果遵循了道德规范,成人就应给以奖赏,使之产生愉快的情绪体验。这样,从幼年开始,儿童便在生活实践中逐步懂得了父母和教师对自己的期望是什么,他会力求按照对这种期望的理解去行动,希望能获得奖赏,避免责罚。在父母和教师的长期积极影响下,儿童就会逐渐由被动转化为主动地按社会道德规范去行动,而不是在外界的管束或压力下去遵循道德规范。这时内部调节取代了外部调节,自我控制取代了他人的控制,儿童能坚持按内化了的准则去自觉行动,克服困难,持之以恒,甚至不计较个人利害和外界压力,还会因信守内化了的道德规范而产生积极肯定的情绪。

根据儿童品德形成发展的基本心理过程和实质,儿童早期品德形成的教育的基础是道德行为习惯的训练和培养。儿童良好的道德行为习惯,是在父母和老师的积极引导下通过模仿、重复和有意练习形成发展起来的。习惯是由于反复练习而巩固下来并在一定情况下自动化地进行某种动作的特殊心理倾向。人正是在头脑中的"内化"的特殊心理倾向的支配下表现出相应的道德情感,产生相应的道德行为,并使其品德不断巩固发展。因此,儿童早期的品德教育应从训练和培养儿童良好的道德行为习惯着手,开展各种教育和教学活动,都应注意训练和培训儿童良好的道德行为习惯。

二、品德培养的途径①

(一)说服

教师经常通过语言说服学生改变态度。在说服过程中,教师向学生提供对其原有态度的支持性和非支持性的论据,使学生获得与教师要求和态度改变有关的事实和信息,以改变他们原有的态度。根据社会心理学的相关研究,有效的说服技巧主要有:

---

①　http://www.hstc.edu.cn/xuesheng/tanzhao/xl-jiaoyu/section/section703.htm

1. 提供单面论据与双面论据

单面论据是指教师仅仅就道德行为的某一个方面向学生展开说明,目的在于强调有利的方面,提供的都是正面的证据;而双面论据是既分析了某一种道德行为的有利之处,又分析了其弊端所在,也就是全面的看待问题。那么,哪一种说服方式更好呢? 不能够一概而论。研究发现:对于受教育程度较高的人来说,提供正反两方面论据比较容易改变其态度;而对于受教育程度较低的人而言,只提供正面论据更有助于他们改变态度。这可能是因为受教育程度较低的人理解能力较差,分不清楚正反两方面论据中,哪些是正确的,哪些是不正确的,因此,他对正反两方面的论据感到无所适从,较难改变态度;而受教育程度较高的人,理解能力较强,能对相反的论据进行客观分析,而且还会对说服者产生公正感,从感情上倾向于说服者,因而较易改变态度。所以,教师说服低年级学生,主要应提供正面论据,而说服高年级学生,则可以考虑提供正反两方面的论据。

另有研究表明,如果教师提出自己的观点之后,学生不产生相反的观点,则教师只提出正面的观点和材料有助于学生形成肯定的态度。如果在这种情况下再提出反面的观点和材料,则会引起学生对反面材料的兴趣,进而怀疑正面的观点和材料,不利于形成积极的态度。如果学生本来就有反面的观点,就应主动提出正反两方面的观点和材料,并用充分的论据证明反面的观点和材料是错误的。这会使学生感到教师是公正的,因此容易改变学生的态度,并增强他们对错误观点的免疫力。

此外,提供正面论据还是提供正反两方面的论据,还取决于说服的任务。若说服的任务是解决当务之急的问题,只提出正面的观点和材料比较有效。这时提出反面的观点和材料,会延长学生作出正确反应的时间。若说服的任务是培养学生长期稳定的态度,提出正反两方面的观点和材料比较有利。

2. 以理服人和以情动人

教师的说服,有些主要是以理服人,有些则主要是以情动人。那么,说服的情感因素与理智因素哪一个更有利于学生的态度改变呢?
20世纪50年代,美国的哈特曼(S.Hartman)研究了三种说服选民的
竞选宣传方式的效果。第一种是散布有强烈情绪色彩的传单,第二
种是散发条理清楚,说理充分的传单,第三种没有散发传单。结果发
现,接受第一种说服的选民最多,可是两个月以后的调查发现,这些
选民大多不记得传单的内容了。而接受第二种说服的选民则仍然对
传单的内容记忆犹新。可见,说服内容的情感因素对态度的改变容
易收到立竿见影的效果,但这种影响往往不能持久。而说服内容的
理智因素则容易产生长期的说服效果。

　　说服的情感因素与理智因素对态度改变的影响还受学生成熟程
度的制约。如果教师期望低年级学生改变态度,富于情感色彩和引
人入胜的说服内容容易发生影响。而期望高年级学生改变态度,充
分说理、逻辑性强的说服内容有更大的影响力。对于一般的学生来
说,说服开始时,加强情感感染会有助于引起学生的兴趣,然后再用
充分的材料进行说理论证,会产生长期的说服效果。

　　另外,教师的说服内容与学生的需要发生联系时,会引起各种情
绪反应。如果教师的说服引起了学生的恐惧情绪,心理学家们就称
其为恐惧唤起。平时,我们经常看到,母亲告诫横穿马路的孩子要注
意来往的车辆,否则会被汽车压成肉饼的,这也是一种恐惧唤起,有
助于孩子形成遵守交通规则的态度。能唤起恐惧情绪的说服有助于
学生改变考试作弊、吸烟酗酒、抄袭作业等比较简单的态度,但不利
于改变比较复杂的态度。如果能将恐惧唤起与明确的指导结合起
来,就能更有效地改变学生的态度。

　　3.逐步提高要求

　　学生原有态度与说服者态度之间的距离是影响态度改变的一个
重要因素。如果个体原先的态度与说服者的差距小,也就是在两个
人对待同一问题的看法差异不大的情况下,听话者容易认同讲话者
的观点,其态度容易改变。若个体原先态度与说服者态度之间的差
距大,则个体具有不自觉地扩大自己与说服者之间态度差异的倾向,

即容易对讲话者的观点表示怀疑或抗拒,而使其态度改变发生困难。所以,为了有效地改变学生的态度,必须先了解其原先的态度,估计可能存在的观点上的距离。若两者过于悬殊,就要逐步提高要求,不断缩小两者的差距。如果急于求成,一开始就提出不切实际的过高要求,不但难以改变学生原先的态度,而且还容易产生对立情绪。

(二)利用群体规定

群体成员要遵守的规范可以是既定的,也可以是在群体形成后由成员协商而定的。相关研究表明,经集体成员共同讨论决定的公约、规则会有助于学生态度的改变。因为经成员讨论的规定,使成员承担了执行的责任,这样的规定对学生会产生约束力。这种约束力随学生觉察到群体内意见一致程度的提高而增强。一旦某个学生出现越轨行为,就会遇到群体的有形或无形的压力,迫使其改变自己的态度。所以,如果教师期望有效地改变学生的态度,使用集体讨论的办法,肯定是有益的。并且还有研究发现,如果群体规则能够按照一定的程序进行,则效果更大。一般认为,教师引导学生集体讨论和集体决定的过程包括七个阶段。第一阶段,清晰而客观地介绍问题的性质。第二阶段,帮助班集体唤起解决问题的意识,认识只有改变态度才能更令人满意。第三阶段,清楚而客观地说明要求形成的新态度。第四阶段,引导全体学生讨论改变态度的具体方法。第五阶段,使全体学生一致同意把计划付诸行动,每位学生都承担执行计划的义务。第六阶段,在学生执行计划过程中改变态度。第七阶段,引导群体成员对已改变的态度作出评价,使态度进一步概括化和稳定化。如果改变学生态度未获成功,教师只能强调计划有缺点,不能责怪群体,应该鼓励学生再从第四阶段开始,制定出一个新的程序来,直到学生的态度改变。

(三)角色扮演

角色扮演是指按照一定的社会规范要求,扮演某一类型的人。如老师不在,学生干部代替教师管理班级,就是一种角色扮演。儿童在游戏中扮演各种不同的角色,有助于其将来不同社会角色的学习。

有关社会心理学的实验结果表明,角色扮演可以使人们在扮演角色的过程中,更加认同该角色的行为方式,从而修改自己的行为去模仿角色行为。还有一些研究进一步揭示,在角色扮演中所花费的力气愈大,改变态度的效果就愈好。在实际的教育情况里,角色扮演也常常产生神奇的力量:一位不遵守纪律的学生,如果能够担任一段时间的班干部,督促其他同学的纪律情况,很快,这位学生在遵守纪律方面就会表现出明显的进步。

（四）小组道德讨论

儿童通过对假设性两难道德问题的讨论,能够理解和同化高自己一个阶段的同伴的道德推理,拒斥低于自己道德阶段的同伴的推理。小组道德讨论涉及三个要素,第一是课程要素,道德讨论的内容必须由一些能引起学生认知冲突的道德两难故事构成。第二组是班组要素,道德讨论的班组必须由处于不同阶段的学生混合而成,使学生有机会接触到高于他们推理水平的道德判断,触动其原有的道德经验结构,产生不满足感,以达到改变自己原有的道德经验结构的目的。第三是教师行为要素,教师应具备儿童道德发展的理论知识,并根据儿童道德发展的阶段特点,启发学生在小组讨论中积极思考,主动交流或辩论,作出判断,寻找自己认为是正确的答案。教师还要鼓励学生在讨论中考虑他人的观点或意见,协调与他人的分歧。

（五）奖励与惩罚

1. 奖励

奖励是行为者出现某种符合一定要求的行为之后,为了鼓励行为者更多地表现这种行为所采取的一种使行为者感觉满足的方式。奖励包括外部奖励和内部奖励,也包括物质奖励和精神奖励。例如,当教师要求学生遵照社会道德规范自觉行动时,如果有学生表现出这一行为,教师通过物质的或精神的外在手段(如奖品、荣誉)来促使他们进一步形成良好的道德品质,这些外在手段就等于外部奖励。如果学生在遵照社会道德规范行动后体验到自豪感、满足感,从而进一步激励他们继续发生道德行为,这种自我鼓励的方式就属于内部奖励。外部奖励和内部奖励都能够满足学生的某种需要,因而在以后类似的情境下,道德行为出现的概率就会升高。

奖励的运用,要遵照一定的原则才有效。首先,奖励要选择适当的道德行为,并不是对一切行为都采取奖励,要让学生明白奖励是自己努力的结果,而不是不费吹灰之力就可以得到的。其次,奖励要选择恰当的奖励物,有些行为适合物质奖励,有些行为适合精神奖励。再次,在教师期望的良好行为出现后,就要立即给予奖励,不要延误太长的时间。最后,随着学生年龄的增长,应引导学生更多地利用内部奖励,让学生从自己的道德行为本身获得满足,感到愉快,以增强学生的道德行为。

2. 惩罚

惩罚是指为了减少或消除某种不良行为再次出现的可能性而在这种行为发生后所采取的一种使行为者感觉排斥的方式。例如,学生因违反纪律而受到处分,这是惩罚。一般说来,教师可以运用两类惩罚。第一类惩罚是在违反纪律的行为发生后施加某种痛苦或厌恶的刺激,以减少受罚行为再次发生的可能性。如批评、警告、记过,直到开除学籍等处分。第二类惩罚是在不良行为发生后,取消学生喜爱的事物,以减少受罚行为再次发生的可能性。例如,扣除行为得分,暂时收回某种奖励或暂时取消参加某种娱乐活动的权利等等。但是运用惩罚一定要慎重,否则会给学生造成一定程度的心理创伤。一般的惩罚原则是:第一,惩罚要迅速而短暂;第二,惩罚在不良行为出现后立即执行;第三,惩罚在强度上要有限制,避免不适当的惩罚,如对违反课堂纪律的行为施以体罚或罚款是不适当的;第四,惩罚针对的是事件而不是个人;第五,惩罚应与学生的不良行为相对应,批评学生在课堂上随便讲话,不应同时又指责其过去曾在上课时吃东西;第六,惩罚不仅仅是给予皮肉之苦,取消某些积极强化物,也同样能起到惩罚的作用,如取消看电视的时间等。

【主要结论】

1. 道德是一种社会现象,是指由社会舆论力量和个人内在信念系统所支持的调整人们相互关系的行为规范的总和,是人们分辨是非善恶的尺度,进行道德判断的依据,调节道德行为的准则。

2.品德是道德品质的简称,是在一定社会道德的基础上形成和发展起来的,是支配、调节个体道德行为的个体意识,是一定社会道德个性化的反映,具体指个体在一定的社会生活中遵循一定社会道德规范行动时所表现出来的稳定的心理特征或心理倾向。品德是个体比较稳定的心理品质,它主要由道德认识、道德情感、道德意志和道德行为组成。道德和品德之间存在既彼此联系又相互区别的关系。

3.皮亚杰在1930年出版的《儿童的道德判断》等著作中,把儿童的品德发展划分为四个阶段,即自我中心阶段、权威阶段、可逆性阶段、公正阶段。

4.柯尔伯格采用道德两难论的方法研究儿童品德发展问题,提出了品德发展的三种水平六个阶段模式。三种水平的内容是:前习俗水平、习俗水平和后习俗水平。

5.个体要习得一定程度的道德品质,就要经历一个从表面到内在的过程,从被动到主动的过程,从偶尔的行为事件到稳定的行为习惯的过程。这个过程一般而言要依次经历依从、认同和内化三个阶段。

6.父母教养方式、现代传媒、同伴群体是影响品德学习的主要外部条件,认知失调、智力水平和教育程度则是品德学习的主要内部条件。

7.具体的品德培养方式有:说服、群体规范、角色扮演、小组讨论、奖励与惩罚。

【理论应用与实践】

采用价值辨析培养良好品德①

　　价值辨析所采用的形式是使学生在他们的现实生活中思考一些价值选择途径,同时使他们对学校生活中的其他人产生积极的态度,它帮助儿童利用理性思维和情绪体验来检查自己的行为模式,鼓励学生辨认自己的价值观念以及这些价值观念与其他价值观念的关系,揭示并解决自己的价值冲突,将自己的价值观念与别人交流,并根据自己的价值选择来行事。价值辨析包括三个部分七个子过程:

　　1.选择

　　(1)自由选择,让学生思考"你认为你是从什么时候第一次产生这一想法的?"

　　(2)从可选择的范围内选择,让学生思考"在你产生这一想法之前,你常考虑其他什么事情?"

　　(3)对每一个可选择途径的后果加以充分考虑后的选择,让学生考虑每一可选择途径(想法)的后果将会怎样?

　　2.赞赏

　　(4)喜欢这一选择并感到满足,让学生考虑"你为这一选择感到高兴吗?"

　　(5)愿意公开承认这一选择,让学生回答:"你会把你知道的选择途径告诉你的同学吗?"

　　3.行动

　　(6)按这一选择行事,教师对学生说:"我知道你赞成什么了,现在你能为它做些什么吗? 要我帮忙吗?"

　　(7)作为一种生活方式加以重复,教师问学生:"你知道这一途径

---

　　①　http://www.hstc.edu.cn/xuesheng/tanzhao/xl-jiaoyu/section/section703.htm

已经有一段时间了吗?"

从价值辨析的七个环节来看,教师首先必须诱发学生的态度和价值陈述。其次,教师必须无批评地和无判断地接受学生的思想、情感、信念和观念。最后,教师必须向学生提出问题以帮助学生思考自己的价值观念。

总之,价值辨析采用诱导性的品德教育方式,反对呆板的说教和强硬的灌输式教育,教师易于掌握,学生乐于接受,有助于提高自我认识,直接导致道德行为发生积极的变化。但是,对学生的价值观念不辨好坏,一概予以承认的态度是不可取的。

【学习评价】

(一)基本概念解释

1. 道德 2. 品德 3. 从众 4. 服从 5. 认同 6. 内化
7. 奖励 8. 惩罚 9. 角色扮演 10. 道德认识

(二)判断正误

1. 品德所针对的是对社会、对他人有影响的社会行为,而不是对他人没有影响的个体行为。

2. 一个人的品德是指他一贯的行为倾向,而不是一时一事的偶然行为表现。

3. 只有道德观念而无道德信念时,就经常会发生诸如明知故犯之类的错误行为。

4. 道德情感必须是由真实事件引发的,不可能凭借想象产生。

5. 从反映内容看,道德反映的内容比品德反映的内容要广阔得多,概括得多。

6. 在自我中心阶段,规则对儿童来说还没有约束力,没有把规则看成是应该遵守的。

7. 在柯尔伯格的道德发展理论中,出于习俗水平的儿童是为了免受惩罚或获得奖励而顺从权威人物规定的行为准则的。

8. 服从与从众的主要区别在于,个体行为是否受到别人的明确要求。

9.内化是将道德观念记在心中,而认同是对道德观念表示认可,所以,认同比内化的程度要高。

10.专制型的教养方式比溺爱型的教养方式要好。

11.同伴群体对学生品德的发展起着积极的作用。

(三)综合应用

1.以自己的亲身经历为例,说明家庭教养方式对孩子品德学习的影响。

2.列举某一道德现象,尝试采用某一种品德培养方式(说服、群体规范、角色扮演、小组讨论、奖励与惩罚)进行某一品德行为的塑造。

【参考文献】

[1]http://202.117.155.184:8080/web/dmtkj/13.files/frame.htm

[2]http://www.fjtu.com.cn/fjnu/courseware/0912/course-source/web/index.htm

[3]http://www.lcljzx.com/Article-Print.asp? ArticleID=74

[4]http://www.meide.org/lunwen/2/3/244.html

[5]http://www.hstc.edu.cn/xuesheng/tanzhao/xl-jiaoyu/section/section702.htm

[6]http://www.hstc.edu.cn/xuesheng/tanzhao/xl-jiaoyu/section/section703.htm

[7]李玮:《儿童早期品德形成的行与知》,北京青年政治学院学报,1999年第2期。

[8]陈琦等主编:《教育心理学》,北京:高等教育出版社,2001年版。

[9]杨玲等主编:《教育心理学》,兰州:甘肃人民出版社,2004年版。

第五章　教师与教学心理

【内容简介】

　　新课程改革对教师提出了新的要求,教师如何适应教育改革发展的新需要将会对其教学工作和专业发展产生重要的影响。通过本章内容的学习,学习者可以了解有关教师角色的不同理论研究,帮助教师确定自己在教学情境中的角色地位,使其了解并培养良好的心理品质,更好地理解新课程改革对教学设计、教师评价的理念,掌握课堂管理的基本技能并能有效地应用于教学实践中去。

【学习目标】

　　识记:

　　1.记住"教师角色"、"教学设计"、"发展性评价"的基本含义。

　　2.知道教师在教学情境中的角色。

　　3.了解教师应具备的心理品质。

　　4.了解有关教师角色的基本理论。

　　理解:

　　1.能够用自己的话阐述发展性评价的基本原则。

　　2.能够解释教学设计的基本类型。

　　3.能够理解教师在知、情、意三个方面的心理品质含义。

　　应用:

　　1.能在教学实践中应用发展性评价。

　　2.能运用系统观的观点分析教学设计。

　　3.能应用课堂管理技术有效管理课堂。

　　当前课程改革的根本目标是培养学生的创新精神和创新能力,

以学生的发展为本，注重全面素质的提高。一个非常明显的特征就是学生学习方式的转变——改变原有的单纯接受式的学习方式，适应和形成旨在充分调动、发挥学生主体性的探究式的学习方式；相应地，也将反映在教师的教育观念、教育方式、教学行为及心理的改变上。学习方式和教学方法的改变，使教师长期以来高高在上的"传道、授业、解惑"地位发生变化。那么，在新课程改革背景下，教师的角色发生了什么变化，这些专业变化对其发展产生了怎样的影响，新课程改革对教师的行为、心理又有什么新的要求呢？

第一节　教师角色及教师专业心理品质

20世纪70年代，联合国教科文组织编写的《学会生存——教育世界的今天和明天》一书，[①]对未来教师角色作了这样的描述：现在教师的职责已经越来越少的传递知识，而越来越多地激励思考；教师必须集中更多的时间和精力从事那些有效果的和有创造性的活动；互相了解、影响、激励、鼓舞。要适应这一转变，教师角色至少需要发生这样一些变化，即由传递者转化为促进者，由管理者转化为引导者。

教师（teacher）即为从事教学（teach）的职业人员；而教学（teach）则主要表达的是展示、表现、向人演示（show, pfesent to view）的含义。我们将这一过程理解为"让某人学习或者获得某种知识（knowledge）与技能（skill）的指导教学（instruct）或者培训（train）"。对于角色（role）一词的理解，原指舞台上演员所扮演的人物，后延伸至指代生活中人们的地位、权力以及所发挥的作用。1935年，美国社会学家米德（George H. Mead）最早把这个概念引入社会心理学，用以分

---

① 联合国教科文组织国际教育发展委员会编著：《学会生存》（华东师范大学比较教育研究所译），第172页，北京：教育科学出版社，1996年版。

析个体在不同的情境中应有的行为方式、行为准则以及人际交往等。因此,我们将教师角色(Teacher's role)定义为教师的社会地位、权利、义务及行为规范、行为模式的总和。

一、教师角色理论

（一）建构主义理论

建构主义(Constructivism)运用皮亚杰的心理学理论分析教师的发展。从20世纪70年代开始,建构主义影响到对教师角色的认识。

建构主义把学习者的智力活动作为教学活动的中心,它把积极学习者的特点归纳为"既提出问题又解决问题,深入调研,解决矛盾冲突和勤于反思"。建构主义的教师教育观把学生和教师都视为学习者,他们都在建构自己的知识;教师作为学生学习的辅导者和高级合作者,必须发展其观察学生、帮助学生解决学习问题的方法和能力,包括营造有利环境,敦促、帮助学生提出问题和做出理论假设。[①]作为教师,他们是理论的建构者,通过认知方面的工作发展智力,提高认识水平,成为一个"有力量的思想者"(Empowered thinker),而且教师应该扮演"学习者"的角色,分解、评价经验,并通过反思,发现教学的基本规律,逐步构建教学活动。

建构主义理论视野中的教师,在知识获取的过程中是积极的学习者。他们在与外部世界的交往中建构新的理解,教师发展是与外部世界互动的结果而不是外部世界的创造者。

（二）人本主义理论

20世纪中期,开始出现帮助教师体察自己的知识和需要的论著。1955年,杰西奥德(Jersild.A)出版《当教师面对自己的时候》一书,提出"自我认识是教师了解他们自己、获得自我接受的正确态度的最重要的条件。"60年代,教师教育者开始利用罗杰斯(Carl

①　王沛、康廷虎:"建构主义学习理论述评",《教师教育研究》,第17～21页,2004年第5期。

Rogers）、马斯洛（Abraham Maslow）等心理学家的研究成果培养教师自我发展的意识。人本主义心理学家库姆斯指出，好教师的教学决不是千篇一律地遵循既定规则，他们都在教学中体现出各自的"特性"，在教学中注重"具体的"、"特定的"情境，不以"既定的方法"去行动。[①] 因此，教师的角色类似于"艺术家"，其教学艺术是"缄默知识"，无法直接传递给他人。

不同的人本主义的教育理论家在以下几个方面有着较为一致的认识：教育应该促进认知与情感的综合发展，教学应以学生为中心；教师与学生之间要建立积极的关系；教师应具有信任感、真诚感和自信感；教师应信任学生，激励学生发现自己的情感体验，发展他们明确的自我概念，帮助学生认同他人。与他人分享情感，使学生意识到自己的态度和价值并且做出相应的行为。

（三）实用主义视角

在教育研究领域，持实用主义理论的代表人物是施瓦布（Schwab.J 1969，1971）以及舍恩（Schon.D，1983，1987）。他们关于教师角色的认识植根于杜威（Dewey）的理论，认为个人的实践对于个人理解性知识的形成具有很重要的意义。持这种观点的研究者并不仅仅关心教师教学步骤的技术性问题或者课堂管理的技巧，他们把专业化的教学视为一种需要细致分析、掌握大量细节并且调控多种需求的复杂的工作实践。他们关心这样一些理论性问题——什么意味着教学？教学实践者应如何解决实践中的问题和困境？教师如何控制教学？也就是说，实用主义也将教师视为一个"学习者"，但是，教师的职业决策是建立在他们整体的知识基础之上的，并不对所谓"个人的"还是"职业的"加以区分。所以，教师必须在教学实践过程中不断地对自己和对工作的认识进行反思，因此，将教师视为"反思型实践者"就成为顺理成章的事情。舍恩提出，反思性教学的实践

---

① 库姆斯著、赵宝恒等译：《世界教育危机》，第 185 页，北京：人民教育出版社，1990 年 7 版。

应该纳入教师培养计划之中,应该把教师培养成专业化的实践者,使其能够积极参与思考和行动,拥有书面知识和实践性知识。①

二、教师在学校教学情境中的角色定位

在传统的教学中,教师的角色是比较单一的,他们直接以知识权威的身份出现在学生面前,其基本职责限于传授知识、监督学生,师生之间是直接的授受关系,师生关系的单一性与教师角色的单一性之间是一致的。然而,当代科技的飞速发展和社会的急剧变革,特别是在我国,第八次基础教育课程改革,使教育在教育目标、教育内容和教育方法等方面都发生了巨大变化,教师的角色也就相应的被赋予更多、更新的内涵。

(一)学校管理中的决策者

20 世纪 80 年代以来,教师在学校管理中的地位日益受到重视。在西方文献中较为有代表性的论点是"教师作为管理者"和"教师作为决策者"。很多研究者指出,如果一所学校所有的教职员工都接受培训并且培养他们的合作能力,同时参与学校的决策和管理,那么,学校的运作和管理会更加有效。但是值得注意的是,这要求教师必须具备自我发展、拥有适当权力、富有远见、善于合作和制定规范等特点;他们参与学校的管理,就有责任对学校以下五个方面的工作做出决策:第一,人员决策。教师如何对待学生,如何处理与同事之间的关系,在何种程度上采取改革措施;决定在何种程度上对学生个体的学习需求做出回应;第二,教学环境决策。对于观念、空间、事件和交流做出的决策;第三,对于自己的行业地位做出决策。与学校管理人员和社区之间的关系何如;第四,自己的职业发展决策。如何更新知识、提高自我,建立良好的工作网络关系。第五,在学校中,教师不仅要从事学术交流,并且应致力于建立一个安全的学校环境和具有良好风尚的学校文化。

---

① 蒋衡:"西方二十世纪七十年代以来关于教师角色的研究",《高等师范教育研究》,第 72～77 页,2002 年第 6 期。

(二)课堂教学的指导者

当代教师教育研究中的理论文献大多沿用人本主义的观点或者融合了实用主义理论,认为在中小学校里,教师具有多重角色:教学专家——对教学内容和方法不断做出选择和决策;激发者——教师的行为并不能直接自发地影响到学生的学业,因此,教师应该成为学生学习的促进者和激发者,例如,用引人入胜的故事导入课堂教学;演员——教师对艺术、音乐和大自然的热爱可以引起学生的共鸣,激发他们的学习兴趣;管理者——监督班级活动、课程安排、准备考试、记分和与其他任课教师交流等课堂管理工作;领导者——作为学生的领导者,教师必须利用自己手中的权力帮助学生实现个人的成长,"成为一个指导者、问题发现者,减少学生的焦虑、做学生的朋友和代理家长,成为学生自我的支持者",并且时时作学生的榜样;咨询者——对学生的心理和需求保持敏感并对其做出及时回应,帮助学生解决在学习和生活中遇到的难题。同时,他们又是环境工程师——安排教室的设置,例如添置书架、改变座位安排、开辟学习角等等。

(三)学校教育的反思型实践者

在 20 世纪 90 年代末,西方开始出现大量关于把教师视为"反思型实践者"的研究文献。他们强调,教师作为"反思型实践者"的前提是教师必须自主地在教学实践中应用教育理论,而实践只有在理论的指导下才能有效展开。他们认为,作为反思型实践者,教师可以将教师的专业化发展与个人的自我发展结合起来,而"批判反思型教师"的观念则强调,教师在教学中思考个人信仰和道德内涵是支持教师个人发展的一种方式。[①]

有关教师作为反思型实践者的教育学说可被划分为三个模式:技术应用型、学校情景反思型和社会批判反思型。

首先,将反思作为一种工具解决实际教学问题,能够增强教师的

---

① 顾瑞芬:"新课程呼唤反思型教师",《教育探索》,第 91 页,2002 年第 12 期。

反思能力,将理论和实践联结起来,帮助他们控制自己的职业生涯,改善工作环境,使工作更加有目的性和凝聚力,而不是受到种种规则的约束,也就是拥有更多的职业自主权和决策权。这种职业自主权和决策权有利于教师专业化职业的形成。

其二,通过研究工作开展反思型实践,研究者和具有改革意识的教师以及决策者的合作必然引起深刻的学校教育改革,同时,关于课程内容和教学法的研究促进了教师教育质量的提高。

其三,作为反思型实践者的教师可以推动社会改革。更多的研究者倾向于第三种模式,认为教师必须具备批判性思维,超越日常生活工作的局限,着眼于社会的公正和平等透析社会事实,在此基础上对教学做出适当的决策。

(四)学生发展的促进者

教师应从文化知识传授者的传统角色束缚中解脱出来,转变为学生学习的促进者,帮助学生去构建适合自己的知识体系。随着多媒体和网络技术应用于学校教育,教师已不再是"讲坛上的圣人",不再是"先学先知"之师和信息的权威拥有者甚至唯一的传播者。丰富的信息资源为学生提供了获取知识的广泛途径,这就使教师的"讲"必定大为减少,而突出学生的个别化学习或小组合作学习。教学方法也由传统的单向灌输转变为启发建构,突出认知主体在建构中的作用。适应这种教学方式、方法的变革,教师应该成为学生学习兴趣的激发者,激发学生广阔而丰富的求知欲望和对学习的积极性情感。教师应帮助学生构建自己的信息体系,充当促进者的角色。教师的职能也将由"教"转变为"导",推动学生不断地去开拓创新,发展自己。

为顺利实现这一角色的转换,教师需要具备以下的能力:(1)汲取新知识的能力。终身教育思潮的兴起,边缘学科、交叉学科和新兴学科的崛起,学习方式的自主化,正迫切要求 21 世纪的教师具备一种更新知识结构,补充学术养料,拓展教育视野的强大能力,这就是新知识的汲取能力。这里的"新知识",既包含某些学科的新动态、新发展,又包括大文化范畴中的新发明、新观念和新见解。教师应保持对新知识的热情,重视知识体系的建构并以系统和深入的思考消化新知识,塑造自我。(2)处理信息的能力。"未来社会的教育目标应是培养产生信息和利用信息的人,信息社会的教育便可称为信息能力的教育。"未来社会的教师理所当然地应具备处理信息的能力。因此,教师首先应具备接收信息的能力,能够准确、迅速地接收信息,并进行分类、储存和检索。但信息有别于知识,信息经加工处理后才会成为知识,因此,教师应具有处理信息的能力,能够对所储存的信息进行价值判断,把信息有效地变成知识,构建起新的知识体系。

三、教师心理品质及教学心理

(一)教师心理品质

心理品质是指一个人在心理过程和个性心理特征等方面所表现出来的本质特征。教师的职业特点、社会角色和人际关系,决定了教师应具备一系列特定的心理品质。这些品质主要包括教师的认知能力、情感、意志和人格特征。从事塑造年轻一代灵魂的教师,必须具备教师的各种心理品质,以自己优秀品质的总和去影响学生,更好地胜任教师工作。

1. 教师认识过程方面的心理品质

根据信息加工论的观点来看,认知过程实质上是一个复杂的信息加工过程,主要包括注意、感知觉、记忆、思维等心理过程。教师良好认知能力的形成及表现出的特点就涉及这几方面的内容。首先,教师要具有敏锐的观察力,主要是指教师了解学生借以获得教育依据的能力。其次,一个好教师是善于分配自己的注意力的。在讲课时,教师的注意力既要集中在教材内容及表达方法的思考上,又要注意学生听课的表现和神态上,还要从学生的表情、状态的反馈中,注意调整自己的教学内容、速度和方法。第三,教师必须具备清晰的记忆力。教师具备清晰的记忆力可以在心理上征服学生,融洽师生关系,使学生感到教师对自己的关注,对教师产生亲近感,觉得教师是可亲、可敬而又信得过的,从而提高教师的威望,有利于教师完成自己的工作。第四,教师要具有一定的创造力。教师是"园丁",是"智力能源的开发者",是"塑造学生心灵的工程师",① 这就需要教师具有思维的创造力与创新精神。教师思维的创造力,主要表现在能否根据教学大纲的要求,教材的难点、重点以及学生知识与智力水平,选用适当的教学方式;能否根据不同的教育对象因材施教;能否正确客观地对待自己和别人的教学经验;能否通过各种方式培养学生思维的创造力和求异思维的能力,为他们今后的创造发明奠定基础。第五,教师要具备良好的语言表达能力。语言是教师传授知识的基本工具,语言表达能力是搞好教育、教学的关键条件。善于清楚地、有说服力地表达自己的思想是优秀教师的基本心理品质之一。

2.教师情感方面的心理品质

爱是教师教育学生的基础和开始,是教师的基本心理品质。一个好教师必须是既爱教育事业又爱学生的典范。爱教育事业,表现为对教育工作的高度责任感、荣誉感、事业心以及有把爱集中倾注在自己的教育对象——学生身上。

在教学过程中,教师对学生寄予某种希望时,他首先认为某学生是个好学生,那个学生的所作所为,他都用赞赏的目光看待,因此,就在不知不觉中给以肯定与鼓励。这样日积月累,学生也会产生对教师更深的信赖,对自己会提出更高的要求,做更大的主观努力,从而使教师和所期待的学生在接触中发生了某种微妙作用,师生之间形成一种默契,因而会提高教学效果。

3.教师意志方面的心理品质

教师完成教育任务的明确目的性和力求达到这一目的的坚定意向,是动员自己的全部力量以克服工作困难的源泉。教师的坚强意志表现在其果断性上。所谓果断性,就是教师善于及时地采取决断的能力。教师的坚决、果断和不屈不挠的坚定性是在教育过程中直

---

① 陈向明:"教师的作用是什么——对教师隐喻的分析"《教材研究与实验》,第 15~19 页,2001 年第 1 期。

接影响学生的内在力量。另外,教师必须具有坚强的自制力。教师意志的自制力是自己能够掌握或支配行动的能力。自制力表现在强制自己去做应做而不想做的事,强制自己不做想做而不应做的事;表现在善于控制自己消极的情绪情感、激情状态与冲动行为;表现在坚持不懈地了解和教育学生;也表现在对学生所提要求的严格、明确和不断地督促与检查上。教师的意志力同时也表现在教师的坚持性方面。教师的坚持性包括充沛的精力和坚韧的毅力,教师的精力和毅力,教师的精力和毅力也是影响工作成败的意志品质。教师的坚持性对培养学生的技能、习惯和良好的品质有很大的作用。

教师良好的意志品质,不仅是提高自己的业务水平和完成教育任务所必需,并且也是学生学习的榜样。青少年由于自我意识的发展,常常具有锻炼自己意志品质的要求,因此,他们常常分析评价教师的意志品质,企图在教师身上找到可以学习的优良品质。

(二)课堂教学中的心理效应

教学中的心理效应是指师生相互交往的心理互动对课堂教学活动与效果的影响和作用。课堂教学作为一种特殊的信息交流过程,师生交往频繁,心理互动十分明显,表现也多种多样。

1.首因效应与近因效应

第一印象又叫首次印象。它是人们第一次接触陌生人时形成的印象。第一印象的形成取决于最先出现的中心性格的特点,这种最先出现的中心性格特点所具有的机能效果叫做首因效应。比如在人才招聘会上,招聘者不可能在短短的几分钟之内就了解一个人的优缺点,了解一个人的知识、能力等等,这时,那些打扮得体,仪表端庄的应聘者就会给招聘者留下深刻的、较好的影响,而衣冠不整,言语猥琐的应聘者则可能会给招聘者留下不好的影响,这时候前者被聘的可能性就远远大于后者。因此,第一印象在我们的生活中起着很大的作用。

教师第一次与学生见面给学生留下的印象,在很大程度上决定了日后学生对教师的基本看法。这种看法不仅影响教师威信的建立,也影响学生对教师课堂教学组织、管理的合作态度以及参与教学信息交流的积极性。因此,教师要注意在学生心目中形成良好的第一印象,使学生对自己产生肯定、认同的"首因效应"。

近因就是人们根据最近获得的信息所形成的有关他人的印象,即新近印象。而近因效应则是指新近印象对人际认知和总体印象的形成产生了强烈的影响作用。这种偏差的产生,客观上是由于最近获得的信息刺激强,给人留下的印象清晰,从而冲淡了过去所获得的有关印象。所以,在对他人认识时,不能只看一时一事,而要全面地看,这样才能消除由于近因效应产生的认知偏差。

专栏 5-1

吉姆的故事

故事分两部分,前半段是:吉姆走出家门去买文具。他和两个朋友一起走在阳光明媚的街上,边走边晒太阳。吉姆走进文具店,里边挤满了人。他一边等着引起店员的注意,一边和一个熟人交谈起来。买了文具出门时,他又停下来与刚进门的一位同学聊了几句。离开商店后,他向学校走去,路上遇见了前一晚别人介绍他认识的女孩。吉姆与她谈了一会儿,然后离开她去学校。

后半段是:放学后,吉姆单独一人离开课堂,出了校门,走上那一段长长的回家的路。街上阳光照耀。吉姆沿着有树阴的一边走。他看见迎面走来的是前天晚上认识的漂亮女孩,但他横过马路走进一家饮食店。店里挤满了学生,吉姆看到几张熟悉的面孔。他静静地等着,直到柜台上的人注意到他之后,才买了饮料。他找到一张边上的桌子坐下来喝饮料。喝完就走回家了。

如果只看到前半段,吉姆给人的印象是一个外向的、比较友好的人;如果只看到后半段,吉姆给人的印象则是一个内向的孤独的人。

资料来源:吴江霖等著:《社会心理学》,第 80 页,广州:广东高等教育出版社,2004 年

版。

在印象形成过程中既存在首因效应,又存在近因效应,那么,如何解释这似乎矛盾的现象呢? 在关于某人的两种信息连续出现时,首因效因起作用;在关于某人的两种信息断续出现时,近因效应起作用,而且信息之间的时间间断越长,近因效应就越明显。也有学者认为,陌生人之间交往时,首因效应强烈;熟人之间交往,近因效应突出。

2.刻板印象与晕轮效应

刻板印象又叫定型倾向,是人们对某人类或某个社会群体所具有的一种概括而固定的印象。有个笑话:如果你的前面是一位发怒的重庆女孩,身后是万丈深渊,那么,奉劝你还是往后跳吧! 这个笑话不能说没有一点道理,重庆女孩的泼辣,可以说是"盛名远播",因此,一提到重庆女孩,首先浮上脑海的就是"泼辣"二字,丝毫不顾其中是否有被冤枉的"例外",这就是所谓的"刻板印象"。

定型是指对某人或某一类人产生的一种比较固定的、类化的看法。比如,人们一般认为工人豪爽、农民质朴、军人雷厉风行、教师文质彬彬、商人大多较为精明,诸如此类的看法都是类化的看法,都是人们脑中形成的刻板、固定的印象。

"物以类聚,人以群分",居住在同一个地区、从事同一种职业、属于同一个种族的人,总会有一些共同的特征,因此,刻板印象一般说来还是有一定道理的。但是,"人心不同,各如其面",刻板印象毕竟只是一种概括而笼统的看法,并不能代替活生生的个体,因而"以偏概全"的错误总是在所难免。由于刻板效应的作用,人们在认知某人时,会先将他的一些特别的特征归属为某类成员,再把属于这类成员所具有的典型特征归属到他的身上,以此为根据去认知他。刻板效应的产生,一是来自直接交往的印象,二是通过别人介绍或传播媒介的宣传。刻板效应既有积极作用,也有消极作用。由于刻板印象建立在对某类成员个性品质抽象概括认识的基础上,反映了这类成员的共性,有一定的合理性和可信度,所以,它可以简化人们的认知过程,有助于对人迅速做出判断,帮助人们迅速有效地适应环境。但它也容易使人认识僵化、保守,人们一旦形成不正确的刻板印象,用这种定型去衡量一切,就会造成认知上的偏差,如同戴上有色眼镜去看人。

晕轮效应,是一种在人际互动中形成的夸大了的社会印象和盲目倾向。抓住一点,扩散而得出全好全坏的整体印象,晕轮效应往往是在悄悄地却又是强有力地影响着师生之间的相互认识和评价。它既可产生积极作用,也可产生消极作用。比如,学生从别的渠道获得某教师的有关信息,就可事先根据这些信息形成对这位教师的某种印象,并可能把这一印象的核心品质在课堂上放大扩散。又如,当教师从前任教师那里获知该班学生的情况后,根据自己固有的观念,在教学之前对该班各类学生的印象就形成了,在教学中只是把这种印象套用于某一类型的学生身上,并推而广之,产生全好或全坏的看法。

晕轮效应的极端表现是推人及物或推物及人。所谓"爱屋及乌"就是指的这种倾向。学生从喜欢一个教师的某方面特征推及到喜爱整个人,进而喜欢这位教师所教的学科。有些教师也认为一些学生学科成绩好而推及这些学生其他方面都好,而不是具体情况具体分析。反过来,一个学生如果厌恶一个教师的某方面品质,则很可能拒绝接受这位教师的教育。在课堂教学中,教师要抱着实事求是的态度,用发展变化的眼光看待学生,切忌以偏概全,并注意培养学生用发展的眼光看问题和全面地分析事物的良好品质和习惯。

3. 期望效应

在教学中,教师对学生寄予的期望,会对学生产生极大的激励作用,促使学生朝着教师所期望的目标发展,这是一种课堂教学中重要的人际效应。罗森塔尔的实验给人以启示,他给教师所提供的那些学生(名单)为何仅隔几个月成绩显著提高,根本原因是教师的期望在这些学生身上产生了一种鼓励、激发效应。实践表明,教师对学生的高期望会使学生向好的方向发展,越来越接近预先设定的目标,反之学生则会越来越差。

在实际教学情境中,学生大都希望教师能公平地对待他们,盼望得到教师的肯定、赏识。教师如能深入了解学生,获取学生各方面的信息后,根据他们的认知能力和人格特征,形成恰当的期望,则有可能产生良好的自我实现预期效应。教师应根据学生的实际和教学要求,对学生提出恰如其分的期望,利用期望的激励作用,促使学生向着高于现实水平的方向发展。

(三)创设良好的课堂教学心理气氛

随着教育教学改革的深入开展,在教学活动中充分体现"学生为主体,教师为主导"的原则,已成为积极投身教改的所有教师的共识。而学生主体作用充分发挥的过程,实质上就是学生主体本身参与课堂的全面心理活动过程。因此,教师在课堂教学活动中,不应该仅仅从教学行为去考虑教学过程而应该从揭示学生心理活动的特点和规律进行研究,并使其与客观教学规律辩证地统一起来。

1. 创设良好的课堂教学心理气氛

课堂教学心理气氛是一种微观的心理环境,指师生在课堂教学过程中的情感状态的综合表现。它是教师和学生集体相互作用所构成的一种心理环境,[①] 它影响着课堂上师生的思想行为、教学效果以及学生个性的发展。良好的课堂教学心理气氛对于教学质量的提高有很重要的影响作用,它不仅影响学生的情绪状态,从而对认知效果产生积极或消极的作用,而且会影响学生个性发展,对他们的学习兴趣、探索精神、独立意识和创造力都会产生深刻影响。

理想的课堂教学心理气氛应该是好学上进、认真求实、积极主动、热烈活跃、民主平等、和谐宽松、程序井然、纪律严明。实践证明,消极、冷漠、沉闷的课堂教学心理气氛不能满足学生的学习需要,背离了学生的心理特点,造成师生间的不融洽,同学间的不友好,学生

---

① 　全国十二所重点师范大学联合编写:《心理学基础》,第284页,北京:教育科学出版社,2002年7月版。

往往会产生不满意、烦闷、厌恶、恐惧和紧张等消极的态度和体验。相反,积极、民主和谐、生动活泼的课堂心理气氛则符合学生的求知欲和心理特点,师生、同学之间关系和谐,学生就会产生满意、愉快、互谅互助的态度和体验。在这种积极的态度和体验的支配下,学生就能充分发挥其自主性、能动性、创造性和开拓性。因比,良好的课堂心理气氛是发挥学生主体作用的前提。

2. 建立良好的师生关系

课堂是教师和学生共同活动的场所,课堂教学中师生关系的融洽与否,对学生主体作用的发挥和教学效率的提高有直接的影响。

在课堂教学中,教师是教学活动的组织者和参与者,始终处于教学活动的中心位置。只有老师可亲可敬,才能强有力地吸引学生,积极有效地影响学生,激起学生的学习兴趣。否则,如果老师态度冷漠,知识浅薄,既不可亲又不可敬,那么,学生必然心灰意冷并对学习失去兴趣。因此,老师上课必须做到可亲可敬。

要做到可亲可敬,老师上课对学生要充满热情,要精神饱满,面带微笑,亲切自然。要随时注意观察把握学生的接受能力和反应情况,为学生释疑解难,不可不顾学生的反应而一味讲课。课堂提问,教师的语言、神情要对学生充满希望,要鼓励学生。学生回答不正确,教师要循循善诱,耐心帮助他们解决问题,不可采取处罚、冷嘲热讽等方式对待学生,伤害学生的自尊心。在课堂上,学生注意力分散会影响课堂纪律,教师要尽量采取暗示方式,使学生自觉认识错误,改正错误,不可粗声暴气,当众训斥。同时,课堂教学要注意营造民主气氛,尊重学生、信任学生,让学生有话敢说、有疑敢问,要做到真理面前人人平等,允许、鼓励学生和教师争论、探讨问题。

3. 提倡学生间的合作学习

人的受教育过程,同时也是一个社会化的过程。研究表明,人社会化的关键和最终结果在于其个性的形成,在于人的自主性、能动性和创造性的发展。而社会化的一个有效途径便是人与人之间的交往。因此,学生之间的合作互动学习有利于学生主体性的发展。在教学中,应多设置一些实践性活动,让学生在活动中进行合作学习,然后在合作中相互交流、相互讨论、相互启发。这样,在心灵与心灵的碰撞中领会和掌握知识。同时,可以将多媒体教学和网络教学应用于课堂教学的活动设计中去,让更多的学生参与到教学活动中。如果这些技术和方法能运用得当,则既能节省时间增加课堂容量,又能调动学生的视觉、听觉等感觉器官,提高教学效果。

四、新课程改革背景下的教师评价

(一)发展性教学评价

　　传统的以奖惩为手段的教师评价制度是一种面向过去的终结性评价,它在保证学校正常的教学秩序和基本的、稳定的教学质量方面具有重要作用。但同时,由于其强烈的功利主义色彩,促使教师只关心自己所教学科的学生的学习成绩,不去关心学生的全面发展,甚至把学生当作实现自己功利目的的工具,导致师生关系紧张,甚至影响到了教师与领导之间、教师与教师之间、教师与家长之间的关系。同时,也造成了教师沉重的心理负担,不利于教师业务水平的发展和提高。马斯洛的"人的动机理论"指出:人的物质和安全需要得到满足之后,就会特别关注爱的需要、尊重的需要和自我实现的需要。随着时代的进步,人们更多地希望获得尊重和自我实现的需要。因此,教师的劳动只要得到认可,得到尊重,只要评价能够促进和满足教师自我实现的需要,他们就会以加倍的努力去实现更高的目标。

　　新课程打破了传统教学评价格局,要求不仅要关注教师的发展结果,更要关注教师的发展过程,并且要关注教师作为生命个体的生命发展需要和个性发展需要。《基础教育课程改革纲要》明确提出:"建立促进教师不断提高的评价体系。强调教师对自己教学行为的分析与反思,建立以教师自评为主,校长、教师、学生、家长共同参与的评价制度,使教师从多种渠道获得信息,不断提高教学水平。"①

---

　　①　李梅主编:《基础教育课程改革教师培训全书》(上),第23页,北京:人民日报出版社,2003年4月版。

教师过程性管理着力于对教师内在情感、意志、态度的激发,着力于促进教师的专业化水平的发展和教学艺术水平的完善。强调对教师的发展性评价,要求评价主体多元化,特别是使评价对象成为评价主体。重视评价对象自我反馈、自我调控、自我完善、自我认识的作用,同时广泛吸取多种渠道的信息,从而促进教师不断提高自己的业务水平。

(二)发展性评价的基本原则

1.方向性原则,是指对于教师的评价一定要有利于学校实现教育目标,有利于端正办学方向,有利于树立正确的教育质量观、人才观。如果方向不明确,教师评价就会走上歧途,同时会对学校贯彻教育方针带来消极影响。因此,确定正确的方向是教师评价工作的重要前提。在评价中,必须对每个教师的思想品德、工作态度、业务水平、教书育人和教学的能力、工作绩效作出公正、准确而又全面的价值判断,充分发挥评价的导向作用。

2.客观性原则,即科学性原则。就是在对教师评价时,必须采取客观的、实事求是的态度,从客观实际出发,获取真实信息,抓住本质的东西进行分析。教师所从事的是以脑力劳动为主的,既劳心又劳力的特殊的复杂劳动。这种劳动的复杂性表现为劳动对象的复杂性、劳动过程的复杂性、劳动成果的复杂性。另外,教师的劳动又富有创造性,教育工作又有周期长、教育效果滞后的特点。这些在评价教师时均应给予充分考虑,这样才能使评价更符合客观实际。

3.全面性原则,是指在确定和运用评价标准时要全面、不可片面。贯彻全面性原则,一方面要抓住评价标准的全面性,另一方面还要抓住评价过程,广泛全面收集评价信息。教育本身就是一个多层次、多因素、多变量的动态系统,教师的工作也是多层次、多变量构成的一个有机的整体结构。因此,在对教师评价时,要进行多指标、多方位、多层次的分析和判断,力求真实准确地反映教师工作的全貌。作为评价的信息和资料,要尽可能全面、准确、真实,不能凭片面的材料或少数人的反映进行评价。全面性原则并不是把各评价要素不分主次、不区分重点与非重点,也绝不是把各指标数量简单相加,而是应配以不同的数量进行综合的评价。

4.主体性原则,是指明确被评价者在评价中的地位和作用。长期以来,人们一提评价,就是上级对下级、领导对教师或是教师对学生的评价、考核,因而视被评价者为客体。这种认识是不全面的,从实践的效果及发展的趋势来看,强调自我评价,强调被评价者的主体性,使其处于主动的地位,产生积极参与的意识,这既使评价产生更加积极的效果,也是主体性原则的具体体现。在对教师的评价中,教师既是评价的客体,又是评价的主体。因此,要尊重教师在评价中的主体地位,充分调动每个教师的主动性、积极性、自觉性。这样才能使评价的过程真正成为教师的自我认识、自我分析、自我改进、自我完善和自我教育的过程,使教师的评价工作达到预期的目的。

5.可行性原则,是指评价的指标、标准可行;评价的方法及运用的技术手段可行;工作安排可行。指标和标准要切实注意从实际出发,防止要求过高或过低。方法和技术手段既要注意科学性,又要注意简便易行。工作安排要求与学校的日常工作相结合,不要增加过多的额外负担。在当前,开展对教师工作评价时,科学性原则尤为重要。因为这项工作目前还是处于起步阶段,所以,应该允许它要经历一个过程,由不完善到逐渐完善,由不够科学到逐渐科学化。这也是教师逐渐适应的过程,同时也是广大教师逐渐学习教育评价的过程。评价的指标和标准不可生搬硬套,一定要结合本学校的实际,同时一定要取得教师的认同。不要形成对教师的评价是领导强加给教师们的,这不利于发挥教师在评价中的主体作用。采用的评价方法和技术手段也要让教师心中清楚,懂得为什么要采用这种方法和技术手段,即让教师在参与评价的过程中学习一些有关教育评价的理论和知识。学校领导切忌把自己的愿望、主观的设想强加给教师们,否则再科学、再完善的评价方案也是不可行的。

6.定性与定量相结合的原则,在对教师工作进行评价时,这条原则尤为重要。有些评价要素的标准可以量化,就可采用定量分析。

这种分析能比较准确地反映客观实际,防止主观性。但是在评价教育活动的质量和效益时,采用定量的方法就很困难了,特别是关系到人的思想、情感、意志等都具有模糊性。若这时强求用精确的数字去表示本身是模糊性质的事物,就不仅不客观,而且也是不科学的。因此,在进行教师评价时,必须遵从定性与定量相结合的原则。这也正是教师工作的复杂性所决定的,切不可片面地认为只有定量评价才是科学的,在实际工作中要防止这种倾向。

(三)发展性评价的实施

发展性教师评价在评价的准备阶段、实施过程及评价结果的呈现等方面与传统的总结性评价存在着一定的差异。[①]

1.评价的准备阶段

发展性教师评价以促进教师发展为主要目的,它直接指向教师正在进行的教育教学活动,因而它与教育教学活动的实施者紧密结合在一起。在准备阶段,评价者应该做到:第一,在评价方案的制订和评价程序的设计之前必须要调查教师的需要,这样才能使评价方案和评价结果更适应教师的需要和促进教师的发展。第二,教师必须直接参与评价方案的制订和评价程序的设计。发展性教师评价重视全体教师参与评价的积极性,要求教师能够享有一定的自主权,要求评价者与评价对象之间能够进行交流和沟通。

2.评价的过程阶段

在评价的过程阶段,评价者要与评价对象进行沟通以收集信息,并应对这些信息进行评议和汇总整理。在收集资料的方式方法上,发展性教师评价制度与其他类型的教师评价制度存在着一定的差异,其中一个很大的不同体现在课堂观察上。在发展性教师评价中,评价者和资料的收集者是合二为一的,评价者需要亲自进行课堂观察,获得直接的、全面的和真实的信息,并对教师进行教学分析。

[①]　王斌华著:《发展性教师评价制度》,第113～125页,上海:华东师范大学出版社,1998年10月版。

3.评价结果的呈现

发展性教师评价的报告一般分为两部分。第一部分主要是记录相关资料的重要结论和要点,第二部分主要是对教师的发展目标和行动计划进行分析。需要注意的是评价报告不是评价信息的罗列和堆积,不具有审判性质,而是要以促进教师的成长和发展为目的。

发展性教师评价通过诊断和分析教育实践以促进教师成长和发展。发展性教师评价可以营造一种合作的氛围,使教师能够作为整体的一部分参与评价方案的设计,评价者不是监督者,其主要任务是为教师的发展提供服务。发展性教师评价重视教师的自我评价、自我激励及其未来的发展;注重全体教师积极性的发挥,促进全体教师的积极参与;通过扩大交流渠道使所有的教师都能够分享成功。可以说,发展性教师评价是一种促进教师"成人"的评价,尊重评价过程中教师的存在及价值,尊重教师的独立性、主动性与能动性。因而,相对传统的教师评价而言,发展性教师评价十分注重评价中的伦理问题。

第二节　教学设计

一、教学设计及其类型

(一)什么是教学设计

教学设计是指教学的系统规划及其教学方法的设计。教师在教学过程中起着主导作用,要发挥主导作用的最佳效果,教师必须对自己的教学活动进行周密的思考和精心的设计。[①] 在教学设计的过程中,要关注包括确定教学目标、了解学生的准备状态、制定教学程序计划、分析确定教学任务、评定教学结果,以及激发和维持学生学习

[①]　加涅、布里格斯等著、皮连生等译:《教学设计原理》,第 147～160 页,上海:华东师范大学出版社,1999 年 11 月版。

动机等内容的整个教学过程(如图 5 - 1 所示)。

教学设计可由教学设计专业工作者或教学专家来进行,也可由从事教学第一线工作的教师来承担,他们往往把教学设计作为自己备课和授课工作的一个有机组成部分。教学设计可以由任教的教师,针对一个班级就某一内容的教学作设计和准备;也可由学科教研组就某门学科进行教学设计和准备,然后由若干位教师执行;学校领导也可以对教师和教研组进行的教学设计采取协调、评估和干预,从而间接地影响教学设计。

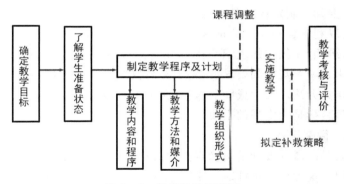

图 5 - 1　教学设计流程图

(二)教学设计的类型

教学设计是一项多因素、多侧面、多层次的复杂的系统工程,就其规划的作用来分,可以分为两大类型:

1.宏观设计

教学的宏观设计在于解决教学的总体规划,制定教学体系的远景蓝图,以及解决教学的宏观方法学问题。教学的宏观设计主要内容是:第一,制定教学计划。教学计划是培养各级各类人才的总体规划。教学计划的制定要从培养各种人才的需要及各种人才成长的规律出发,全面安排学生的有效学习活动时间(包括课内活动和课外活动的有效配合)和课程内容,才能从整体上保证教学系统的正常运转。第二,制定各门课程的教学大纲。教学大纲是根据教学计划中规定的各门课程的目的、任务而制定的各种教学的纲领性文件。教学大纲的制定要依据本学科在培养各级各类人才的地位与作用,确定本学科在培养各种人才方面的目标和任务;要依据实现各种教学目标的需要,以纲领的形式规定各学科所需传递的知识、技能与行为规范的范围、深度及其体系、结构;还要依据学习规律,规定出教学的基本要求与进度。第三,编选教材。所谓教材,就是通常说的教科书或课本。也包括讲义、讲授提纲、参考书刊、辅导材料等。教材是直接实现教学目标的工具和手段,因此,在依据教学大纲编写教材时,首先,要确实制定各级各类人才的培养规格;其次,要充分反映学习规律,以利于各种人才的迅速成长;再次,要注意教材的科学性和思想性;第四,在教材的组织与排列方面,妥善处理教材本身的内在逻辑要求与学习规律的要求,以利于提高教学成效。第五,制定教学成绩考核的办法。教学成绩的考核,在于了解学生的学业成绩,它是了解教学目标是否实现的手段。

2.微观设计

教学的微观设计是指确定教学活动的计划以解决教学的短期规划问题。这种设计是针对一个课题或单元进行的,它属于一种短期规划。教学的微观设计主要包括六个步骤:

第一,确定教学目标。即确定教学结束时所要达到的状态。

第二,了解学生的准备状态。即了解学生的原有水平。

第三,制定教学程序计划。主要安排教学的过程、内容,确定教学的组织形式,选择教学的方式、方法及传递经验的媒体。如发现不足,还可修改课程。

第四,进行教学活动。即执行教学程序计划。其后,还可拟定调整或补救措施。

第五,确定教学成绩考核的内容及方式,以确切了解教学的实际效果。

第六,对教学成绩作出确切的评价,并对教学是否需要继续进行作出判断。

　　上述教学微观设计中的六个步骤,在教学的动态结构中是相互联系、相互制约的连续步骤。其中,确定教学目标与了解学生已有的准备状态是制定教学程序计划的前提,教学程序计划是实现教学目标的规划,教学活动是教学程序计划的执行过程,考核与评定是对教学活动成绩的客观鉴定,是对教学活动计划是否完成与是否需要修改或继续的检查。可见,教学活动是一项十分复杂而又艰巨的创造性工作。

二、教学设计与教学最优化

　　最优化是指以最小的代价(资源、时间等的投入)得到最令人满意的效益(产量、质量等的产出)。教师在教学设计中,要把某种教学理论成果转化为教学技术时,可采用的方案、方法是多种多样的,在这种情况下,究竟采用何种方案或模式,必须对各种方案、模式的效能进行全面比较,选取其中效能最佳的方案或模式。

　　在进行教学设计最优化抉择时,教师不仅考虑到眼前的短期效益,同时要兼顾长远的效益。不要仅顾眼前简单、方便、易行,更重要的是要有发展价值。当然,在方案和模式的选择中要善于选择那些节省教学时间、应用范围广、适应性能强、派生作用大的最优化方案或模式。要注意教学设计最优化的根本问题是,针对不同的学习者使用何种教学方法才能收到最理想的效果。一般情况下,教学最优化应考虑教学的组成成分。诸如在教学任务上,最优化要做到明确教学和发展的目标,了解学生的准备状态,把教学任务具体化;在教学内容上,最优化要做到分析教材中主要的和本质的东西,确保学生能掌握这些教学内容;在教学方法上,最优化要选择能有效地掌握所学的内容,完成教学任务的模式,针对不同的学习者,进行有区别的教学;教学进度上,最优化要做到确定适当的教学步调、速度,既完成教学任务又节省时间;分析教学效果上,最优化要做到对教学结果作科学的测评、分析、解释。

　　要达到教学最优化的目的,就必须分析学生状况和教学任务,明确教学内容,选择教学模式,拟定教学进度,对教学结果加以测定和分析。所以说,没有教学设计就不可能有教学的最优化,教学设计是教学迈向最优化理想境界必不可少的第一步。

三、教学设计的系统观

教学设计系统观主张应该以系统论的基本观点来贯穿教学过程的设计和安排。① 这种观点认为,教学过程本身是一个系统,其各个环节、要素彼此紧密联系,针对一个特定的共同目标发挥各自的作用,组成了一个有机的统一体。由此看来,教学设计需要综合地以多种理论观点为指导,但相对而言,系统论的观点在教学设计中占有主导性地位,并对其他几种理论观点起着整合的作用。

(一)教学设计系统观的基本观点

教学设计的系统观就是要求以系统论的观点作为教学设计的指导思想。教学过程的设计既要服从自身的需要,又要符合自己所隶属的那个更大系统的要求。系统观指出,教学设计应遵循以下基本原则:

1. 教学设计的出发点是学习者。它所设计的教学目标既要考虑教学过程的要求,又要考虑学习者已有的准备状态,力求所设计的教学从最恰当、有利的位置起步。

2. 在教学设计中,教学模式、教学方法和传播媒介的选择,既要针对不同学习类型和教学目的,又要考虑学习者不同的性格特点。

3. 教学设计中对教学效果的评定,只能依据教学过程前后的变化以及对学生作业的科学测量,而绝不能靠"猜测"和"估计"。

4. 测评教学效果不只是为了排定名次等第,而是为了获取反馈信息,以便去修正、完善原有的教学设计。

5. 教学效果不理想或出了问题,不能只从教与学两方面去寻找原因,更不能一味责怪学习者,还应该从教学设计的各个环节和组成

① 加涅、布里格斯等著、皮连生等译:《教学设计原理》,第3~40页,上海:华东师范大学出版社,1999年11月版。

去详察细究。

(二)教学设计系统观的特点

系统观的教学设计虽有不同的思路和多种模式,但也有其共同特点,比如,要以系统论观点作为制定和评价教学设计的指导思想。重视教学过程中所有因素及其相互作用,努力为教学过程中的课程决策和教学决策提供尽可能多的选择;努力使设计成为发现问题和解决问题的工具、指南,力求让使用者一目了然,便于核查,即使运转中出现"故障",也能较为容易地找到问题之所在及其解决的途径。重视选择和运用不同的教学模式、教学方法和教学传播媒介。强调教学的出发点,既要考虑教学任务,也要考虑学生已有的知识水平以及分析现实的教学环境和条件。系统观的教学设计把教学任务作为具体的目标,这些目标由明确无误的、可操作的项目来表示。重视对教学效果作客观的科学测量,评定效果时不只看结果,更要参照教学过程的初始状况等等。

(三)系统观的教学设计与传统教学的比较

传统的教学观认为,学习是积累知识和信息的过程,"智力是一座贮存知识材料的仓库",因而都是一个用知识材料装满"仓库"的过程,而学习则是获得或吸取知识材料的过程。概括起来即为:"教"就是"讲述",而"学"就是"接受讲授"。根据这一观点,可以认为教育是积累知识的过程。

系统观的教学设计与传统教学存在着明显的不同。主要表现在:第一,在内容上的差异。传统教学的内容取决于指定使用的教材,而系统观指导下的教学设计则是按照教学目标的要求选用教材;第二,在教学顺序方法上,传统教学设计主要是按照内容的逻辑关系依次推进,受教师的影响较大;而系统观指导下的教学设计主要根据系统论的原则和条件来安排,教学由教学的目标和教学的内容决定;第三,在教学的时间安排上,传统教学设计的时间具有稳定性,而系统观指导下的教学设计主要由学生的学习水平决定;第四,在教学评价上,传统教学设计并无严密的设计,而系统观指导下的教学评价是有目的、有计划的;第五,在教师角色上,传统教学设计中教师主要是讲授者,而系统观背景下教师主要是指导者和学习过程的监控调节者。

第三节　课堂教学管理

课堂管理是课堂教学顺利进行的基本保证,没有有效的课堂管理,就不会有有效的课堂教学。因此,课堂管理应成为现代教学论关注、研究的一项重要内容。

一、课堂管理的概念

课堂管理指教师通过协调课堂内的各种教学因素而有效地实现预定的教学目标的过程。① 课堂是教学的基本场所,课堂中集结、交织着各种教学因素以及这些因素相互间形成的各种关系。课堂管理的主要功能就是协调、控制、整合这些教学因素及其关系,使之形成一个有序的整体,从而保证课堂教学活动的顺利进行。

课堂管理涉及的因素是多种多样的,课堂管理的内容因而也是多方面的。一般来说,它至少包括以下两方面内容:第一,课堂教学管理,如课堂教学节奏、段落的管理和学生学习的指导与管理等。第二,课堂纪律管理,如学生问题行为的矫正,课堂秩序的建立和维护,人际交往的引导,群体心理气氛的营造等。

课堂管理是一项融科学和艺术于一体的富有创造性的工作。要作好这项工作,教师不仅要懂得课堂教学规律,掌握一定的教育学、心理学知识,还必须学会运用一些课堂管理的技术。

总之,重视课堂管理,学会课堂管理,对于有效提高课堂教学质量具有十分重要的意义。

---

① 斯滕伯格、威廉姆斯著、张厚粲译:《教育心理学》,第 352 页,北京:中国轻工业出版社,2003 年 9 月版。

二、课堂管理的功能

课堂管理虽不是课堂教学本身,但它与课堂教学紧密结合在一起,对教学活动的效果产生着十分显著的影响。具体来说,课堂管理在教学活动中具有以下三方面功能。

(一)助长功能

课堂管理的助长功能指良好的课堂管理可以最大限度地满足课堂内个人和集体的合理需要,形成积极良好的课堂学习环境,激励学生的参与精神,激发学生潜能的释放,从而圆满地实现教学目标,完成教学任务。

课堂管理的助长功能对教学活动有积极的促进作用,它是教师教学及管理艺术高水平发挥的结果,这种功能的发挥既不取决于强制手段,也不依赖于乞求和劝说,它主要是通过以下途径来实现的:(1)有效地设计和组织课堂教学活动,根据学生注意的变化规律及思维特点调整学生的注意,巧设疑问,启发诱导。(2)采取一定的激励手段,调动学生学习的主动性,促进学生积极参与。(3)形成和谐民主、团结合作的师生关系。(4)制定合理的课堂行为规范,养成学生的自律意识和行为习惯。(5)帮助学生获得解决课堂群体问题的技能。(6)形成积极向上的良好班风,在学生间形成团结友爱的良好人际关系。

(二)维持功能

课堂管理的维持功能指教师通过一定的管理手段,较持久地维持课堂教学的基本秩序,形成比较稳定的教学环境,经过师生的共同努力完成教学任务,实现教学目标。在课堂教学过程中,由于经常会出现各种新的问题,发生各种偶发性干扰事件。因此,及时预见并排除各种干扰课堂教学活动的不利因素,有效维持正常教学秩序,对于教学活动的顺利进行也具有重要意义。

为维持稳定的教学环境,不断适应各种新的情境,教师在课堂管理中应做到:(1)增强心理准备程度,运用教育机智巧妙化解、排除各种课堂偶发事件,不激化课堂冲突,不长时间中断教学。(2)了解学生,减少课堂教学过程中的紧张和焦虑。(3)尊重学生,帮助学生适应课堂环境的变化。(4)不断巩固班集体的凝聚力,维持良好的班风。

(三)致弱功能

课堂管理的致弱功能是指不良的管理方式可以激化课堂教学中的冲突和矛盾,破坏正常的教学秩序,从而给教学活动造成消极影响,妨碍教学任务的顺利完成。

课堂管理的致弱功能是由于管理不当而引发的,它是一种不利于课堂教学活动顺利进行的消极负面影响,是教师在课堂管理中应极力加以避免的。要消除课堂管理的这种负面影响,教师就要不断学习,不断提高自己的管理水平和驾驭课堂的能力,了解学生,帮助学生形成良好的课堂行为规范和群体心理气氛,使课堂秩序建立在学生自觉自愿的基础上。

由于以上几种功能对教学活动有不同的影响,因而,教师在课堂管理过程中要尽量避免管理不当引起的负面影响,在正常维持教学秩序的基础上最大限度地发挥课堂管理的助长功能,使课堂管理在提高教学质量方面发挥应有的作用。

三、课堂管理技术

课堂管理是一项高度复杂的工作。要做好这项工作,教师除具备正确的管理观念和必要的知识经验外,还应掌握一定的管理技术。[①]

(一)课堂观察的技术

课堂观察是指教师偶然或有计划地觉察学生的认知、情感和行为的课堂表现的过程。课堂观察是获取教学反馈的重要渠道,也是教师调整管理措施、实施有效管理的前提条件。

1.课堂观察的范围与重点

---

① 斯滕伯格、威廉姆斯著、张厚粲译:《教育心理学》,第 380 页,北京:中国轻工业出版社,2003 年 9 月版。

主要包括对学生课堂中认知能力、学习态度及注意力状况、情绪表现和人际交往等方面的观察。

第一,观察学生的认知能力。在这方面要着重观察了解学生理解知识的能力,语言表达是否连贯流畅,回答问题的速度和准确性,独立分析问题的能力,能否跟上教师的思路,完成作业是否有困难等等。

第二,观察学生的学习态度。在这方面,可以通过观察学生在课堂中举手发言的次数、学习的速度、作业完成情况以及听课的专注程度等来判断学生的学习态度是否积极,注意力是否集中,这些信息对教师控制课堂是十分有用的。

第三,观察学生的情绪表现和人际交往。在这方面要着重观察学生在回答问题或到黑板练习时是否胆怯、恐惧,对学习活动是否焦虑或不耐烦,与同学能否融洽相处,有无挑衅或攻击性行为,有无退缩、冷漠的行为表现等。

通过以上几方面的重点观察,教师就可以大致对教学的难易程度、教学速度是否适当作出判断,同时对学生的课堂行为表现作到心中有数。据此来调整教学活动,采取管理措施,一定会取得好的效果。

2. 课堂观察的技术要求

第一,进行有意识、有目的的观察。在课堂中,教师要有意识、有目的地观察和监控整个教学过程,这样才能根据观察到的情况随时对课堂活动作出调控。

第二,全面观察与重点观察相结合。教师在课堂观察过程中,既要眼观六路、耳听八方,对课堂中的全面情况加以监控,同时还要根据课堂情境的特点和学生表现,对课堂活动的某些方面或某些学生的个人行为进行重点观察,以达到对课堂活动的深入了解。

第三,保持观察的自然状态,不干扰学生的正常学习活动。教师的观察应与教学行为自然融合在一起,既要有意识观察,又不露明显痕迹,不能对学生形成明显的压力,也不能让学生感到教师处处在监视自己。

第四,排除各种主观倾向,进行客观观察。实践表明,教师心理活动的某些主观成分有时也会左右他的课堂观察,从而形成不准确甚至错误的观察结果。以下几种效应对教师的课堂观察会有消极影响,应加以排除:(1)期待效应。指根据自己的结论期待事实的发生。例如,对好学生有正向期待,一般不做消极分析;对差生有反向期待,一般不做积极分析。(2)平均值效应。有些教师习惯于对学生做班级整体评论,也就是往往把学生群体看得都比较好,或都比较差,这样容易造成对学生个体评价的不公正。(3)中心论倾向。即遵守一贯的正态分布原则,中间大两头小,对学生行为表现的观察有过强的固定性。(4)互动倾向。即一种光环效应,一好百好。对学生的主要印象可以影响到对他的其他印象。例如,教师特别偏好取学生成绩的光环,一般认为只要成绩好其他方面也都好,成绩差其他方面也不怎么样,等等。(5)标签效应。指教师一旦发现某个学生身上不好的东西,就下结论,并贴上了"标签"。这个"标签"在很长一段时间都难以改变,并可能传递给其他教师而影响他们的观察,班主任的"标签"往往影响力较大。

(二)课堂控制的技术

课堂观察的目的是为了更好地控制和改进课堂活动,因此,掌握一些必要的课堂控制技术也是十分重要的。

1.应付课堂偶发事件的技术

在课堂管理中,偶发事件是最令教师头痛的事。由于它是不期然的突发性事件,而且又在教学过程中出现,所以,教师用来估计形势和选择处置办法的时间是很短暂的。这时,就需要教师尽快作出反应,这既需要教师的经验和机智,也需要一点技术。

一般来说,应付偶发事件的办法有三种,即冷处理、温处理和热处理。所谓冷处理,即教师面对偶发事件要处之泰然,见怪不怪,不批评指责,以比较冷静的方式加以处理。常见的冷处理方式有发散、换元和转向三种。发散指教师将全班学生视线的焦点从偶发事件上

"发散"开，避免事件继续成为关注的焦点。换元指教师巧妙地将发生的事件转为教育的材料，借助事实启发学生。转向即教师用新颖别致的方式，将学生的注意中心引导到教师所安排的方向。

所谓温处理，即教师对于因为自己疏忽、不慎所造成的不利影响，例如板书错别字、发音错误等所引起的课堂骚动等，应态度温和地及时承认失误，并自然地过渡到原教学活动的程序中。

所谓热处理即教师对一些偶发事件趁热打铁，加以严肃批评教育和果断制止，然后尽快转入正题。这种处理方式主要是针对严重扰乱课堂秩序和屡教不改的违纪行为的。运用这种处理方式应注意：第一，不要长时间中断教学。第二，批评应清楚而肯定，不要有粗鲁和威胁性语言，避免出现"顶牛"现象。第三，批评应围绕一个中心，不要多方非难，要特别避免出现"波浪效应"，即不因为指责一个学生而波及全班。第四，教师应避免因苛刻而大动感情的指责。

2. 处理一般问题行为的技术

在课堂教学中，学生的问题行为是多种多样的，因此，处理问题行为的方式也应该是灵活多样的。一般来说，处理课堂问题行为的技术主要有：

第一，暗示控制。当学生出现注意力涣散、做小动作、交头接耳等问题行为时，教师可以通过一定的暗示动作来提醒、警告学生，从而在不影响他人的情况下实现控制的目的。例如，教师始终看着有不恰当行为的学生，直到他停止了这种行为为止；或者在眼睛盯着他的同时，用手指放在嘴唇上示意他停止说话；或者教师走到他的身边稍停一会，等等，都是暗示的有效方法。

第二，提问同桌。当学生不专心听讲或在课堂上偷看其他书时，教师一般可通过提问该生的同桌或近邻的同学来提醒和警告他，这样，可以避免因突然的直接提问该生可能引起的小麻烦，如因毫无准备而使他显得惊慌失措，答非所问，进而引起其他同学的哄笑，等等。

第三，运用幽默。当课堂气氛沉闷，学生注意力下降时，教师可通过讲个小笑话或几句幽默有趣的话来调节气氛，防止问题行为的出现。

第四，创设情境。当学生因疲劳而不专心听讲时，教师可适当创设一些活动情境，让学生参与一些活动，如小竞赛、小表演、小制作等，以达到激发兴趣，提高效率的目的。

第五，正面教育。如果以上方式都不奏效，教师对严重扰乱课堂秩序的学生就要正面加以严肃批评，指出其缺点，制止其不良行为。当然，正面批评要坚持晓之以理，尊重学生，要避免批评时情绪激动、言辞尖刻，或者婆婆妈妈、浪费时间，以免扩大事态，影响正常的教学。

除以上提到的一些技术外，还有不少有利于课堂管理的技巧、方法，例如，记住每个学生的名字，可以加强管理中的情感联系；让学生发现自己的进步，有利于调动积极性；变化教学内容、方法、媒体和课堂座位等方式，可以给学生以新奇感，引起其兴趣等等。

这些技术运用得当，都能产生积极的管理效益，有效促进教学活动。但是，课堂管理的效果如何，最终还是取决于教师，取决于教师能否正确地掌握课堂管理的知识、原理、技术，并在实践中灵活地、创造性地加以运用。

四、影响课堂管理的主要因素

（一）教学设计的质量

教学实践表明，有无好的课堂管理，关键看有无好的管理设计。课堂管理的第一步是具体设计课堂教学活动。在教学活动前，教师首先要确定教学活动的目标，选择实现目标的方法步骤，分配教学时间，分析教学环境条件，预估教学效果等。这些事先的教学设计工作如果做得好，准备充分，那么，教师在课堂中就可以胸有成竹地按计划组织、推进教学，避免一些因准备、设计不足而造成的课堂失误，保证教学活动在高质量设计方案的基础上高效运行，从而达到预期目的。相反，如果教学设计粗糙，教师不能全面考虑课堂的各个环节和可能出现的问题，仓促上讲台，课堂管理的隐患必然会增多，课堂管理的效果也会受到一定影响。例如，如果教师事先没能很好地了解学生的学习状况,教学目标设计不当,对学生要求过高过严或过低过松,都可能影响学生的课堂努力程度,并可能产生课堂问题行为。

(二)教师的领导作风

教师的领导作风对课堂管理的效果有直接影响。勒温(K.Lewin)等人关于教师领导作风的研究结果表明,教师的领导作风是民主的、专制的还是自由放任的,学生的课堂表现是不同的,班级风气也是不同的。例如,专制作风的结果一般表现为学生依赖性很强和冷漠无情,在专制的和放任自由的课堂中学生的不安及攻击性行为要比民主的课堂中多。实践也表明,在课堂教学中,如果教师关心、尊重、爱护学生,注意创造民主、真诚、友爱的班级气氛,鼓励学生自由发表意见,不把自己的意见强加于人,那么,学生反过来一般也很尊重教师,自觉遵守课堂纪律,课堂管理的效果比较好。如果教师领导作风专断,经常给学生施加压力,则很容易造成学生心理上的过度紧张、焦虑,产生挫折感,甚至引起情绪抵触,在课堂上与教师或他人产生冲突对立,破坏正常教学秩序。

此外,教师的学识、教学能力和人格品质对课堂管理也有一定影响。工作认真负责、教学严谨、尊重学生、意志顽强的教师,往往能赢得学生的敬重,并获得学生课堂上的积极配合;而教学不认真、举止粗野的教师则会引起学生的反感、对抗,并在课堂学习中表现出不合作的态度。

(三)班级规模

班级规模是影响课堂管理的一个重要因素。一般来说,班级规模越大,学生人数越多,课堂管理的难度也就越大。在教学实践中,班级规模会影响学生的课堂行为表现。有关研究表明,随着班级规模的增大和学生个人生活空间的缩小,学生在课堂上往往表现得好动、不安、注意力分散,攻击性行为和课堂冲突也随之增加。另外,班级规模也会影响学生的情感联系和人际交往。集体越大,情感纽带的力量就越弱,同学间相互交往、了解的机会就越少,班集体的凝聚力就越不容易形成,良好的集体风气和行为规范就越不容易树立,这些无疑都会给课堂管理带来一定影响。同时,也给正常的教学活动带来一定影响。因此,适度控制班级规模无论对于提高课堂管理效率,还是最终提高教学质量,都具有重要的意义。

(四)定型期望

所谓定型期望,一般指人们对某种社会角色在特定情境中的行为举止的比较固定的看法。在学校生活中,学生对教师的课堂行为同样会形成定型的期望,他们期望教师以某种方式进行教学和课堂管理,这样的定型期望必然会影响课堂管理的效果。有关研究表明,[①] 学生对教师应如何行动持有不同的定型期望,教师的实际行为应当与学生集体的期望相符合。这就要求教师必须了解班上学生对自己的看法,并尽可能使自己的课堂行为和管理方法与大多数学生的期望相一致。如果发现自己的管理方法与学生们的期望不一致,就应采取调整措施,尽可能使二者协调,以免激化矛盾,形成师生对立,给课堂管理造成不必要的麻烦。

(五)班集体的性质

班集体本身是影响课堂管理的又一重要因素,班集体的性质、特点、风气等直接制约着教师的管理行为。不同的班级往往有不同的班风、行为规范和管理模式,教师必须对这些班级特点有所了解,在此基础上灵活运用管理方法和技巧,针对不同的班级实施不同的管理。例如,有的班集体养成了自律意识强的风气,教师在与不在,学生都能按一定的行为规范行动。这种情况下,教师要充分尊重学生的自我管理,不要过多发号施令。再如,在一些班集体中,学生中途打断教师讲课随时提问是被允许的、值得赞赏的行为,而在另一些班集体中则可能要受到批评。这些不同的班集体特点对教师的课堂管理都发生着一定影响。因此,教师不能用固定不变的课堂管理模式对待不同性质的班级,应当在全面掌握班级特点的情况下灵活运用

① 刘长江、郑日昌,"教师领导行为与儿童同伴关系的研究":《心理发展与教育》,第29～33页,2002年第3期。

管理手段,以获得理想的课堂管理效果。

【主要结论】

1. 教师角色是指教师的社会地位、权利、义务及行为规范、行为模式的总和。教师角色理论主要有建构主义理论、人本主义理论以及实用主义视角下的教师角色。教师在学校教学情境中是学校管理中的决策者、课堂教学的指导者、学校教育的反思型实践者、学生发展的促进者。

2. 心理品质是指一个人在心理过程和个性心理特征等方面所表现出来的本质特征。教师职业特点、社会角色和人际关系,决定了教师应具备一系列特定的心理品质。这些品质主要包括教师的认知能力、情感、意志和人格的特征。

3. 教师的发展性评价,要求评价主体多元化,特别是使评价对象成为评价主体。重视评价对象自我反馈、自我调控、自我完善、自我认识的作用,同时广泛吸取多种渠道的信息,从而促进教师不断提高自己的业务水平。发展性评价坚持的基本原则有方向性原则、客观性原则、全面性原则、主体性原则、可行性原则、定性与定量相结合的原则。发展性教师评价在评价的准备阶段、实施过程及评价结果的陈述等方面与传统的总结性评价存在着一定的差异。

4. 教学设计是指教学的系统规划及其教学方法的设计。要关注包括确定教学目标、了解学生的准备状态、制定教学程序计划、分析确定教学任务、评定教学结果,以及激发和维持学习动机等内容的整个教学过程。教学设计的类型主要有宏观设计、微观设计。教学设计与教学最优化是密切相关的。教学设计中应该以系统论的基本观点来贯穿教学过程的设计和安排。系统观的教学设计与传统教学存在着明显的不同。

5. 课堂管理指教师通过协调课堂内的各种教学因素而有效地实现预定的教学目标的过程。一般来说,课堂管理应涉及课堂教学管理、课堂纪律管理等两方面内容。课堂管理的功能主要有助长功能、维持功能、致弱功能。在课堂管理中应该掌握课堂观察的技术、课堂控制的技术。影响课堂管理的主要因素有教学设计的质量、教师的领导作风、班级规模、定型期望、班集体的性质。

【理论应用与实践】

教学设计示例

在学校教育情境中,为了更好地实现一定的教学目的,发挥教师在教学过程中起着的主导作用,充分调动学生学习的积极性并保证良好的教学效果,系统的、有效的教学设计是必不可少的。那么,如何在教学实践中设计好的教学程序呢?我们以中学生心理辅导课的设计为例,来理解什么是教学设计,在教学情境中如何根据教学目的设计自己的教学。

教学设计案例:

寻找自信

教学目标:

本节课通过一个故事入题,让学生理解自信的含义及其重要意义,并通过提问及实验活动启发学生判断和理解自信心;最后通过总结引导学生发现培养自信心的途径和办法。

教学重点:学生理解和掌握自信心的含义;启发学生发现培养自信心的途径。

教学难点:活动的形式、时间以及总结的控制。

教学准备:故事材料,实验活动材料。

教学形式:活动课。

教学课时:45 分钟。

主要内容:

一、自信的含义及其重要意义

本节课开始之前,首先给大家讲一个故事。小林有一次去欧洲参加指挥家大赛,在进行前三名决赛时,他被安排在最后一个参赛。评委交给他一张乐谱,正演奏中,小林突然发现乐曲中出现不和谐的地方。开始他以为是乐队演奏错了,就指挥乐队停下来重奏一次,仍觉得不自然。这时,在场的权威人士都郑重声明乐谱没问题,而是他的错觉。面对国际音乐权威,他不免对自己的判断产生了动摇。但是,他考虑再三,还是认为自己的判断是正确的,于是大声说:"不,一定是乐谱错了!"他的话音一落,评委立即向他报以热烈的掌声,祝贺他大赛夺魁。原来,这是评委们精心设计的"圈套",以试探指挥家们在发现错误而权威人士又不承认的情况下,是否能够坚持自己的判断。

讨论:这则故事说明了什么道理?(提问)

一个伟大的成功有时候仅仅取决于你的一个判断,你必须首先相信自己是正确的,坚持你的判断,这也是判断你是否自信的时候。那么,什么是自信呢? 自信是指个人信任自己,对自己所知者与所能者所具有的信心。可见,自信能够给予我们勇气与力量,帮助我们走向成功之路。

二、自信心小实验

1.请每个人拿出一张纸、一支笔,然后在纸上尽可能多地写出自己的优点与缺点,至少要各写三个。(判断是否自信)

2.请每一位同学用你最有力、最坚定的声音把你的优点读三遍。

3.接下来再闭上眼睛,默念三遍。

4.现在,请你来谈一谈,当你大声读完自己的优点后,有何感受?(提问5~6人)

5.相反,把实验中的优点换成缺点。(提问1~2人)

总之,当你读完你的优点后,会感到自己充满了力量,精神抖擞,感到浑身暖洋洋的,对自己充满了希望。当你读完你的缺点后,你会感到自己一无是处,浑身毛病,开始觉得自己没有希望。那么,一旦你被缺点笼罩,长期做这样的暗示,很可能最后真的会觉得自己一无是处,产生自卑就在所难免了。因此,我们要想对自己充满力量,就要避免对自己的消极暗示。

三、培养自信的方法

1. 跳出"与别人比较"的模式

跳出"与别人比较"的模式,主要指我们要成为"与自己比较"的独立的自我。我们从小到大所受的教育与社会影响多半是与别人比较,并已养成习惯。但习惯是可以改变的,万事开头难,所以,今天当我向你提出这一建议时,你就开始转变态度,尽量在一次一次的活动中,不断与昨天的自己成为竞争对手。与自己比较,从而提高自我,培养自信。(举例说明:我们总喜欢与周围的人进行比较,如学习成绩、体育运动、人际交往等等,但是否与曾经的自己进行比较)。提问:当我们与自己或与别人进行比较的时候,会产生什么样的影响呢? 与别人比较,总是看不到自己的进步,这是一种静止的比较,而与自己进行比较,可以看到我们每时每刻都在变化。

2. 强化优点

刚才大家在写优点时感到又慢又少,而写缺点时感到又快又多,这反映出大家太容易否定自我。那么,从今天开始,我希望你们每天早上、中午及晚上花 2~3 分钟念自己的优点三遍。刚开始做时很可能感到不自然,甚至有些虚假、做作,这是很合理的。但有这种感受时,一定要坚持做下去,再过一段时间后,你会彻底从内心深处认同自己的优点。当然在此过程中,你的优点可能会增加,那你要不断添加,越多越好,只要坚持,你就会感到自己对自己充满希望。(增加,意志力坚强)

3. 学会看自己与别人

一个人认识自己往往是通过以他人为镜子的(小马过河的故事),但你若没有一个正确的思想作指导,则容易出现问题,也正如人们做事要讲技巧一样(请同学讲"田忌赛马"的故事)。这就教会我们换个方式看问题,我们看自己时应多看自己的优点,用自己的优点与别人的优点或缺点比,从而增强自信心。

4. 用正确的态度宽容自己

我们每个人都有许多做得不够好的地方,这时候,长辈们、老师们或朋友们会批评甚至会责骂我们。所以,今天我要让大家来调动自己,进行自我评价,用宽容的方式学着自己解决,而不要以严肃的态度责怪自己。(情景剧:体育课时,老师让同学们进行短跑练习,许多同学都跑得比较快,但你却跑得很慢。大家都给你加油,你自己也在奋力地跑,并在课后努力练习,但仍跑得很慢。)同时,千万不要一遇到挫折就去怨天尤人,而应去谢谢让你产生挫折的一切人、事或物,感谢他们成为你学习、进步和成长的动力和机会。(情景剧:考试失败等)

5．自信心训练

(1)正确地表达自己的愿望,并说明理由。注意,要使用"我"的语句;说话时,声音洪亮,眼睛正视前方(对方)。(情景剧:你去参加同学的生日 party,很晚才回家。妈妈非常生气,对你说:"你说好十点回家,现在都十点半了。一个孩子这么晚还在外面,多让大人担心啊!")

(2)告诫自己三句话:"太好啦","我能行","你有困难吗? 让我来帮你吧"。首先,当你遇到困难时,你应该说:"太好啦,这是难得的一次磨砺我自己的机会",其次,鼓励自己有战胜它的勇气,即"我能行";最后,当别人有困难时,应当关切地说:"你有困难吗? 让我来帮你。"

(3)每天早晨照镜子的时候,对自己说"太好了"、"我能行"。

四．总结

自信归根结底是建立在一定的生活实践基础之上的,是从一件件小事中不断积累起来的,希望大家今后在学习和生活中,能够很好地掌握和应用以上有关寻找自信的技巧,从而磨砺出自强、自信的优良品质。也希望大家能够铭记:决心就是力量,信心就是成功,灰心就是衰弱,死心就是失败。(谈一谈对本节课的感受)

五、课外作业

下去写一篇关于如何从今天开始一点一滴建立自信心的周记。

在《寻找自信》课的设计中,首先确定了教学的目标,根据中学生的特点及本节课的基本内容,确定了教学的难点和重点,并对教学中所用的材料进行了准备,在教学的程序上,确定了教学形式、教学的课时、教学内容,充分考虑了教学内容的特点并做出了恰当的总结,在课后给了学生一定的作业,以巩固教学效果,激发和维持了学生的学习动机。

【学习评价】

(一)基本概念解释

1. 教师　2. 教师角色　3. 心理品质　4. 发展性教学评价
5. 教学设计　6. 课堂管理　7. 课堂观察　8. 定型期望

(二)判断正误

1. 建构主义把学习者的智力活动作为教学活动的中心。

2. 教师品质主要包括教师的认知能力、情感、意志和人格的特征。

3. 传统的教师评价制度是一种面向过去的终结性评价。

4. 发展性教师评价在评价的准备阶段、实施过程等方面与传统的总结性评价之间并没有差别。

5. 教学设计就是教师教学过程的安排计划。

6. 课堂管理就是让学生能在课堂上专心听讲。

7. 应付课堂偶发事件中所谓的冷处理技术,就是教师面对偶发事件处之泰然,见怪不怪,不批评指责,以比较冷静的方式加以处理。

8. 教学设计的好坏会直接影响课堂管理的效果。

(三)综合应用

1. 请你结合对教师角色的理解,分析教师角色与教师专业发展之间的关系。

2. 如果你是一位中学语文教师,在你的课堂上后排的几位同学交头接耳,没有专心听讲,你会采取什么样的办法有效的管理课堂呢?

【参考文献】

[1]联合国教科文组织国际教育发展委员会编著:《学会生存》,

（华东师范大学比较教育研究所译），北京：教育科学出版社，1996 年版。

[2]王沛、康廷虎："建构主义学习理论述评"，《教师教育研究》，2004 年第 5 期。

[3]库姆斯著、赵宝恒等译：《世界教育危机》，北京：人民教育出版社，1990 年 7 版。

[4]蒋衡："西方二十世纪七十年代以来关于教师角色的研究"，《高等师范教育研究》，2002 年第 6 期。

[5]顾瑞芬："新课程呼唤反思型教师"，《教育探索》，2002 年第 12 期。

[6]刘长江、郑日昌："教师领导行为与儿童同伴关系的研究"，《心理发展与教育》，2002 年第 3 期。

[7]陈向明："教师的作用是什么——对教师隐喻的分析"，《教育研究与实验》，2001 年第 1 期。

[8]李梅主编：《基础教育课程改革教师培训全书（上）》，北京：人民日报出版社，2003 年 4 月版。

[9]刘丽红、姚清如："教师期望对学生学业成绩的影响"，《心理科学》，1996 年第 6 期。

[10]王斌华著：《发展性教师评价制度》，上海：华东师范大学出版社，1998 年 10 月版。

[11]加涅、布里格斯等著、皮连生等译：《教学设计原理》，上海：华东师范大学出版社，1999 年 11 月版。

[12]斯滕伯格、威廉姆斯著、张厚粲译：《教育心理学》，北京：中国轻工业出版社，2003 年 9 月版。

第六章　情绪与情感

【内容简介】

　　情绪和情感是人对客观事物的主观态度体验,对个体的认知和行为反应有重要的影响作用。本章主要讨论了情绪情感的基本含义,介绍了国内外有关情绪的基本理论,分析了基本情绪、情感的基本类别,阐述了心理压力与情绪之间的关系,为心理压力的调节和不良情绪的控制提供了一些可操作的方法。

【学习目标】

识记:

　　1.记住"情绪情感"、"社会情感"、"心理压力"的基本概念及其分类。

　　2.识记几种基本情绪的概念以及情绪状态的含义。

　　3.列举情绪的外部表现。

　　4.列举情绪的基本功能。

理解:

　　1.能够说明情绪、情感与认识之间的关系。

　　2.了解情绪产生的生物学基础。

　　3.能够简要说明几种不同的情绪理论。

应用:

　　1.能够应用情绪理论解释不同的情绪体验。

　　2.能够有效调节心理压力。

　　3.能够有效调节和控制情绪。

　　人们在与自然界相互作用的过程中,通过认识活动实现对客观事物发生发展规律及其内在联系和关系反映的同时,还会产生相应的喜、怒、哀、乐等情绪情感体验。它的产生和形成,既影响着人们的心理和行为活动,也影响着人们的生理活动。深入了解情绪情感产生和发展变化的规律及机制,对提高人们的实践活动效率及身心健康水平都有着极其重要的意义。

第一节　情绪与情感概述

一、什么是情绪与情感

(一)情绪情感的含义

在日常生活中,当我们的工作、学习成绩突出并受到奖励时,我们会体验到快乐和喜悦,而遇到了挫折或不顺心时,又会感到愤怒或不悦。事实上,这些就是人的情绪情感反应。俗话说:"人非草木,孰能无情?"那么,什么是"情",它又是如何产生的呢?

情绪情感是人对客观事物是否符合自己的需要而产生的主观态度或内心体验[①]。它是由客观事物引起的,离开了具体的客观事物,人不可能自发地产生情绪情感,因为世界上没有无缘无故的爱和恨。引起情绪情感的客观事物是多种多样的,有外部的也有内部的。比如,一个人生活在绿草茵茵,阳光明媚的环境中,他可能会对生活充满信心,满怀喜悦;但如果他是生活在一个交通不便、空气污染严重的环境中,他可能会产生厌烦不安、郁闷苦恼的情绪。因此,可以发现外部的环境可以导致喜悦或厌烦的情绪。但是,我们也注意到有些人因为疾病缠身,久治不愈,而产生了心情不畅、情绪抑郁状态,这主要是由机体内部因素所引起的情绪情感。

情绪情感的性质是以客观事物能否满足人的需要为中介的。情

---

①　孟昭兰主编:《情绪心理学》,第 7 页,北京:北京大学出版社,2005 年版。

绪情感是由客观事物引起的,但产生什么样的情绪情感并不由客观事物本身决定的,同样的事物可以让有些人喜悦,也可以令其他人觉得哀伤。那么,情绪情感的产生到底取决于什么呢?凡能满足人的需要,符合人的愿望的客观事物,就能使人产生满意、愉快、喜爱等积极的内心体验;凡不能满足人的需要或违背人的愿望的客观事物,就会使人产生忧伤、不满、厌恶等消极的内心体验;与我们的需要没有什么关系的事物,也就不会引起什么体验。因此,决定人情绪情感性质的是客观事物与人的需要之间的关系。情绪情感也是人脑对客观事物的反映,但它反映的不是客观事物本身,而是客观事物与人的需要之间的关系。

(二)情绪情感的区别和联系

情绪和情感是两个既有区别又有联系的概念。情绪和情感的区别表现在:第一,从稳定性程度看,情绪具有较大的情境性、激动性和暂时性,它往往随着情境的改变和需要的满足而减弱或消失,而情感则具有较大的稳定性、深刻性和持久性,是人对事物稳定态度的反映。第二,从表现特征看,情绪具有冲动性,且常伴随着有机体的生理变化和明显的外部表现,如愤怒时血压会升高,而在行为上则会表现为咬牙切齿、横眉竖目等。情绪一旦产生往往难以控制,而情感则比较内隐、含蓄,常以内心体验的形式存在,始终处于意识支配的范围内。第三,从需要的角度看,情绪一般与机体生理需要相联系,如由饮食需要能否获得满足而引起的愉快和不快的体验。情感往往与社会需要相联系,如由交往需要引起的体验。情绪既然与机体生理需要相联系,由于动物也有机体的生理需要,因此,情绪为人和动物所共有,而情感是与社会需要相联系的体验,它为人所独有。

情绪和情感的区别是相对的。从本质上说,它们都是人脑对客观事物与人的需要之间关系的反映,是人的主观心理体验,在具体人身上它们又互相依存,密切联系。一方面,情绪是情感的外在表现。稳定的情感是在情绪的基础上形成起来的,而且是通过情绪的形式表现出来的。情感离不开情绪,离开了情绪,情感既无从形成,也无法表现。另一方面,情感是情绪的本质内容。在情绪发生过程中常常包含着情感,情感的深度决定着情绪表现的强度,情感的性质决定着情绪表现的形式。因此,情绪和情感是不可分割的,所以,有些心理学家对情绪和情感不加区分,统称为感情。

二、情绪情感与认识

情绪情感不同于认识过程。认识过程是人对客观事物本身的反映,而情绪情感则是对客观事物与人的主观需要之间关系的反映;认识过程通过形象或概念来反映客观事物,而情绪情感则是通过主观体验来反映客观事物与人的需要之间的关系;认识过程的发生和改变在一定程度上具有随意的性质,而情绪情感的发生、改变则具有不随意性。[①]

情绪情感和认识又是有联系的。一方面,认识是情绪情感产生的基础。人对客观事物的认识、评估是产生情绪情感的直接原因。清新的空气,人们认识到它有利于人体的健康,就喜欢它;频繁的吸烟,人们没认识到它对人体健康的危害时,就觉得无所谓。同一事物,由于在不同的时间、不同条件下出现,人们对它的认识、判断和评价不同,从而所产生的情绪体验也就不同。如在野外看到一只老虎,我们会感到害怕,而在动物园里见到笼中的老虎不仅不会害怕,反而会以愉悦的情绪去观赏老虎,这是为什么呢?究其原因,关键就在于人们对老虎所处的环境有了正确的认识。"聋者不觉噪声之可厌,盲者不觉丽色之可喜",就是这个道理。另一方面,情绪和情感也影响认识过程。人的情绪情感不仅以认识为基础,反过来又会影响人的认识过程。一般来说,积极的情绪情感对认识活动具有促进作用,消极的情绪情感对认识活动具有阻碍作用。心理学研究表明:积极的情绪情感可使人产生超强的记忆力、活跃的创造思维和丰富的想象;而焦虑不安、忧郁苦闷、愤怒等不良情绪,则会降低智力活动,影响认

---

① 许远理、郭德俊:"情绪与认知关系研究发展概况",《心理科学》,第 241
~243 页,2004 年第 1 期。

识活动的效率。

三、情绪情感的生理变化和外部表现

（一）情绪情感的生理变化

随着情绪情感的发生，有机体会产生一系列的生理变化，这主要表现在呼吸系统、循环系统、消化系统和腺体活动的变化上，这些变化可作为情绪状态变化的客观指标。在不同的情绪状态下，呼吸的频率会发生明显的变化。人平静时平均每分钟呼吸 20 次，高兴时每分钟呼吸 17 次，悲伤时每分钟呼吸 9 次，愤怒时每分钟呼吸 40 次，恐惧时每分钟呼吸高达 64 次。心血管系统在不同情绪状态下也会发生一系列变化。人在愉快和满意时，心跳正常，血管舒张；惊恐时，心跳加速加强，血输出量增加，收缩压升高。人在羞愧时面红耳赤，气愤时脸色铁青，就是由于面部血管的舒张和收缩造成的。消化系统的活动也会随情绪的变化而发生变化。人在愉快时胃肠的蠕动和消化腺的分泌会加强，消化系统的功能会提高；人在悲伤时胃肠蠕动功能下降，消化液分泌减少，造成食欲减退。至于不同情绪引起的泪腺、汗腺分泌的改变，我们更是一目了然：高兴、激动或悲伤时禁不住流泪；羞愧时汗流满面；恐惧时出一身冷汗。[①]

由于情绪和情感发生时，总要引起一系列人体生理机能的变化，所以情绪和情感与人的健康密切相关。乐观开朗、心情舒畅能促使各种内脏功能正常运转，增强对疾病的抵抗能力，有利于保持身心健康，而不良情绪情感状态，则会损害人的身心健康，使人得病或病情加重。大量实验和临床研究证明：极度紧张和过分激动的情绪，对人的身心健康十分有害，甚至可以危及人的生命。

（二）情绪情感的外部表现

当情绪情感发生时，不仅身体内部器官有一定的变化，而且身体各部位的动作、姿态也会发生明显变化，这种变化称为表情，即情绪

---

①　邵郊著：《生理心理学》，第 382 页，北京：人民教育出版社，1987 年 12月版。

情感的外部表现①。人的表情极其丰富,主要表现在三个方面:

1.面部表情:是指由面部肌肉和五官的变化所表示的情绪状态。愉快和不愉快是两种最基本的面部表情。愉快时面肌横伸,面孔较短;不愉快时面肌纵伸,面孔较长。眉也是表现面部表情的主要部位,展眉表示欢欣;皱眉表示愁苦;扬眉表示得意;竖眉表示愤怒;低眉表示慈悲。嘴也参与表情动作,哭与笑是面部表情最明显的表现,而哭与笑都离不开嘴的动作。

2.姿态表情:是指借助全身姿态和四肢活动来表达情绪和情感。在表演艺术中又称身段表情。例如,常常用扬头表示高傲;点头表示赞同;摇头表示反对;垂头表示丧气。从全身姿态看,高兴时手舞足蹈;愤怒时暴跳如雷;恐惧时不寒而栗;悔恨时捶胸顿足;惊慌时手足失措。有些成语如卑躬屈膝、趾高气扬、正襟危坐、呆若木鸡等,都是用来形容伴随情绪情感所产生的体态变化。

3.言语表情:是指由言语的音调、音色、节奏、速度等方面的变化所表示的情绪状态。俗话说:"言为心声",是说不同的言语表情反映出不同的心理状态。如悲哀时语调低沉,语速缓慢,语音高低差别不大;喜悦时,语调高昂,语速较快,语音高低差别较大,音色悦耳;恐惧时,音调高尖急促,声音刺耳颤抖。根据心理学家和语言学家的研究,在许多场合,"怎么说"(也就是说话时运用怎样的语气、语调)往往比"说什么"更为重要。因为言语表情所传达的信息比言语本身更为可靠。俗话说"听话听音",同一句话,由于语调不同,所代表的意思可能大相径庭。比如在说"这是怎么回事"这句话时,既可以表示和颜悦色的疑问,也可以表示指责和鄙视。据研究,人在说谎时的音调比说真话时要高一些。在日常生活中,我们通常会觉得说话深沉的人更诚实和稳重一些。

人的这些表情是从动物表情演化而来的,是人类祖先在生存斗

---

① 斯托曼著、张燕云译:《情绪心理学》,第78页,沈阳:辽宁人民出版社,1986年8版。

争中适应环境的结果。原来一些与特定生存活动有关的身体变化,逐渐成了人们下意识的习惯,成为表情的构成成分。如动物祖先耸鼻皱眉是防臭气入鼻,演化至今就是人们表示讨厌的表情;而愤怒时咬牙切齿则是从动物祖先的齿战发展来的。这说明了表情是具有生物性的,许多表情是先天的、跨文化的,不同民族的人的表情具有相似性。但作为社会的人,表情与其他行为一样都受着社会生活条件的制约,表现出它的社会性。儿童通过后天的学习,逐渐学会多种丰富细腻的表情。表情既受社会行为准则的制约,也受不同民族、风俗、个性和文化教育的影响。由于人的意识的作用,常有意识地调节和控制自己的表情以假象掩蔽其真实的内心体验。例如,欧美人在大庭广众之下亲吻拥抱是很自然的,中国人则多采用比较内在含蓄的方式来表达友情。一个孩子跌了一跤,痛得要掉泪,可想到哭会引起别人的轻视,就忍住了。成人甚至会以截然相反的表情来掩盖自己真实的情感。如一对正在谈恋爱的青年男女,在同事们面前会故意表现得格外冷淡,这些都是常见的现象。因此,只凭外部表现去判断他人的情绪情感,往往会不那么全面和正确。

表情在人类社会活动中具有重要意义。首先,表情具有信息传递和社会交际功能。言语本身是人类特有的交际工具,它表达思想和感情,而言语的语音、声调、节奏等也可称为"情绪语言",它与面部表情和姿态表情一起成为辅助言语交际的有力工具。有时人们觉得用言语表达情意显得过于直爽、唐突或难于启齿时,就求助于表情。国外有关研究也表明:在进行口头沟通的过程中,接受信息的人从发出信息者那里获得的信息,其中有 38% 来自于发讯者的语调,有 55% 来自于其面部表情,只有 7% 来自于语词本身。表情负载着大量信息,在人际交往和沟通中具有极其重要的作用,是人们交往和沟通的重要渠道。一个人要顺利与他人进行交往,既要善于表情,又要善于识别表情。其次,表情也是判断人的内心体验的标准之一。在日常生活中,根据一个人的面部变化和姿态动作,能够帮助了解他当时的情绪和情感状态。

四、情绪情感的功能

(一)适应功能

情绪情感是人适应生存和生活的精神支柱。从种族发展角度来看,人的情绪最初就是为了适应生存而发展起来的。从一些高等动物如猿猴的喜、怒、哀、乐的基本情绪来看,就是在生存适应中发展分化出来的。吃饱了,有了同伴,就产生肯定、愉快的情绪;反之,有外敌入侵、失去同伴、威胁生存的现象出现时,就会产生恐惧、发怒或悲哀等否定情绪。从人类个体发展的角度看,情绪情感也有这种适应特点。从婴儿情绪发展来看,先有哭的情绪产生,这是最具特征的适应方式。身体不舒服时如饿了、生病了、尿布湿了,都可以用哭来表示。从成人而言,除了具有最基本的由适应而产生的情绪外,成人更能主动地通过调节个人情绪来适应社会①。尤其是在现代社会,由于科学进步、文化发展和社会变革的速度越来越快,以及由此产生的社会价值观念的不断更新,个人对环境生活的适应就成为一个经常摆在人们面前的问题,调节情绪也就成为适应社会环境的一种重要手段。现代医学表明,不良情绪除了会造成心理不适以外,还会导致一些身体疾病的产生和加重。比如,长期紧张焦虑的情绪与冠心病和溃疡等疾病有较高的相关。在日常生活中,情绪不好就会吃不好,就是一种情绪影响适应的明显表现。

(二)动力功能

情绪情感的动力功能是指情绪情感能够驱使个体进行某种活动,也能够阻止或干扰正在进行的活动。喜悦愉快的情绪会激励人去从事引起这些愉快情绪的那些活动,而恐惧厌恶的情绪则使人远离引起这些不悦情绪的事物或活动。对此,美国心理学家奥尔兹的动物心理实验作出了有力的证明。他将生物电极埋入大白鼠下丘脑内的快乐中枢,并让大白鼠学会压杠杆以获得生物电刺激,引起快乐

---

①　庄锦英,"论情绪的生态理性",《心理科学进展》,第 809～816 页,2004年第 6 期。

冲动。于是,大白鼠会竭尽全力去按压杠杆,追求快乐。其按压杠杆的次数每分钟可高达 100 次,持续时间可达 15～20 小时,直到筋疲力尽进入睡眠状态为止。

（三）信号功能

情绪情感的信号功能是指个体能以体验的方式表达出自己对周围事物的认识和态度,并对他人施加影响。人的各种情绪、情感无不具有各自特定的表情,心理学家和语言学家把表情称为非语言性语言。人们在相互交往中,不仅利用语言,而且利用表情把自己的需求、愿望、态度、观点以十分微妙的方式表达出来,使自己对事物的认识和态度更易为别人感知和接受。例如,喜悦的表情可以表达对事物的爱慕;愤怒的表情可以表达对事物的不满;点头微笑表示赞赏;皱眉摇头表示否定。所有这些都说明表情具有传递信息的作用,它使人不通过言传,就能理解别人对事物的认识和态度。

（四）感染功能

情绪情感的感染功能是指个体的情绪情感可以感染别人,使别人产生强烈的内心体验,形成与之相应的情感。在一定情景下,人的情绪会不自觉地受到影响和感染,而产生共鸣现象。例如,在一片欢乐的气氛中,人的愉快心情会油然而生。演员演戏时也能使观众产生情感上的共鸣,如主人公的悲惨遭遇能赢得观众的同情和眼泪。

第二节　情绪的理论

一、情绪的生物学基础

情绪是现实生活变化所引起的个体的态度体验,引起情绪的刺激因素有来自个体内部的,也有来自个体外部的。个体内部和个体外部的因素又往往联系在一起构成复杂的刺激因素。刺激因素的复杂性会使个体的情绪体验也表现出复杂的特点,同时,由于人具有主观能动性,不同的情绪表现可能表达了相同的情绪体验,而不同的情绪体验也可能会有相同的外部表现。

　　情绪的复杂性和多样性是与神经系统的多水平机能相联系的，它是机体内部变化的机制、外部表情的机制以及中枢过程的机制在大脑皮层的协调下协同活动的结果。

　　(一)植物性神经系统

　　在人产生情绪时，机体的内部变化和一部分外部表情的变化是由植物性神经系统的活动调节的。植物性神经又分为交感神经和副交感神经，这两种神经的机能是相互拮抗。人在恐惧、愤怒或遇到危急与紧张时，交感神经就会发生反应，使去甲肾上腺素分泌亢进。这些神经兴奋和发生的效应，使有机体内部的生理活动处于应激的准备状态，提高对外界危险事件的防御能力。副交感神经的机能则相反，当人心情愉快时，会分泌乙酰胆碱，解除应激的准备状态，使有机体内部恢复安静。交感神经和副交感神经共同调节着内脏器官与腺体分泌的活动，但是，它们究竟哪个占优势则因人而异。

　　(二)中枢神经系统

　　现代神经生理心理学的研究日益强调中枢神经系统的机制对情绪的作用。[①] 研究表明，情绪体验在很大程度上取决于丘脑、下丘脑、边缘系统和脑干网状结构的功能，而大脑皮层控制着皮层下各中枢的活动并调节着情绪的进行。下丘脑是产生发怒的整合模式的关键部位。动物实验还发现，下丘脑还是"快乐"和"痛苦"的中枢部位。边缘系统是多功能的综合调节区，它调节着皮下的呼吸、血压等低级中枢和内脏的活动。网状结构在情绪反应中起着激活的作用，它是维持意识的清醒状态的重要机构，对筛选不同性质和强度的冲动传入大脑皮层具有重要的作用。大脑皮层是调控皮层下各中枢及整个有机体的最高调节机构。巴甫洛夫学说认为，大脑皮层动力定型的建立、维持和破坏是情绪的生理机制。

_____

　　① 　邵郊著:《生理心理学》，第 387 页，北京:人民教育出版社，1987 年 12 月版。

二、情绪理论的发展

（一）基本的情绪理论

1．情绪的生理反应理论

情绪的生理反应理论是詹姆士、兰格提出的，也称为詹姆士—兰格情绪理论。美国心理学家威廉·詹姆士（W.James）和丹麦生理学家卡尔·兰格（C.Lange）各自分别于 1884 和 1885 年提出了观点基本相同的理论。该理论提出了情绪与机体变化的直接联系，强调了外周生理活动在情绪产生中的作用。

詹姆士认为，情绪是内脏器官和骨骼肌活动在脑内引起的感觉。詹姆士在《心理学》（1890）一书中写到："我认为，我们一旦知觉到激动我们的对象，立刻就引起身体上的变化；在这些变化出现时，我们对这些变化的感觉就是情绪。""合理的说法是：因为我们哭，所以愁；因为动手打，所以生气；因为发抖，所以怕。并不是愁了才哭，生气了才打，怕了才发抖。""假如知觉了以后，没有身体变化紧跟着发生，那么，这种知觉就只是纯粹知识的性质；它是惨淡、无色的心态，缺乏情绪应有的温热"。"情绪，只是一种身体状态的感觉，它的原因纯乎是身体的"。

兰格在情绪的发生上强调血液系统的作用。他以酒精和药物为例，认为血管扩张产生愉快，自主系统活动减弱；血管收缩、器官痉挛，就产生恐怖。甚至说，冷水浇身能使愤怒减弱，溴化钾能使恐怖、忧虑和不愉快受到抑制。这些都是血管收缩过程的改变所致。

詹姆士—兰格的外周论，即二人共同把产生情绪的原因归之为外周性的生理变化，在今天也许已经算不上真正的理论了。但是，它推动了关于情绪机制的大量研究，在情绪心理学发展史上居于举足轻重的地位。

2．情绪丘脑理论

美国心理学家坎农（W.B.Cannon）针对詹姆士—兰格理论提出了如下质疑：（1）机体的生理变化在发生上相对缓慢，不足以说明情绪迅速发生、瞬息变化的事实；（2）同样的内脏器官活动变化可以在极不相同的情绪状态中发生,因此,根据生理变化难以分辨各种不同的情绪;(3)切断动物内脏器官与中枢神经系统的联系,情绪反应并不完全消失;(4)用药物人为地引起与某种情绪有联系的身体变化,却并不产生真正的情绪体验。

根据这些事实,坎农认为,情绪并不是外周变化的必然结果,情绪产生的机制不在外周神经系统,而在中枢神经系统的丘脑,并提出了情绪的丘脑学说。他认为,当刺激引起的感觉信息传到皮层时,释放到经常处于抑制状态的丘脑中心,唤醒丘脑过程,导致特定模式的情绪产生。丘脑同时向大脑皮层和身体的其他部分输送冲动,神经冲动向上传至大脑产生情绪的主观体验,向下传至交感神经引起机体的生理变化,所以,身体变化和情绪体验同时发生。

坎农的丘脑学说强调被唤醒的丘脑过程是情绪产生的机制,指出了情绪产生的特定脑中枢,比詹姆士—兰格理论前进了一步。但是,丘脑学说只强调丘脑在情绪发生中的决定作用,这是不准确的。不少实验材料表明,切除全部丘脑的动物,只要保存着下丘脑,发怒反应仍然存在,只有当下丘脑结构全部被切除后,情绪反应才受到较大影响。此外,该学说虽然提出在情绪发生过程中,大脑皮层参与了活动,但是却未能估计大脑皮层在情绪发生时的作用。

3. 情绪的评估兴奋理论

美国心理学家阿诺德(M.B.Arnold)提出了情绪的评定—兴奋学说,该学说强调情绪的来源是对情境的评估,而评估是发生在大脑皮层的。她举例说,在森林里看到熊会产生恐惧,而在动物园里看到关在笼子里的熊却不产生恐惧。情绪产生取决于人对情境的认知和估价,通过评价来确定刺激情景对人的意义。因此,阿诺德认为情绪是对趋向知觉为有益的、离开知觉为有害的东西的一种体验倾向,这种体验倾向被一种相应的接近或退避的生理变化模式所伴随。

由于阿诺德认为情绪的来源是对情境的评估,而认识与评估都是大脑皮层的过程,因此,皮层的兴奋是情绪的主要机制,是情绪产生的基础,故称为情绪的认知评估—兴奋学说。依照阿诺德的学说,情绪是这样产生的:情绪刺激作用于感觉器官而产生的神经冲动上传到丘脑,在丘脑更换神经元后再传到大脑皮层。在皮层上产生对情境的评估。这时,只要情境被评估为对有机体有足够重要的意义,皮层兴奋即下行激活丘脑系统,并影响自主神经系统而发生器官的变化。这时,外周变化的反馈信息又通过丘脑传到大脑皮层,并与皮层最初的估价相结合,纯粹的认识经验即转化为情绪体验。

　　另外,阿诺德把大脑皮层与皮层下的活动联系在一起。她认为情绪反应包括机体、内部器官和骨骼肌的自主化,认为外周变化的反馈是情绪意识的基础。由此可见,阿诺德的学说接受了詹姆士—兰格学说的外周反馈观点,而不同意坎农关于丘脑抑制的观点。她认为整个情绪过程都是大脑皮层兴奋的结果。詹姆士—兰格理论的模式是:情境刺激→机体反应→情绪,而阿诺德理论的模式是:情绪刺激→评价→情绪。

　　4.情绪三因素理论

　　现代情绪心理学研究认为,情绪产生是由环境事件(刺激因素)、生理状态(生理因素)、认知过程(认知因素)三个条件所制约的,其中,认知因素是决定情绪性质的关键因素。

　　美国心理学家沙赫特(S.Schachter)提出,生理唤醒和认知评价之间的密切关系和相互作用决定着情绪。其中,认知起主导作用。他认为,情绪既来自生理反应的反馈,也来自对导致这些反应情境的认知评价。因此,认知解释起两次作用:第一次是当人知觉到导致内脏反应的情境时,第二次是当人接受到这些反应的反馈时把它标记为一种特定的情绪。标记过程取决于对事件原因的鉴别,即归因。人们对同一生理唤醒可以作出不同的归因,从而产生不同的情绪。当情绪被唤醒时,他们可能把自己的情绪标记为快乐,也可能标记为愤怒,这取决于可能得到的有关情境的信息,人们往往通过与周围的人进行比较来评价自己的情绪。不少实验结果支持了沙赫特的观点,因此,这一观点有较大影响。

　　5.情绪 ABC 理论

美国心理学家艾利斯经过多年的心理咨询实践,发现在情绪方面存在障碍的来访者有一些共同的特征。在此基础上,他总结出了人性的一些基本特征,并由此发展了情绪 ABC 理论。艾利斯认为人的本性有以下几大特征:第一,人既可以是理性的、合理的,也可以是非理性的、不合理的。当人们按照理性去思维、去行动时,他们就会很愉快、富有竞争精神,行动也会卓有成效。第二,情绪是伴随人们的思维而产生的。不合理的、不合逻辑的思维造成了情绪上或心理上的困惑。第三,人的生物学和社会学的双重特性决定了人同时存在有理性的合理思维和非理性的不合理思维,即任何人都不可避免地具有或多或少的不合理思维与信念。第四,人是有语言的动物,思维借助于语言而进行。不断在心里重复某种不合理信念,将导致情绪困扰无法排解。第五,情绪困扰的持续,实际上就是那些内化语言持续作用的结果。正如艾利斯所说:"那些我们持续不断地对自己所说的话进行重复,或者就变成了我们的思想和情绪。"

第三节 情绪与情感的分类

在生活中,常常可以听到有人说自己高兴,有人说自己最近比较烦。那么,人们是如何认识自己的情绪的呢? 不同的文化之间对于情绪的认识是相同的吗? 对于情绪有没有不同的分类呢? 回顾我国传统文化以及西方的研究,不难发现无论是在我国古代的文献资料中,还是在国外的文献资料中,都包含了对情绪分类问题的探讨,很多人从不同角度、不同方面把情绪情感分为不同的类别。

一、基本情绪

我国最早的情绪分类思想源于《礼记》,其中记载人的情绪有"七情"分法,即喜、怒、哀、乐、爱、恶、欲;《白虎通》记载,情绪可以分为"六情"即喜、怒、哀、乐、爱、恶;在西方文化中,法国哲学家笛卡儿认为人有六种原始情绪:惊奇、爱悦、憎恶、欲望、欢乐和悲哀,它们都和一定的对象相联系,其他情绪都是它们的组合与分支。在近代中国和西方有关情绪的论述中,较为认同的是将快乐、愤怒、悲哀、恐惧列为情绪的基本形式。①

（一）快乐

快乐是指人们盼望的目的达到后,或者某种需要得到满足时产生的情绪体验。如学生在高考中取得了好成绩,有人在自己生日的时候送来了一份自己喜爱的礼品等等,都会产生快乐的体验。快乐可以有满意、愉快、欢乐、狂喜等不同的程度之别,快乐的程度取决于愿望满足的意外程度,如果个体的某一目的突然出乎意料地实现了,可能会给他带来惊喜,会引起极大的快乐。

（二）愤怒

愤怒是人们在实现某种目的的过程中受到了挫折,或者愿望不能够得到满足时产生的情绪体验。愤怒的程度可以有不满、生气、愤怒、暴怒几种。一般来说,当人们遇到挫折时,都会产生一定的不满情绪,但不一定会发怒。如果人们意识到这种挫折是由于他人的恶意中伤造成的,那么,怒气就会油然而生。特别是当人的自尊受到伤害,人格受到侮辱时,往往会产生激烈的愤怒情绪,甚至会勃然大怒。愤怒是一种不良情绪,它会破坏人的心理、生理平衡,从而诱发各种疾病。因此,容易发怒的人,一般体质都欠佳。

（三）悲哀

悲哀一般是与所热爱事物的丧失和希望破灭有关的情绪体验。如亲人去世、升学考试失意都属这种情况。悲哀也有遗憾、失望、难过、悲伤、哀痛等程度的不同,悲哀的强度决定于个人所失去事物的价值。由悲哀引起的紧张的释放就是哭泣。通过哭泣,人们的悲哀就会得到缓解,紧张就会逐渐消除。哭不仅是表达感情的一种方式,也是一种心理保护措施。当人遭遇到极大的委屈或亲友亡故时,都

---

① 孟昭兰主编:《情绪心理学》,第13页,北京:北京大学出版社,2005年版。

会情不自禁地哭起来。

（四）恐惧

恐惧是人们面临危险的情境，或预感到某种潜在的威胁时产生的情绪体验，它往往是人们无力摆脱困境时的表现。如大难临头，又无路可走时，人们的恐惧心理就会油然而生。一个人夜间单独行走，本无危险，但想象到某种可能的危险也会产生恐惧。恐惧可分为程度不同的怕、惧怕、惊恐和恐怖几种。人在恐惧时，脸色会变得苍白，反应也会显得迟钝，有时还会浑身发抖。"胆战心惊"就很形象的说明了人在恐惧时的精神状态。由此可见，恐惧也是一种消极情绪。

在上述四种基本情绪形式的基础上，又能派生出许多情绪，组成各种复合的形式。与对他人评价有关的如爱慕、厌恶、怨恨；与对自我评价有关的如谦虚、自卑、悔恨等，都包含着快乐、愤怒、悲哀、恐惧等因素。

二、情绪状态

情绪的产生不仅与客观事物满足自己需要的程度有关，同时也表现出了时间、强度上的特点。根据情绪发生的强度和持续时间的长短，可把情绪分为激情、心境、应激和挫折四种情绪状态。[①]

（一）激情

激情是一种强烈的、短暂的、爆发性的情绪状态，如狂喜、暴怒、绝望等。其具有冲动性，发生时强度很大。在激情状态下，机体内部伴随有强烈的生理变化，并有明显的外部表现。如狂喜时手舞足蹈；暴怒时面红耳赤。激情还具有爆发性，发生的速度很快，持续的时间很短暂，一旦离开引起激情的具体情境，会很快冷静下来或转化为心境。

引起激情的原因很多。首先，对人具有重大意义的突发事件可以引起激情，如重大的喜讯或亲人的亡故等。其次，对立意向的冲突

---

①　孟昭兰主编：《情绪心理学》，第35页，北京：北京大学出版社，2005年版。

或过度的兴奋与抑制也容易引起激情，如对某种痛苦忍耐过久，抑制过度，一旦爆发出来，就会成为十分强烈的、难以控制的激情。此外，激情的发生还和一个人的修养程度有关。那种缺乏教养、不讲礼貌或患有歇斯底里症的人，可以在毫无理由的情况下引起激情的爆发。

激情对人的活动有很大的影响。积极的激情常常能调动人身心的巨大潜力，成为激励人行为的强大动力。而消极的激情则会使人出现"意识狭窄"现象，即认识范围缩小，不能正确评价自己行为的意义和后果，作出一些鲁莽的行为，甚至铸成千古之恨。当然，消极的激情也并非不可控制，事实证明，人能意识到自己的激情状态，并可以有意识地调节和控制。

控制激情的方法有很多。首先，应尽量避开引起激情的环境刺激。其次，是转移注意力，做一些自己感兴趣的事。再次，是合理地有节制地发泄。此外，还可以借鉴前人的经验，由发怒转为发奋。如生活中遭到挫折时，受到他人讽刺嘲笑，心中不平时，要化愤怒为力量，变压力为动力，发奋图强，做生活的强者。当然，控制激情最根本的方法还在于加强思想修养。

（二）心境

心境是一种微弱、平静而持久的情绪状态，也叫心情。如有人会在一段时间内心情舒畅或忧郁寡欢，兴高采烈或无精打采等。

心境具有弥散性，它不是关于某一特定事物的体验，而是由一定的情境唤起后在一段时间内对各种事物态度的体验。一个人的某种心境一旦发生，常常会以同样的情绪状态看待周围的一切事物，使自己的一切活动都染上某种情绪色彩，影响着人的全部行为表现。例如，在舒畅的心境下，会觉得事事顺心，处处快乐。在悲伤的心境中，一切都令人烦恼。所谓"情哀则景哀，情乐则景乐"，说的就是对于同一件事，不同心境的人体验是不相同的。

心境产生的原因是多方面的，既有客观原因，也有主观原因。第一，激情的余波效应。激情过后往往会转为心境。如狂喜过后，心情舒畅；暴怒过后，闷闷不乐。第二，生活中的重大事件。社会地位的变迁、经济条件的变化、工作和学习的顺利与受挫、事业的成功与失败等都会引起不同的心境。第三，人际关系。一个人与家人、邻里、同事关系融洽，就会有愉快的心境。相反，家庭关系紧张、邻里关系不和、同事之间矛盾重重者，心情就抑郁苦闷。第四，自然环境变化。比如在范仲淹的《岳阳楼记》中就有"若夫淫雨霏霏，连月不开，阴风怒号，浊浪排空……登斯楼也，则又去国怀乡，忧谗畏讥，满目萧然，感极而悲者矣"之感，"至若春和景明，波澜不惊，上下天光，一碧万顷……登斯楼也，则又心旷神怡，宠辱皆忘，把酒临风，其喜洋洋者矣"，同是岳阳楼之景，但是自然环境不同了，诱发思考的问题也就会不同，引起的情绪体验也就会不同。第五，生理状况。个体若是身体健康，情绪则会饱满；如果疲劳、失眠或患有疾病，则会使人情绪低落。

除上述原因外，心境的产生也与人的人格特点有关，每个人还有自己独特的比较稳定的心境。比如，有的人乐观，有的人多愁善感。影响和决定一个人心境的主要原因是其人生观和信念。乐观主义者即使在极端不利的条件下仍然能保持乐观的心境。

心境对生活、工作、学习和健康有很大的影响。良好的心境能使人更好地发挥积极性、创造性，提高工作效率，有益于健康。不良的心境则会使人消极颓废，降低工作效率，有损于健康。因此，在日常生活中，我们应当培养健康的心境，对生活充满热情，积极进取，防止产生消极心境。

（三）应激

应激是出乎意料的紧迫情况引起的急速而高度紧张的情绪状态。在日常生活中，人们遇到某种意外危险或面临某种突发事变时，必须迅速而及时地作出决定，采取有效措施应付紧急情况，此时，人的身心处于高度紧张状态，即为应激状态。列如，正在行驶的汽车突然遇到障碍物，司机紧急刹车；还有突然发生的火灾、地震等。在这些情况下人们所产生的特别紧张的情绪状态就是应激状态。

在应激状态下，人可能有两种表现：一种是急中生智。此时，应激引起的身心紧张，可使个体集中自己的智慧和经验，调动全身力量迅速而及时地作出决定,解决当前的紧急问题。在这种应激状态下,人的思路清晰,反应迅速,判断准确,动作有力,能够化险为夷,做出平时做不到的事情。另一种是惊慌失措。应激所造成的高度紧张情绪,使个体行为失调,思维混乱,分析判断能力减弱,注意的分配和转移发生困难,甚至会使身体各部分的机能失调,出现暂时休克现象。实践证明,人的应激能力可以通过训练而提高。通过训练,培养思维的敏捷性,提高意志的果断性,增强动作的灵活性,加强技能的熟练性,从而提高在意外情境下迅速决断的能力。这样遇到突发事件,就能镇定自若,当机立断,摆脱困境,转危为安。由于应激状态中会出现一系列激烈的生理反应,若长时间处于应激状态,则会破坏人的生物化学保护机制,使人抵抗力降低,易受疾病侵袭。

(四)挫折

挫折是指在实现社会目的和个人抱负的过程中,目标活动遇到障碍或干扰,致使目的不能实现,需要和愿望不能满足时的消极情绪状态。

在现实生活中,任何人的一生都可能遇到挫折,正如古人所说:"人生不如意之事十有八九。"挫折是社会生活中普遍存在的一种客观现象,许多挫折是不以人的意志为转移的。挫折对一个人来说,有利也有弊。挫折能磨练人的意志,增长人的见识,"吃一堑,长一智"。"自古雄才多磨难,历来纨绔少伟男",人的才能和智慧是在与挫折作斗争中增长和发展的。挫折也会造成人的心理创伤,使人感受到心理压力,产生心理失调,甚至形成"心因性疾病"。

引起挫折的原因是多种多样的,主要有以下几种:一是自然的原因。这是指需要受到自然环境或物理作用的阻碍,如恶劣的气候、强烈的噪音、火灾等引起的挫折。二是社会的原因。这是指需要受到社会习惯、传统或人为因素的阻碍,如人际关系紧张引起的挫折。三是经济原因,这是由于收入不高,个人的需要直接或间接地受到阻碍。四是生理原因。如想当歌唱家又没有好嗓子。五是期望水平过高。如对自己的期望超过了力所能及的范围,通过努力未能实现而产生的失败感。

个体遭受挫折后,必然会有所表现,以解脱挫折带来的烦恼,减少内心的冲突与不安,缓解挫折情绪,取得暂时的心理平衡。这种自我心理保护措施称为心理防卫机制。心理防卫机制主要有积极的、消极的和妥协的三种形式。

积极的心理自我防卫形式,是对挫折的理智性对抗行为,主要有升华和补偿。升华是指将不为社会所接受的动机或欲望加以改变,并以较高境界表现出来,以求符合社会标准的要求。如某人因舆论原因遭受爱情挫折时,他可以转向写诗、写小说或绘画等,抒发自己被压抑的情感,这就是升华。补偿是指个体在某种活动中遭受挫折后,从另一种活动中谋求成功,以弥补失去的自信与自尊。如肢残学生体育上失意,而在文化课学习中取得优异成绩,以此补偿可减轻消极情绪的压力。

消极的心理自我防卫形式,是一种非理智的对抗行为,主要表现为攻击行为。当个体受挫后常会引起愤怒情绪,从而表现出攻击行为。可分为直接攻击和转向攻击。直接攻击是指将攻击目标直接指向造成障碍的对象。如受到他人无故谴责时,你可能"以牙还牙"、"反唇相讥"来对付无故谴责你的人。也可能把愤怒情绪发泄到其他人或物上去,迁怒于人或物称为转向攻击。还有对自己缺乏信心或自卑悲观者,经常把攻击对象转向自己,责备自己无能、不争气等。

妥协的心理自我防卫形式,是一种采取折衷的办法对待其所遭到的挫折,消除心理上不平衡的形式。主要有合理化和逃避。合理化是心理自我防卫机制中最常见的一种,是指个体由于挫折使预定目标无法实现时,为避免精神上的痛苦和不安,找出种种借口或理由为自己的失败辩解。其表现形式有"酸葡萄"反应和"甜柠檬"反应。"酸葡萄"反应是借否定不能达到的目标的优点,夸大其缺点以维护心理平衡的一种防卫手段。如某生考试成绩差,就说自己重能力不重分数。"甜柠檬"反应是借夸大既得利益的好处,否定其缺欠,以减轻未能实现目标的痛苦。如丢了钱,就说破财免灾,以此安慰自己。

逃避是指受挫后回避现实,避开原来挫折情境的妥协行为。"眼不见心不烦"就是逃避的表现。

三、社会情感

情感是与人的社会性需要相联系的体验,是人类所特有的。社会情感按其内容可分为道德感、理智感和美感。[①] 具体内容如下:

(一)道德感

道德感是根据一定的道德标准去评价人的思想、意图和言行时产生的情感体验。人生活在社会上,在与周围的人交往中掌握社会道德标准,并转化为自己的道德需要。人类根据已掌握的道德标准去评价自己或别人的思想、意图和言行时,认为符合自己的道德需要,就会产生肯定性情感,如果不符合自己的道德需要,就会产生否定性情感。例如,对别人大公无私的行为产生敬佩之情;对别人的损人利己行为产生愤怒、蔑视的情感;自己尽到了社会责任感到心情舒畅,未尽到责任则感到内疚惭愧等,都属于道德感。

道德感具有社会性。不同的社会、不同的历史时期、不同的社会集团或民族,有着不同的道德标准和行为规范,不同的人们对这些标准和规范又有着不同的理解,于是就会产生不同的道德需要,因而也就有着不同的道德感。例如,在婚姻观上,封建社会认为"父母之命,媒妁之言"是合理的,男女自己做主谈情说爱则是伤风败俗,而在现代人看来,没有爱情的婚姻是不道德的。社会主义社会,道德感的内容非常丰富。道德感在社会情感体系中占有特殊地位,对人的活动具有重要的指导作用。

(二)理智感

理智感是人在智力活动过程中,对认识活动成就进行评价时产生的情感体验。它是与人的好奇心、求知欲、探求和热爱真理的需要相联系的。

---

① 克拉斯沃尔、布卢姆等主编、施良方、张云高译:《教育目标分类学》,第189页,上海:华东师范大学出版社,1989年版。

理智感的表现多种多样。它体现出人对自己智力活动过程与结果的态度,如发现问题时的惊奇感、疑虑感;百思不解时的焦虑不安与苦闷;获得结论时的喜悦、陶醉与自信;以及对真理的维护与热爱和对偏见、谬误的鄙视与痛恨等,都属于理智感。

理智感是在人的认识和实践活动中产生和发展起来的,反过来,它又成为人认识和实践活动的动力。任何学习活动、科学发明、艺术创造都与理智感分不开。一个人的思想只有被深厚的情感渗透时,才能引起积极的注意、记忆、思维,并获得克服困难的力量。正如列宁所说:"没有人的情感,就从来没有也不可能有人对真理的追求。"

(三)美感

美感是人们根据自己的审美标准对自然或社会现象及其在艺术上的表现予以评价时产生的情感体验。如人对浩瀚的大海、蔚蓝的天空、秀美的田园、漂亮的容貌、名胜古迹、艺术珍品等表示的赞美、喜爱等都是美感的表现。

美感是内容美和形式美的统一。美感具有直觉性,它总是在接触事物时立即直接发生的。因此,物体的外表形式对美感有很大的影响,物体的形状、颜色及声音、气味方面的特点在美感产生中起着重要的作用。但美感也依赖于事物的内容,起决定作用的是事物的内容。苍蝇的外形和蜜蜂相似,前者往往使人产生厌恶之感,而后者则可以使人产生美感。对于人来说,仪表是给人以美感的重要条件,但更重要的是心灵美,那些人格高尚、心灵美好的人,即使身残貌丑也会受到人们的敬佩和赞赏。

美感具有社会性。同道德感一样,美感也受社会历史条件的制约,不同的社会、不同的时代、不同的民族、不同的阶级,人们的审美标准各不相同,因而也就有不同的美感。例如,在中国古代的一个历史时期,女性以小脚为美,使得很多年轻女子忍受着痛苦缠脚裹脚,摧残了人体正常的发育生长。另外,在社会转型期,人们的价值观也发生了变化,有些人认为染发是美的表现,因此不惜将头发染成各种颜色,但是有些人仍然坚持"天然去雕饰"的自然美等等,我们更倡导健康、大方、自然、和谐的美。

　　美感具有个体性。对于同一客观对象,不同的人可以产生不同的美感,有人觉得美,有人觉得不美。当然人类也有共同的美感,比如面对鲜艳的花卉、秀丽的风景、动听的音乐、优美的诗歌、雄伟的建筑,任何人都认为是美的。这说明,虽然人们的生活地域不同、种族各异,但人们的审美观点存在着相同之处。美感的个体性更多是与个性相联系的,有些个性比较外向、乐观的人更容易接受新事物,认为其代表了美,而有些内向的人则更多的坚持传统,总会在朴实、简单、传统中找到另一份宁静、另一份美。

第四节　心理压力与情绪调节

　　随着当代科学技术的飞速发展,信息量的快速增加,人们的工作节奏相应加快,随之而来的时间观念、工作效率和生活内容也在发生变化。在学校环境中,新课程改革同样给管理者、教师、学生带来了新的挑战;生活环境、工作条件的改变容易使人产生紧迫感、压力感和焦虑感。在日常生活中,每个人都会不同程度地感受到心理压力的存在。过度的心理压力会影响到一个人的学习、工作和生活,甚至会破坏一个人的生活情趣,使人对身边发生的事情毫无兴趣,觉得周围的事物都没有什么意思;更重要的是会损害一个人的心理健康,乃至整个机体的有效运作,从而使人降低对生活意义的追求,妨碍生活质量的提高。①

一、心理压力的概念

　　心理压力是一种持续存在的消极情绪体验,而情绪的产生必须具备两个条件:一是引起知觉的刺激情境;二是个体对刺激的认识,二者兼备时才会产生情绪。比如说在公共汽车上被人偷窃,当他对

---

　　①　曹汝德著:《情绪与健康》,第 13 页,北京:北京气象出版社,1988 年版。

这一情景没有发现和认识时,他就不会产生愤怒的情绪,而当他发觉小偷在偷自己的钱包时,他就会产生愤怒情绪。在这样的情境中,如果他同时也发现小偷还有其他同伙,他可能会考虑到自己无法应对这样的情境,而产生了心理压力;在学习情境中,比如有一位同学英语成绩不好,同时他所在的班级中大多数同学的英语成绩也比较低的时候,他可能不会客观的意识到自己的英语学习情况,因此也不会产生焦虑情绪;当他发现别人成绩很好,而自己英语成绩较低时,他可能会产生焦虑、紧张情绪。如果个体长期处于威胁性刺激情境中,由刺激情境引起的情绪状态一直不能恢复平静,具有威胁性的刺激情境成了当事人生活中长期存在的事件,此种事件随时使他心理上感到很大的压力,这就是所谓的心理压力。简言之,心理压力就是个人处在威胁性刺激情境中,一时无法消除威胁、脱离困境时的一种被压迫的感受。

二、心理压力的来源

在现实生活中,由生活事件所引起的心理压力多种多样。如未完成的作业、即将来临的考试、必须面对的冲突等等都会引起心理压力。对人们生活事件的归纳与分析,可以发现心理压力的来源主要有以下几个方面:

1.生活改变。生活改变是指个人日常生活秩序上发生的重大变故。这里的生活改变主要是指生活中带给人们负面情绪的事件而言的。

2.生活琐事。烦心的生活琐事,日积月累也会给人造成压力,所谓生活琐事指的就是日常生活中经常遇到且无从逃避的琐事。此等琐事在性质上其严重性均不足以危害于人。但积累的结果,就会对人的身心造成不良影响。日常生活中造成心理压力的琐碎事件主要包括家用支出、工作职业、身心健康、时间分配、生活环境及生活保障等方面。

3.心理挫折。在日常生活中,随时随地都可能遇到挫折情境,因而产生挫折感。因挫折情境对人的阻碍,使人的生活目标无法达成所产生的挫折感就属于心理压力。

4．心理冲突。冲突是一种心理困境，而此种困境的形成，乃是因个人同时怀有两个动机而无法兼得满足所致。人在现实生活中经常会遇到需要个人作出选择判断的问题，在选择判断时，有的重在感情，有的重在理性，更有的患得患失，不得不考虑利害关系。这种在日常生活中在所难免的心理冲突也会构成心理压力。

三、心理压力与健康

当我们面临和承认心理压力时，我们的身心系统会随之发生一系列的变化。这是人们在心理压力下为应付压力刺激所发生的自然反应。比如在课堂上被老师提问，但是自己又不知道如何回答老师的问题时就会产生紧张情绪，并由此产生心理压力，这时候往往会伴随出现一些诸如心跳加快、血压升高、呼吸变得急促等生理体征。如果将我们的心理看成是一个完整的图形，当它受到挤压或破坏变得不完全时，个体就会有意识地补全这个图形，在这一过程中，个体可能会表现得更为积极，更为主动，可能会出现一些超乎寻常的行为表现，比如"急中生智"、"置死地而后生"等等。

人们的这种超常表现，是由于人们把身体及心理的能量积聚起来应付压力事件的缘故。但是，人的这种压力状态不能持续太久，因为人体内并没有取之不竭的动力源泉。如果人所承受的心理压力过多、过久，人的储备能量就会大量消耗，从而降低人抵抗疾病的能力，影响人的身体健康。此外，长期心理压力引起的心理上的负面情绪反应，是形成心理适应困难甚至心理疾病的原因之一。

四、心理压力的化解与情绪调节

任何人一生都会遇到压力，压力在一定条件下起着积极的作用。比如，有的学生意识到自己的某一门功课成绩不好，可能会促使他重视这一门课程，改变学习策略和方法，从而提高成绩，这就是压力的积极作用。但是过多的压力是无益的，持续的压力会造成紧张过度，甚至会把人压垮。那么，有什么办法可以对付心理压力呢，有什么办法可以调节消极情绪呢？

(一)如何避免心理压力

1.用积极的态度面对压力。在现实生活中,每个人都会或多或少地遇到各种压力。可是,压力可以是阻力,也可以变为动力,就看自己如何去面对。社会是在不断进步的,人在其中不进则退,所以,当遇到压力时,明智的办法是采取一种比较积极的态度来面对。实在承受不了的时候,也不让自己陷入其中,可以通过看书、听音乐等,让心情慢慢放松下来,再重新去面对,到这时往往就会发现压力其实也没那么大。

2.减压先要解开心结。有一则小寓言,说有一种小虫子很喜欢捡东西,在它所爬过的路上,只要是能碰到的东西,它都会捡起来放在背上,最后,小虫子被身上的重物压死了。假如人能学会取舍,学会轻装上阵,学会善待自己,学会休闲,凡事不跟自己较劲,甚至学会倾诉、发泄释放自己,人还会被生活压趴下吗? 不少人总感到忙得不可开交,对这样的人来说,规定出一个固定的休闲时间将会大有益处。应该培养一种业余爱好,使自己的业余时间有所寄托。你可以将全部身心投入其中,得到乐趣,暂时把工作统统忘掉,这几乎对所有的人都是可取的。

3.适度转移和释放压力。面对压力,转移是一种最好的办法。压力太重背不动了,那就放下来不去想它,把注意力转到让你轻松快乐的事上来;另一方面也应该学会多角度的看问题。心理卫生学家告诫人们:当个体在认识、思考和评价客观事物时,要从多方面看问题。如果从某一角度来看,可能会引起消极的情绪体验,产生心理压力,这时只要能转换一个视角,常常会看到另一番景象。等你心态调整平和了,自己坚强起来了,你还会害怕你面前的压力吗? 比如,面对新的工作,你觉得束手无策,感到焦虑不安,你可以找朋友聊聊天,或许在聊天的过程中就会有新的发现;而另一方面你可以换一种角度看待你的新工作,如果你勇敢的面对了,就有一份新的收获,这可能是别人不会有的机会。

4.对压力心存感激。"每个人生下来,还不能利用自己的力量来完成每一件事,都是需要别人的帮忙才能完成,所以,我们要存有感谢的心。"人生怎能没有压力? 的确,想想并不曲折的人生道路,升学、就业、跳槽,从偏远的乡村走向繁华的都市,我们的每一个足迹都是在压力下走过的。没有压力,我们的生活也许会是另外一个模样。当我们尽情享受生活的乐趣的时候,都应该对当初让我们曾经头疼不已的压力心存一份感激。

5.不要做完美主义的俘虏。追求完美也许是最容易形成压力的因素。大多数人都有一种本能的向上发展的欲望,有些人做事力求最好,力求面面俱到,往往以最顺利最完美的状态为标准,并希望永远保持这种完美状态,但现实与他们的愿望经常相违,结果会陷入理想与现实的矛盾之中。其实,完美并不存在,追求完美只不过是自寻烦恼罢了。因为不管你把手头上的事情干得多好,你那颗追求完美之心,总使你觉得不够完美。对自己要公正一些,不要力争不现实的东西,既然你无论如何都得不到它们,又何必自寻烦恼呢?

6.给别人留有余地。处于紧张状态的人往往企图处处争先,事无巨细,就连在马路上骑自行车也不甘人后,对他们来说,一切都是竞争,非赢即输。生活不需如此,竞争是易传染的,而合作也是同样。你给别人留有余地,自己也往往更加从容。别人不再感到你对他是威胁时,他也就不成为你的威胁了。

(二)情绪的调节

人要减轻和化解心理压力,还要学会情绪的自我调节。情绪调节的方法主要有以下几种:

1.理智调控

理智调控就是用合乎原则和逻辑性的思维去调控情绪。当过于强烈的情绪出现时,往往会使人思维狭窄,判断偏颇,以致言行失措。这种情绪状态就需要用理智调节。先用意志控制住过强的情绪,再进行冷静地分析,合乎逻辑地推理,澄清激情产生的原因,想想自己的言行举止是否得当,后果如何。要头脑清醒地回顾矛盾的来龙去脉,属于他人的责任,要尽量考虑到事出有因,情有可原,人无完人,不必苛求,"得饶人处且饶人"。属于自己的过失,要总结经验,吸取教训,"吃一堑,长一智",不过分自责,悔恨不已,损失已经造成,可以进行自我安慰,"塞翁失马,焉知非福"。这样就会感到天地广阔,心情舒畅。

2. 合理宣泄

合理宣泄就是把自己压抑的情绪向合适的对象释放出来,使情绪恢复平静。消极的情绪虽然可用理智暂时约束压抑它,但不能彻底消除,这种心理能量的积聚,如果超过一定的负荷,就会破坏心理平衡,引起心理疾病。采用适当的途径,合理宣泄,才能消除不良情绪。

合理宣泄的途径主要有:第一,找人倾诉。这是最常用的也是最合理的一种宣泄方式,人们经常会有这样的体会,当有了困扰、不满和痛苦等心理压力时,可以向知心朋友或信任的人倾诉,请他们开导,也可以用写信、记日记的方式来倾吐心中的不快。第二,自我宣泄。在极度伤悲、委屈的时候,可以采用宣泄的方式比如哭泣,在空旷的地方大声喊叫等等。不论男女,当感到委屈、苦恼时,都不必强忍眼泪,尽情地痛哭一场,必定会感到心理上轻松、平静。第三,剧烈地活动。如较大运动量的体力活动、激烈的快节奏喊叫等,亦有助于释放紧张的情绪,消除烦闷和抑郁。

情绪的宣泄要做到适时适度,注意时间、场合和方式方法,既不影响他人的工作、学习和生活,也不能有损于自己的身心健康,更不能触犯法律,危害社会。①

3. 心理放松调节

当人感到身心疲惫、情绪紧张、焦虑不安、心理压力过重时,采用放松技术进行自我调适,可以有效地缓解心理压力和消除不良情绪,达到身心放松的目的。

---

① 骆正著:《情绪控制的理论和方法》,第 213 页,北京:光明日报出版社,1989 年第 10 版。

心理放松的方法主要有：

第一，逐步放松法。找个安静的地方，舒适地坐下来，轻轻地闭着眼睛，慢慢呼吸，很深很深的吸气，开始数数，由 10 倒数至 1，感觉到自己数数的节奏，头部有意识开始放松，逐次到面部、颈部、胸部、腹部、双臂、双腿……逐渐进入一种有意识的重新塑造自己的氛围，使心中的烦恼、不自信、悲观、低下的自我离自己越来越远……让想象中出现一个充满自信、热情、富有魅力的形象走进内心，此训练要连续多次进行，养成习惯，便会达到自我放松。

第二，沉思法。可先选择一个比较安静的环境，然后全身放松，闭上眼睛，开始进行冥想。一般是想象一些美好的景物、愉快的经历，如想象自己在海边散步，繁星满天，脚下是柔软的沙滩，这时你可以充分发挥你的想象力，体会海浪的哗哗声、海风拂面的凉爽、潮湿，脚下踏着沙砾和贝壳的感觉。接着想象自己在海边小憩，深呼吸数次，然后慢慢睁开眼。此法刚开始时，心里不易宁静，但坚持下去必将大有裨益。

第三，音乐调节法。音乐对人的生理和心理都有明显的影响，优美的乐曲可以使人血压正常、肌肉松弛、脉搏放慢，使人感到心情宁静、轻松愉快。不同的音乐会引起不同的情绪反应，因而可以根据自己的情绪状态有选择地欣赏音乐。当心情烦躁、焦虑时，旋律优美、柔和、悦耳的音乐，能够使人情绪安静，感到轻松愉快；而当忧郁、消沉时，听听节奏鲜明、雄壮有力的音乐能够使人情绪振奋，激昂奋进。

第四，肌肉放松法。可采用站、坐、卧的姿势，但以卧姿为主。在放松之前，先充分体验全身紧张的感觉，然后从头到脚依次放松。同时可以伴以想象，如想象自己舒适地躺在沙滩上，享受着阳光的温暖和清新的空气，自己逐渐就会从苦恼和不愉快中解脱出来。肌肉放松可以使人全身松弛、轻松舒适、内心宁静。

【主要结论】

1. 情绪和情感是人对客观事物是否符合自己的需要而产生的主观态度的体验。情绪情感的外部表现主要有面部表情、姿态表情、言语表情。情绪情感的功能主要有适应功能、动力功能、信号功能、感染功能。

2. 情绪是机体内部变化的机制、外部表情的机制以及中枢过程的机制在大脑皮层的协调下协同活动的结果。基本的情绪理论包括情绪的生理反应理论、情绪丘脑理论、情绪的评估兴奋理论、情绪三因素理论、情绪 ABC 理论。

3. 根据不同角度、不同方面把情绪情感分为不同的类别,其中基本情绪包括快乐、愤怒、悲哀、恐惧;根据情绪发生的强度和持续时间的长短,可把情绪分为激情、心境、应激和挫折等四种情绪状态;与人的社会性需要相联系的社会情感按其内容可分为道德感、理智感和美感。

4. 心理压力是一种持续存在的消极情绪体验。心理压力的主要来源有生活改变、生活琐事、心理挫折、心理冲突。心理压力与个体的身心健康密切相关。理智调控、合理宣泄、心理放松调节等是有效调情绪的几种操作方法。

【理论应用与实践】

情绪 ABC 理论的应用

科学的理论不仅仅能够描述科学关系,而且能够指导实践,心理学理论更是如此。因为心理学是以人的行为和心理为研究对象,主要关注的是人类自身。在本章内容中,根据情绪理论的发展与沿革,介绍了情绪的生理反应理论、情绪丘脑理论、情绪的评估兴奋理论、情绪三因素理论、情绪 ABC 理论等基本理论。在此,通过中学生团体心理辅导活动课的设计,来说明情绪 ABC 理论对辅导实践的指导作用。

主题:健康情绪辅导

目的要求:

1. 了解情绪产生的原因:"我们的想法决定我们的情绪反应"。

2. 了解"同一事件,会有许多不同的想法,而不同的想法会引起不同的情绪反应"。

3．寻找缓解和消除不良情绪的多种方法，学会把握自己的情绪。

活动设计：

一、"听故事，说情绪"

1．举例：

"假若你双手拿着上课要交的纸模型经过公园时，看到椅子旁有50元钱，便将纸模型放在椅子上去捡钱，不料，一个人走过来坐在放模型的椅子上，把模型坐坏了，此时，你的情绪会怎样？"

"后来，你发现这人是瞎子，他看不见你的模型，此时，你的情绪又会如何？你的想法会如何？"

请学生说出自己先后的两个情绪反应，并写在黑板上。

脑力激荡："为何对同一件事情，每个人的感觉、情绪不同？当故事有新发展时，为何同一个人对同一件事的情绪反应也不同？"请刚才说出情绪的同学说明当时的想法，也可请有相同情绪、但想法不同的同学补充其想法。（可将"想法"写在"情绪"之旁以便比较。）

2．教师以学生反应内容为例，阐明"想法决定情绪反应"的事实，教师说明：同一事件，每个人的情绪反应各不相同，乃因其想法不同，不同的想法引出不同的情绪反应；就同一个人而言，新想法的产生，使得我们对此事件重新解释而产生不同的情绪，即使是同一个人对同一事件，只要其想法改变，其情绪反应亦会跟着改变。

3．举例："半瓶水"的故事

炎热的夏天，小明和小林参加完区少年宫的活动后回家，两人走得大汗淋漓，气喘吁吁，又渴又累。回家后看到桌上有半杯水，小明高兴地说："哈，还有半杯水，真是太好了！"小林却皱着眉说："唉，怎么只有半杯水了，真倒霉！"

讨论：为什么面对同样的事实，他们会有不同的情绪反应？请找原因。

平时我们总认为快乐与否与事情有关，但从此例中我们可以知道,情绪感受不在事件本身,而在于你对待事件的看法及评价。同一件事,不同的人产生不同的想法,不同想法产生不同的情绪,从而影响着此人,即想法评价控制了你的情绪。

二、介绍情绪 ABC 理论(针对学生的理解力,可扼要简单)

心理学家哈克博士(Dr. Paul Hauck)提出一个"快乐 ABC"理论,他认为快乐不快乐,完全是由自己的想法决定。ABC 来自三个英文字的首字母,A 是指诱发事件(Activating events);B 是指遇到诱发性事件后产生的想法、信念(Beliefs)及对这一事件的看法、解释和评价;C 是指这一事件引发的个体情绪反应及行为的结果(Consequences)。哈克认为任何物理事件都只是 A 和 C 之间的关系,但心理感受则不然,相同的 A 会导致不同的 C,是因为想法 B 不同所造成的。哈克认为:"快乐的想法使你快乐,平静的想法使你不会生气,而你不认为可怕的事情,就永远吓不着你。"凡是那种会让自己不快乐,让自己生气,或让自己害怕的想法,心理学家都把它称作"非理性想法",哈克认为这些没有道理的想法,就是烦恼的根源。大多数的人遇到不快乐的事,都忽略了 B(个人想法)的重要性,而一心一意的想要改变事件本身(A),这是不正确的。哈克认为改变环境、改变运气,乃至于改变别人,都是很不容易的事,当你不快乐的时候,你真正能做到的事情只是改变你自己的想法。

三、快乐大本营

分组讨论:回忆至少一次曾使自己情绪消极的事件,着重谈谈该事件留给自己的心理感受或体验,以及对自己身体、生活的影响,最后是用什么方法来消除这些不良情绪的。(发挥团体优势,促使团体成员提出更多的见解,并学会分享他人的想法。)

四、合理宣泄情绪

1. 强制压抑:强压怒火,克制,自我提示,延迟发作。

2. 转移注意:听音乐,运动,阅读,看电影。

3. 合理宣泄:写日记,打枕头,找人倾诉。

4. 自我安慰:"酸葡萄","甜柠檬"。

5．理解宽容：他是为我好。

6．激励进取：发奋学习，努力工作，争取成功。

7．调整目标：针对自己实际情况，不要给自己过重压力。

8．改变认识：我不笨，只是潜力还没有发挥出来。

【学习评价】

(一)基本概念解释

1．情绪情感　2．快乐　3．愤怒　4．悲哀　5．恐惧　6．激情 7．应激　8．挫折　9．道德感　10．理智感　11．美感　12．心理压力

(二)判断正误

1．情绪情感是人自发产生的主观态度或内心体验。

2．情绪情感为人和动物所共有。

3．情绪情感的产生有一定的生物学基础，而与认识过程无关。

4．人的各种表情是从动物表情演化而来的，是人类祖先在生存斗争中适应环境的结果。

5．情绪情感具有感染的作用，个体的情绪情感可以影响别人。

6．当你突然得知自己考试失败的消息时，会惊讶得目瞪口呆，这种情绪体验就是心境。

7．"自古雄才多磨难，历来纨绔少伟男"说明的是挫折对人的积极作用。

8．当人体验到失败时，由此产生的压力会促使一个人努力奋斗，这说明适度的心理压力会对人产生积极作用。

(三)综合应用

1．请你给以下几位被不良情绪困扰的朋友提供情绪调节的方法。

(1)小马每次面对考试的时候，都会备感焦虑，你有什么办法可以帮助她消除考试焦虑吗？

(2)小张的宿舍有一位同学平时总不去打水，但每次回到宿舍后总要用别人打来的水。小张对该同学的这种行为感到非常愤怒，你

有办法帮助他缓解愤怒的情绪吗?

(3)在周末上街的时候,小王把父亲给他买的手机丢了,他感到非常懊悔,整日闷闷不乐,你有什么办法可以帮助他吗?

2.请你把每一天里快乐的事情写在你的日记本上,等过半年之后,你看看日记本里共有多少件令你愉快的事,然后与好朋友来分享你的快乐。

【参考文献】

[1]孟昭兰主编:《情绪心理学》,北京:北京大学出版社,2005 年版。

[2]许远理、郭德俊:"情绪与认知关系研究发展概况",《心理科学》,2004 年第 1 期。

[3]邵郊著:《生理心理学》,北京:人民教育出版社,1987 年 12 月版。

[4]斯托曼著、张燕云译:《情绪心理学》,沈阳:辽宁人民出版社,1986 年 8 版。

[5]庄锦英:"论情绪的生态理性",《心理科学进展》,2004 年第 6 期。

[6]克拉斯沃尔、布卢姆等主编、施良方、张云高译:《教育目标分类学》,上海:华东师范大学出版社,1989 年版。

[7]曹汝德著:《情绪与健康》,北京:北京气象出版社,1988 年版。

[8]骆正著:《情绪控制的理论和方法》,北京:光明日报出版社,1989 年 10 版。

第七章　人格

【内容简介】

　　前面章节介绍了个体的语言、认知、品德、态度、情绪等方方面面的发展,而这些方面统合在一个完整的人身上,并表现出稳定的倾向和特征,就构成了个体的人格。人格是一个最具整合性的心理学主题,反映着一个人的整体精神面貌,它也是心理学中比较复杂、困难但又比较重要的领域。本章将介绍人格的概念与特征、人格形成和发展的影响因素、人格结构中最具核心意义的心理特征:气质和性格,以及常见的人格发展缺陷、健全人格的含义及其培养途径。

【学习目标】

　　识记:

　　1.掌握人格的概念及其一般特征。

　　2.弄懂性格的含义及其结构、类型特征。

　　3.掌握气质的含义、类型及其特点。

　　4.知道健全人格的含义。

　　理解:

　　1.理解影响人格形成和发展的影响因素。

　　2.懂得性格和气质之间的区别与联系。

　　3.了解常见的人格发展缺陷及人格障碍。

　　应用:

　　1.应用本章所学知识会初步诊断人格发展中的缺陷及人格障碍。

　　2.运用本章所学知识培养学生健全的人格。

　　大量研究已表明,成功者和失败者之间最大的差异不是智力上的差异,而是非智力方面的差异,其中人格因素起着重要作用。从20世纪80年代开始,世界各国的教育逐渐由单纯重视智力开发转向同时重视人格培养。日本提出21世纪的教育目标是宽阔的胸怀、健壮的体魄、丰富的创造力,自由、自律的精神;新加坡也从重视智商教育中摆脱出来,重视情操教育;美国提出教育的重要一环是品格教育;德国教育改革的一个重要范畴是,学校不只传播知识,而且要关心学生品德、性格的培养;我国已全面实行从"应试"教育向素质教育的转轨,其中人格教育正是素质教育的"内核"。总之,人们已经达成一种共识:人格健全的青少年才是祖国、民族的未来和希望。进行人格教育,其前提就是要明晰人格及健全人格的含义、影响人格形成的因素以及培养健全人格的途径。本章将从心理学角度针对有关人格问题进行讨论。

第一节　人格的概述

一、人格的含义

　　"人格"的使用范围较广,社会、心理、伦理、法律和美学等不同学科赋予它不同的意义。例如,生活中我们讲某人人格高尚或人格低下,这与人品、品格同义,是从伦理道德上给人以评价;在某种情境中有人气愤地说:"你竟然污辱我的人格",这里的"人格"又是属于法律范畴,是将人格视为权利义务主体的资格,说明有人侵犯了他的尊严和人权;有的广告会说这种产品能增进你的人格魅力,意味着它能使你更具有品位,令你的外表更加美观,这里的"人格"则是指容貌、仪表、给人的印象等。心理学中的人格概念,亦称个性,其含义与上述这些解释并不完全相同。人格是心理学中最难下定义的概念之一。据心理学家奥尔波特(Gordon Willard Allport,1897—1967)说,人格的定义有50多种。人格(Personality)一词来源于拉丁语"persona",

指希腊罗马时代戏剧演员在舞台上扮演角色所戴的假面具,它代表戏剧中人物的身份,表现剧中人物的某种典型心理,如"狡诈的人"、"忠厚老实的人"等等。心理学沿用其含义,指一个人在人生舞台上,在他的行为模式中表现出来的内心活动。

　　综合各种有关人格定义,心理学家认为,人格是个人内在的动力组织及其相应的行为模式的统一体。包含三层含义:第一,人格通常是指一个人外在的行为模式。也就是说,个人在各种情境中所表现出来的一贯的行为方式,个人适应环境的习惯系统,个人的生活风格,个人的生活方式,个人与他人互动的方式,个人实现其社会角色的方式,个人做任何事的共同方式,等等。比如,一个具有不守信用的人格特征的人,在很多情况下都爱失信,不管其交往对象是朋友、同学、老师或家长,他都不是那么能严格遵守自己的承诺。但一个人偶尔忘了自己的诺言,不能代表他有失信的人格特点。第二,人格更是指一个人内在的动力组织。包括三层含义:(1)稳定的动机,例如一个成就动机强的人,无论是在自身的学习、工作中,还是参加集体活动中,他都表现出较强的进取心,力求成功;一个利他动机强的人,无论在何时何地看到他人有困境,都愿意伸出援助之手;(2)习惯性的情感体验方式和思维方式,如有些人遇事总是从自己的需要和立场出发行动,有些人则能设身处地地为他人着想;(3)稳定的态度、信念和价值观,如责任感、正义感。正是一个人内在的动力组织决定了其外在的行为模式。第三,人格就是这样一种蕴蓄于中、形诸于外的统一体,这种统一体往往由一些特质所构成,如内外向、谨慎性、果断性等。当然,表里不一的情况也是常见的,比如一个对他人怀有敌意的人,可能在表面上显得对人特别友好,但这种经常性的表里不一本身也是一种统一体,即一种人格特征。①

---

① 　全国十二所重点师范大学联合编写:《心理学基础》,第169页,北京:教育科学出版社,2002年版。

二、人格的一般特征

（一）人格的整体性

人格反映的是一个人的整体精神面貌，它是各种复杂的心理特征有机结合的统一体，因此，人格的整体性也称统一性。这些心理特征包括：(1)完成某种活动的潜在可能性的特征，即能力；(2)心理活动的动力特征，即气质；(3)完成活动任务的态度和行为方式方面的特征，即性格；(4)活动倾向性方面的特征，如需要、动机、兴趣、信念、价值观等。其中，性格和气质是最具核心意义的特征。人格的整体性就反映在这些特征不是孤立存在，也不是机械地联合在一起，而是有机结合成相互联系的统一体，对人的行为进行调节和控制。如果各种成分之间的关系协调，人格就是正常的；如果失调，就会造成人格分裂，产生不正常的行为。常见的双重人格或多重人格就是人格分裂的表现。此外，人格的完整性还表现在各种心理特征之间是相互依赖、相互交织的，缺少其中任何一个，人格就不完整了。

（二）人格的独特性与共同性

有位心理学家用一句十分有趣的话概括了人格的共同性与独特性特点。他说："每个人就其某一方面来讲，A 就像其他任何人一样，B 像其他某一些人一样，C 不像其他任何人。"① 也就是说，个体的人格既有与别人共同的地方，也有与别人相似的地方，还有与别人完全不同而自己独有的特征。人格是共同性与独特性的统一。

个体的人格中含有人们共有的成分，这些成分是其一个群体，某一个阶级或某一个民族在一定的群体环境、生活环境、自然环境中形成的共同的典型心理特点，他们对人、对事、对物的态度和价值判断都有某些共性。比如，我们常说北方人豪爽、大方、粗放，南方人精明、吝啬、细致；中国人情感表达含蓄，喜欢宁静，西方人情感表达外露，喜欢开放，这都是由于共同的生产方式、民族文化传统等因素的

---

① 高玉祥主编：《健全人格及其塑造》，第 2 页，北京：北京师范大学出版社，1997 年版。

影响而形成该群体人们共同的人格特征。

　　然而，日常生活中，我们发现：做同一件事，有些人做又快又好，有些人做得又慢又差；也有人做得快但差，有人做得慢且好，这是人与人之间能力的差异；有人是急性子，有人是慢性子，这是气质方面的差异；有人热情直爽，有人冷酷狭隘，这是性格方面的差异；有人喜欢音乐，有人喜欢踢球，这是兴趣爱好的不同。个体的人格千差万别，正所谓"人心不同，各如其面"，"世界上没有完全相同的两片树叶"。人格的独特性是各种心理特征独特结合的结果。在一个具体的、活生生的、行动着的人身上，由这些一般的心理活动规律和独特的个性特征组成了个体独有的精神面貌，即个体的独特性。这种独特性是由于人们在遗传、环境、成熟、学习等许多因素的影响下而形成和发展起来的（详见本章第二节）。

　　（三）人格的稳定性和可塑性

　　人格一经形成，就具有稳定性。俗话说："江山易改，禀性难移"，就是反映了这一点。一个人出生后，通过接受教育和参加社会实践活动，逐渐形成了自己的行为动机、理想、信念、价值观，并在这些具有倾向性的心理特征的指引下，使自己的心理面貌在不同情境下都表现出相同的品质，构成个体稳定的人格。应当注意，人格是个体在各种情境中所一贯表现的心理特征和行为方式，那些偶尔表现出来的特征不属于该个体的人格特点。例如，一个处世谨慎的人，经常循规蹈矩、持事稳重，但他也会偶尔表现出冒失、轻率的举动。在这里，谨慎是他的人格特点，而轻率就不是他的人格特点。一个对自己要求松松垮垮的人，不论在工作、学习或生活中，总是表现出丢三落四、粗心大意，马马虎虎，那么，粗心、马虎就是这个人的人格特征。

　　我们说人格具有稳定性并不意味着它不可改变。人格并不是天生的，后天环境、教育对人格影响很大。因此，随着环境的多样性、丰富性和多变性，人格会或多或少发生某些变化。对于儿童来讲，人格还没完全定型，可塑性强，易受环境影响而发生变化；成年人人格较为稳定，但是，个体的努力、职业、健康状况、重大生活事件等因素也会使人格发生一些变化。

(四)人格的社会性和生物性

作为一个具体的人,既是生物实体,又是社会实体,同时又是生物实体和社会实体的统一。说它是生物实体,主要就其自然属性而言,是先天提供的生物实体。人的这种自然实体不能预定人格的发展方向,但是它是人格形成的物质基础,影响着人格发展的道路和方式,决定着人格形成的难易;说它是社会实体,是指任何一个刚生下来的人都不具有人格品质,即没有写作能力、绘画能力,没有为他人为集体奉献的精神,表现不出懒惰或勤劳、粗暴或温柔、诚实或虚伪。从"狼孩"的身上我们可以看到,即使个体具有人的完整的生理结构特征,但是如果离开了人的社会实践活动,没有人的生活条件,他们虽然还会存活着,生长着,"成熟着",但他们没有表现出与同龄人一样的心理发展水平,没有正常人的智力,没有正常人的道德品质。也就是说,即使生理、身体器官健全的人,离开了人的社会实践活动和生活环境,也不可能具有人的社会属性、形成个体的人格。人格的形成和发展必须在先天为个体所提供的生物实体的基础上,通过社会实践活动和社会交往,逐渐社会化。在人格形成中,既不能忽视社会因素,也不能排除生物因素,二者缺一不可,它们相互作用,交织在一起,共同影响着人格的形成和发展。

第二节 人格的形成和发展

为什么人与人之间有那么大的差异呢? 换句话说,影响人格差异的因素都有哪些? 心理学界曾经争论最多的就是影响人格的形成和发展是由遗传决定还是由环境决定? 到目前为止,基本形成了一种共识:人格的形成是先天的遗传因素和后天的环境因素相互作用的结果。个体从受精卵开始一直到人格发展形成,这两个因素都在相互作用,而且是交织在一起共同作用的。这其中,遗传因素是人格形成的先决条件,也就是自然前提,在此基础上,环境因素对人格形成和发展起着决定作用。人格就是个体在实践活动中,在人和环境的相互作用过程中形成和发展起来的。

一、遗传因素

个体的人格特征能否遗传?致力于探讨这一问题的是英国心理学家艾森克(Hans. J. Eysenck,1916—1997)。他的一项研究表明,研究对象在 45 年内的人格特征在一定水平上保持相当的稳定性;在不同国家、不同文化背景中的跨文化研究表明,不同的研究者运用不同方法发现了几个国家的人都具有一些相同的人格特征。他认为,如果不是遗传生物因素起主导作用,就不能解释这种结果的一致性,因为不同国家、不同的文化背景中环境和教育的差异是很明显的。

双生子研究法已经成为心理学家研究遗传对于人格影响的一种范式。双生子有同卵双生和异卵双生,前者来自同一受精卵,同性别,遗传基因相同;后者来自两个受精卵,可能同性别也可能不同性别,遗传基因不同(与普通兄弟姐妹一样)。研究者通常选择同年龄、同性别,双双生活在同一家庭环境中的异卵双生子和同卵双生子进行比较,研究结果表明:同卵双生子比异卵双生子在人格特征上更相像,这可以归结为遗传的作用。

近年来,由于分子生物学、分子遗传学和细胞遗传学研究取得了重大进展。如有研究发现,某一基因的突变会引发躁狂抑郁症,人体血液内的 5 - 羟色胺(5 - HT)具有保持情绪稳定的作用。这初步表明人格的形成和发展可以找到遗传因素影响的物质基础。当然,遗传因素只是影响人格形成的一个方面,人格形成更重要的是来自后天环境的影响。

二、环境因素

美国心理学家华生(Watson john Broadus,1878—1958)认为人的一切行为都是在后天环境影响下形成的。他曾经有一段经典的话:"你给我一打儿童,在良好的、由我做主的环境中,不管他们的天资、能力、父母职业和种族如何,我可以任意把他们培养成医生、律师、艺术家、大商人，甚至乞丐或小偷。"他认为，人格不过是人的习惯系统而已，由于不同的人生活在不同的环境中，因而有不同的经历，接受不同刺激物的作用，形成了不同的条件反射系统或习惯系统，也就是形成了不同的人格。例如，一个在学校经常受某位老师批评的学生，可能会变得一见到学校就害怕，甚至一想到上学就害怕，心理学家称这种情形为学校恐惧症，这是因为学校与挨批评这两个刺激总是联系在一起，到后来即使不挨批评，学校这一单个刺激也会使他害怕，而这种情绪无疑会影响他的人格形成。[①] 行为主义的另一个代表人物斯金纳后来也做了大量实验，证实了环境在人格形成中起着重要作用。

影响人格的环境因素包括家庭环境、学校环境、社区或社会文化环境等。

家庭环境因素主要包括父母的个性、教养方式、家庭心理氛围等。俗话说："有其父必有其子。"这句话的合理性表现在父母在待人处世、情感交流等方面对子女的人格形成所造成的潜移默化的影响。许多研究表明，父母比较急躁的、动辄以打骂方式教育子女的这类家庭，其子女敌对行为、攻击行为水平较高，情绪稳定性、待人态度、意志品质等方面的发展较差；父母性格温和、以民主平等的方式对待孩子的这类家庭，其子女往往具有较强的独立性和自信心，人际关系和谐、自尊，较少有问题行为。心理学家认为，过分苛求，粗暴打骂或放纵溺爱的教养方式都对儿童人格发展不利，比较理想的教育模式就是父母对孩子有高标准要求，同时又能给孩子相对的自主性。家庭心理气氛对孩子人格的影响表现在：父母长期的敌对争吵会使子女心理产生严重焦虑、多疑或神经质，甚至引发人格障碍。孤儿院长大的孩子比正常家庭长大的孩子性格更孤僻，缺乏对社会的信任感，这

---

①　全国十二所重点师范大学联合编写：《心理学基础》，第 175 页，北京：教育科学出版社，2002 年版。

和这些孩子从小就缺少母爱有关。[1]

学校对人格的影响因素主要包括教师和同伴。教师的言谈举止、情绪反应方式都可能成为学生模仿的对象,从而潜移默化地影响学生待人处事方式、学习态度或对自己的看法等。中学生群体中,同伴对人格的影响较为明显,同伴可以是儿童学习和模仿的榜样,所谓"近朱者赤,近墨者黑"。这个年龄阶段的青少年更倾向于赢得同伴的赞许和认可,所以,从众现象较为普遍。由于这时的人格发展尚未完全成熟,因此,营造良好的集体环境对他们的健康成长非常重要。

社会文化环境因素,包括社会文化规范、社会阶层、大众传媒、民族传统等。

不同民族、不同国家都有各自的社会文化规范,而且,每个民族或国家都重视培养人们对这些规范的拥护和遵守。这些规范更多体现在社会文化价值取向上。如爱尔兰社会文化强调人性本恶,因此爱尔兰人有较强的罪恶感。与之相反,中国传统文化认为人性本善,以和为贵,忍让为美德。由于社会文化规范影响着父母的思想和行为,父母的思想行为又影响了他们对子女的态度。婴儿一出生便成为社会的一员,父母便会根据所处社会文化标准要求和衡量儿童的行为,根据其行为是否符合社会文化标准表示赞同或不赞同;儿童又根据父母的态度和要求来调节自己的行为,从而影响了人格发展的方向。

社会阶层由教育水平、家庭收入和职业状况等决定。这些因素相互联系,共同组合,形成了不同的社会阶层,如低收入阶层、高收入阶层、工人阶层、知识分子阶层,在我国还有一个特殊阶层,即个体户阶层。不同阶层人群的价值观念、人生观等不同,对子女的期望水平、要求和教养方式也不尽相同。通常,低收入家庭对子女较为严厉,对孩子的责骂或惩罚较多。贫困也是影响家庭稳定的因素,造成

---

① 张玲等著:《心理健康研究与指导》,第188页,北京:教育科学出版社,2001年版。

较多的家庭矛盾,家庭气氛紧张,如父母心情不佳,消极情绪向孩子发泄而造成孩子的压抑,或者缺少对孩子的关心,缺乏良好管教方式,或者降低对孩子的期望水平,忽视孩子的教育。家庭经济状况不好本身也造成孩子心理上的自卑,若不注意引导,则导致适应不良的人格特征。相比之下,经济状况较好的家庭比较注意对孩子的管束,要求孩子克制,强调责任感和成就,对孩子的期望水平较高。在这种情况下,孩子看重成败,成就动机高,容易产生焦虑和内疚。

大众传播媒体在现代社会非常普及,电影、电视、广播和书刊到处可以看到和听到,这些媒体传播的内容可以对我们的思想、信念乃至行为产生极大影响,这方面最为典型的研究是关于暴力的影视内容对人们的影响。研究表明,反映暴力的影视内容确实可以引起人们的暴力行为,增加对暴力行为的认可。近年来流行起来的激光影碟中的消极内容,也对人们的行为产生消极影响,如追求生活的享受、意志的丧失、道德观念淡薄等。还有年轻一代对明星的崇拜、模仿,也影响他们人格的发展。当然,传播媒介也有其积极的一面,如对英雄形象的宣传和对英雄的学习与模仿,便可促使人格向有利社会、有利他人的方向发展。

虽然说人格是在人和环境相互作用的实践活动中形成和发展的,但是,任何环境因素都不能直接影响和决定个体的人格,还必须通过个体的主观感知起作用。

三、主观因素

客观的环境因素不会对人发生直接影响,它对人格的影响必须通过人已有的心理发展水平和心理活动才能发生作用。也就是说,人不是被动地进入一个环境接受其影响,环境是个人选择的、创造的,社会的各种影响首先要为个人接受和理解,才能转化为个体的需要和动机,才能推动他去行动。美国心理学家凯利(Gorge Kelly,1905—1966)的理论为这一观点提供了有力的佐证。他认为,人格的差异是由人们信息加工方式的差异造成的,也就是说人们的思维方式决定了其人格。处在同样的情境中,不同人有不同行为;经历了同样的事件,不同人有不同的感受或观点;面对同一事物,不同的人可能进行不同的解释,这些差异都是由于不同的人看待世界的方式不同,它将对个人的未来生活产生不同影响。例如,两个人从监牢的铁栅栏中向外看,一个人看到泥土,而另一个人则看见星星;同样半杯水,甲说:"啊,还有半杯水!"乙说:"唉,只剩半杯水了!"凯利说,每个人都有一套相对固定的解释系统,正是这种相对固定的解释系统,决定了人们认识世界的方式,决定了人们的行为模式,从而形成了个体的人格。

　　综上所述,我们认为,人格形成和发展是一个复杂的问题,其影响因素是多方面的。总的来说,人格既受先天的遗传因素影响,也受后天的环境因素影响。外部环境塑造着人格,但人也通过自己的主观认识选择和改造着环境以适合自己的需要。而且,这些因素既不是孤立地起作用,也不是简单地叠加起作用,而是相互联系、相互作用,交织在一起共同影响着人格的形成和发展。

第三节　性格和气质

一、性格

(一)什么是性格

　　性格是人格中具有核心意义的心理特征,是个人对现实的态度和行为方式中表现出来的稳定的个性心理特征。例如,谦虚或骄傲、诚实或虚伪、勤劳或懒惰、勇敢或怯懦、果断或优柔寡断等都是人的性格特征。性格就是许多性格特征所组成的统一体。恩格斯说:"刻画一个人物不仅应表现他做什么,而且应表现他怎样做。""做什么",说明一个人追求什么、拒绝什么,反映了人的活动动机或对现实的态度;"怎样做",说明一个人如何去追求要得到的东西,如何去拒绝要避免的东西,反映了人的活动方式。如果一个人对现实的一种态度,在类似的情境下不断地出现,逐渐地得到巩固,并且使相应的行动方式习惯化,那么,这种较稳固的对现实的态度和习惯化了的行动方式所表现出的心理特征就是性格。例如,一个人在待人处事中总是表现出高度的原则性,热情奔放、豪爽无拘、坚毅果断、深谋远虑、见义勇为,那么,我们说这些特征就组成了这个人的性格。

性格是人在活动中,在主体与客体的相互作用过程中形成和发展的。人的性格并不是一朝一夕形成的,但一旦形成就比较稳固,在类似的甚至不同的情境中都会表现出来。个体的一时性的偶然表现,不能认为是他的性格特征,只有经常的、习惯性的表现才能认为是他的性格特征。当我们对一个人的性格有了比较深刻的了解,就可以预测到这个人在一定的情境中将会做什么和怎样做。我们可以针对学生性格上的特点,对学生进行帮助和教育。例如,一个学生比较自信、勇敢、有毅力,但又比较任性和粗暴;另一个学生缺乏自信、不好外露、没有主见、易受暗示,但有一股韧劲。当他俩去完成同样的任务时,对前者就要叮嘱他注意工作方法,密切联系群众;对后者则要给予更多的鼓励、更具体的帮助。我们说性格是稳定的,但并不意味着性格是一成不变的,它同时又在主体和客体的相互作用过程中发生变化。

性格是人的心理个别差异的重要方面,人的个性差异首先表现在性格上。它总是和意识倾向相联系,和个人的世界观相联系,体现了一个人的本质属性。人的性格具有社会历史制约性,在阶级社会中具有一定的阶级色彩,并且与人的道德评价有关。

(二)性格的结构

性格是非常复杂的心理现象,它包含着各个侧面,具有不同特征。性格的结构特征是由对现实的态度特征,自觉地调节自己的行为和克服困难的意志特征,情绪方面的特征和理智方面的特征所构成。性格差异就体现在这四类特征上。

1.态度特征

态度是指对特定对象的较持久的反应倾向。人们对自己、对他人、对集体、对事物有各自不同的态度,这些态度上的差异会直接影响到他们的为人处世,如同情或冷漠、正直或虚伪、勤奋或懒惰、认真或马虎、自信或自卑、开拓创新或墨守成规、助人为乐或自私自利等。

2.性格的意志特征

意志是一种设定行为目标,自觉地调节自己,努力克服困难,达到目标的心理品质。意志特征是性格结构的一个重要侧面,它是一个人在控制和调节自己的行为方式时表现出来的。如目的性或盲目性、纪律性或散漫性、独立性或易受暗示性、自制或任性、果断或犹豫、持之以恒或虎头蛇尾等。一个人的性格是坚强抑或脆弱,是根据意志特征来评判的。

3.性格的情绪特征

情绪是人们对客观现实的一种主观体验。当人对不同的事物产生不同的态度时,在他的内心世界中会产生肯定或否定的体验。每个人都有其稳定而独特的情绪活动方式,这些就构成了性格的情绪特征。如热情或低沉,乐观或悲观等。

4.性格的理智特征

这是在人们的认知活动中所表现出来的个人风格。人们在感知、记忆、思维、想象等方面的差异,就是性格的理智特征。在认识、理解、思考和决断过程中,人的性格对一个人的认识、理解、思考和决断能力有一定的影响。表现出认识的观念、方式不同;理解的倾向、层次不同;思考的角度、侧重不一致;决断的标准也不尽相同。如有主动观察型与被动观察型,有听觉记忆型与视觉记忆型,有思维分析型与思维综合型,有想象广阔型与想象狭隘型,有富于创造型或好钻牛角尖型等等。

如上所述,性格特征是多种多样的,这正体现了人格差异的复杂性。通常,要观察和了解一个人的性格时,先得从性格的四大结构入手来把握并分析人的性格。每个人的性格世界并非是由各种特征简单地叠加和堆砌起来的,而是如同宇宙世界一样,依照一定的内容、秩序、规则有机结合起来的一个运动系统。各种性格结构的组合千变万化,从而使性格的表现千姿百态。人的性格特征决定了他待人待事的态度。一个爱祖国、爱集体、富于同情心、助人为乐、诚实、正直、有礼貌的人，就是一个诚实可靠、值得信任的人，这就是他的性格智慧所在，是智慧的真实体现；相反，一个漠不关心集体、自私、孤僻、虚伪的人，他接受帮助并依赖别人，尽可能地逃避责任，这也是他的性格智慧所在，也是其智慧的真实体现。忹格是稳定而独特的，又是发展和变化的，是矛盾的，又是始终如一的。只有了解了性格的结构及特性，才能全面地把握自己的性格世界。

(三)性格的类型

性格类型是指一类人身上所共有的性格特征的独特结合。性格类型有许多不同的分类方法。根据不同标准，可以把性格分为不同类型。不同性格类型的人，表现出各自不同的特点。

1. 按照知、情、意在性格中的表现程度，可分为理智型、情绪型和意志型三种。

理智型的人用理智的尺度衡量一切，并以理智支配自己的行动；情绪型的人，情绪体验深刻，举止容易受情绪左右，具有浓厚的情绪色彩；意志型的人具有较明确的目标，意志坚强，行为主动。

2. 根据个体独立性程度划分，可以划分为独立型和顺从型两种。

独立型性格的人，不易受外来事物的干扰，他们具有坚定的信念，能独立地判断事物，发现并解决问题，在紧急和困难的情况下不慌张，易于发挥自己的力量，不易受外界事物影响，但有时会把自己的意志强加于人，固执己见，不易合群；顺从型性格的人，随和、谦虚，易与人合作，易受暗示，独立性较差，往往屈从于他人的权力和意志，不加批判地接受他人的意见，在困难或紧急的情况下表现得惊慌失措。

3. 根据个体心理活动的倾向性来划分，可以划分为内倾型和外倾型。

内倾型的人，心理活动倾向于内心世界，一般表现为感情含蓄，处事谨慎，自制力强，交往面窄，好幻想，缺乏实际行动，顾虑多，不易适应环境;外倾型的人,心理活动倾向于外部,表现活泼、开朗、不拘小节、感情外露、善于交际、处事独立性较强,但有时粗心、较轻率。

4．根据个体社会生活方式来划分,可将性格划分为以下六种:

理论型(这类性格的个体具有强烈的求知欲和钻研精神,勇于探索真理)、经济型(这类性格的人追求实惠,注重效率和经济价值)、审美型(这类性格的人珍视美的享受和创造,喜欢艺术活动)、社会型(这类性格的人努力增进社会的福利,把热爱他人并促进他人和社会进步当作生活目标)、权力型(这类性格的人一切从权力出发,相信和迷信权力,具有强烈支配和命令他人的欲望,把获取更多的权力当作生活目标)、宗教型(这类性格的人信奉宗教,重视宗教活动)。除上面所述外,有许多个体的性格类型属于中间型或混合型。

二、气质

(一)什么是气质

气质是一个人心理活动的动力特征。它是指在人的认识、情感、言语、行动中,心理活动发生的强度(例如,情绪体验的强度、意志努力的程度)、速度和稳定性(例如,知觉的速度、思维的灵活度、注意力集中时间的长短)以及指向性(有的人倾向于外部事物,从外界获得印象;有的人倾向于内心世界,经常体验自己的情绪,分析自己的思想和印象)等稳定的动力特征。气质影响个体活动的一切方面,具有某种气质特征的人,在内容完全不同的活动中显示出同样性质的动力特点,因而它为人的全部心理活动表现染上了个人独特的色彩。例如,一个学生每逢考试就表现出激动,等待朋友时坐立不安,参加比赛前沉不住气,并且经常抢先回答教师的提问,那么,这个学生具有情绪激动的气质特征。个体的气质特点不依活动的内容为转移,它表现出一个人生来就具有的自然特性。"气质"一词与日常生活中人们所说的"脾气"、"禀性"、"性情"等含义相近。

人的气质差异是先天形成的,受神经系统活动过程的特性所制约。出生不久的孩子最早表现出来的差异就是气质差异。格赛尔(Gesell ArnoldL,1880—1961)在观察婴儿的心理表现时,发现婴儿的气质表现有三种类型:第一类婴儿表现平静,不着急,慎重对待周围的事情;第二类婴儿急急忙忙,注意力不集中,动作伶俐,反应快;第三类婴儿动作不规则,注意和性情不稳定,但才气焕发。同时,由于成熟和环境的影响,在个体生长发育过程中气质也会发生改变。例如,在集体主义教育下,脾气急躁的人可能变得较能克制自己;行动迟缓的人,可能变得迅速。也就是说,一个人的气质具有极大的稳定性,但也有一定的可塑性。

在日常生活中,我们常常会说:"这个女孩的气质很高雅",这里的"气质高雅"是说这个女孩子有良好的修养、有丰富的内涵,这些内在的优良素质显现在外时,就表现出了气质高雅。这种高雅的气质是可以加以培养的,比如,受过良好教育的人气质自然要高雅一些,但也并不是说所有受过良好教育的人都会有高雅的气质。所以,在日常生活中,人们常常提到的气质既包含有后天因素,同时也包含了一些先天因素,它与本书所讨论的气质含义不完全一致。

(二)高级神经活动类型和气质的关系

气质与人的高级神经活动类型密切相关,气质主要是高级神经活动类型的心理表现,神经类型是气质的生理基础。关于神经系统类型的概念是巴甫洛夫(Pavlov 1849—1936)在1909—1910年间第一次提出的。他指出,大脑皮质的神经过程(兴奋和抑制)具有三个基本特性:强度、均衡性和灵活性。神经过程的强度是指神经细胞和整个神经系统的工作能力和界限,在一定的限度内,神经细胞的兴奋能力符合刺激的强度,强的刺激引起强的兴奋,弱的刺激引起弱的兴奋;均衡性是指兴奋和抑制两种神经过程间的相对关系,兴奋和抑制两种过程的强度是相近的,或是兴奋过程占优势,抑制过程较弱,或抑制过程占优势,兴奋较弱;灵活性是指兴奋过程和抑制过程更迭的速率,它保证有机体能适应外界环境的迅速变化,表现在各种条件反射的更替是迅速还是缓慢,是容易还是困难等方面。巴甫洛夫认为,气质不是由某一种神经系统的特性决定的,而是由三种特性的整合作用决定的。三种特性的不同组合形成了神经系统的四种基本类型:强而不平衡型、强而平衡的灵活性型、强而平衡的迟缓型、弱型。巴甫洛夫指出,这四种类型就是传统上所说的胆汁质、多血质、粘液质、抑郁质四种气质类型的神经生理机制(见下表)。

表 7-1　　　　　高级神经活动类型与气质

神经类型(气质类型)	强度	均衡性	灵活性
兴奋型(胆汁质)	强	不均衡	
活泼型(多血质)	强	均衡	灵活
安静型(粘液质)	强	均衡	惰性
抑制型(抑郁质)	弱		

(三)气质类型的差异

气质类型学说最早源于古希腊医生希波克里特(Hippok rates,公元前 460—377)的体液说。他认为人体内有四种液体:粘液、黄胆汁、黑胆汁、血液,这四种体液的配合比率不同,形成了四种不同类型的人。约 500 年后,罗马医生盖伦(Calen,公元 129—199)进一步确定了气质类型,提出人的四种气质类型是胆汁质、多血质、粘液质、抑郁质。虽然,依照体液来对气质类型进行分类缺乏科学依据,但四种气质类型分类的名称一直被研究者们所沿用,在现实生活和文学作品中经常可以看到这四种气质类型的典型人物。①

1. 胆汁质

胆汁质的人精力旺盛,反应迅速,智力活动具有极大灵活性,直率热情,表里如一,情绪体验强烈,易冲动,有顽强拼搏和果敢性,但缺乏耐心,整个心理活动笼罩着迅速而突发的色彩,具有外倾性。《水浒传》里的黑旋风李逵脾气暴躁,气力过人,为人耿直,忠义烈性,思想简单,行为冒失,属于这类人。有人把这类人喻为"夏天里的一团火","一点就着","一阵狂风","一场雷阵雨,来去匆匆"。这种类型的人要注意加强在耐心、沉着和自制力等方面的心理修养。

---

① http://www.jxtvu.com.cn/kczy05q/UploadFiles/200511310395426.doc

2．多血质

多血质的人活泼好动,反应迅速,动作敏捷,思维灵活,但往往不求甚解,注意力易转移,情绪不稳定,感情易表露且体验不深,易适应环境,喜欢交往,做事粗枝大叶,具有外倾性。"浪子燕青"聪明过人,灵活善变,使枪弄刀、弹琴吹箫、交结朋友等无所不会,正是多血质的典型代表。心理学家把这类人喻为"春风一样得意洋洋、富有朝气"。该类型的人要注意在刻苦钻研、有始有终、严格要求等方面的心理修养。

3．粘液质

粘液质的人安静沉稳,喜欢沉思,反应缓慢,灵活性不足,比较刻板,注意稳定,不易习惯新环境、新工作,情绪不易外露,善于忍耐,坚韧执拗,具有内倾性。"豹子头"林冲沉着老练,身负深仇大恨,尚能忍耐持久,几经挫折,万般无奈,终于被逼上梁山,正是这类人的典型代表。这种气质就像冬天一样无艳丽的色彩装点而"冰冷耐寒",缺乏生气,给人以貌似"冷"的感觉,很像外凉内热的"热水瓶"。这种人容易形成勤勉、实事求是的精神、坚韧性等特征,但也可能发展为萎靡、迟钝、消极、怠惰等不良品质。

4．抑郁质

抑郁质的人敏锐稳重,聪明而富于想象,自制力强,情感体验深刻、持久、少外露,行动缓慢,胆小、孤僻、不善交往,遇困难或挫折易畏缩,有较强的敏感性,容易体察到一般人不易觉察的事件,具有内倾性。《红楼梦》中的林黛玉多愁善感,聪颖多疑,孤僻清高,正是这类人的典型代表。这种气质给人以"秋风落叶"般的无奈、忧愁的感觉。这种人易形成自制力强,情感体验深刻且善解人意的心理特点,但也可能发展为伤感、沮丧、忧郁、悲观等不良心理特征。

四种气质显示了人们"四季"般的天性。在生活中绝大多数人是四种气质的混合、渗透,兼而有之。有些人是两种气质的混合型,如多血—胆汁型、抑郁—粘液型;有些人是三种气质的混合型,有些人则是四种气质的混合型①。

三、性格与气质的区别与联系

日常生活中,性格和气质这两个概念常常被人们混用。有时人们把某些性格特征说成是气质,如"这个人有老实稳定的气质","那个人有办事一丝不苟的气质";有人把气质说成是性格的特征,如"这个人是个急性子","那个人是个慢性子"等。实际上,性格和气质属于不同的人格特征,它们之间既有区别又有联系。

(一)性格与气质的区别

1. 二者反映了人格的不同侧面。气质表现的是人的心理活动的动力特点,性格表现的则是人对现实的态度和习惯的行为方式。

2. 气质主要是先天的,更多地受人的生理特点特别是神经系统的特点决定,是生理层面的概念;性格则是先天和后天的"合成",主要由人的社会环境所决定,是社会层面的概念。

3. 气质与行为内容无关,本身无好坏善恶之分。因为每一种气质都有其积极方面和消极方面。例如,多血质的人善于交际、容易适应新的环境,但注意力不稳定,兴趣容易转移;抑郁质的人感情细腻、做事审慎、观察力敏锐,但耐受能力差,容易感到疲劳、容易产生慌张失措的情绪。性格涉及行为内容,具有好坏优劣之分,即具有社会评价意义。如勤奋、忠诚、坚强等性格特征就是好的,而懒惰、虚伪、脆弱等性格特征就是不好的,当然对这些特征的评价也应考虑人们的政治态度和道德品质。

4. 气质可塑性较小,变化较慢;性格可塑性大,变化也较快。

5. 在个体心理发展的过程中,气质形成得早,表现在先;而性格形成得晚,起作用的时间也晚。儿童出生时就已经显示出明显的气质特征,但一直到青年期,人的性格才能真正形成。

(二)性格与气质的联系

气质与性格同属人格特征,二者互相渗透、互相制约。气质对性

---

① http://www.jxtvu.com.cn/kczy05q/UploadFiles/200511310395426.doc

格的影响表现在：

1. 气质使性格具有某种独特的色彩或形式。例如,同样是帮助他人,多血质的人是能说会道地去助人,胆汁质的人是慷慨大方地去助人,粘液质的人是不声不响地去助人,而抑郁质的人是带着怜悯的心情去助人。

2. 气质影响性格的形成和发展的速度。例如,形成亲和的性格特征,多血质的人就相对容易,抑郁质的人就相对困难;形成谨慎的性格特征,胆汁质的人需要经过极大努力,而对粘液质的人来讲,则比较容易和自然。性格对气质也有制约作用。由于社会实践活动的要求,性格可以在一定程度上掩盖和改造气质,使之符合社会实践的要求。例如,会计师必须具备认真细致的性格特征,在形成这种性格特征过程中,有可能改造胆汁质的冲动和粗枝大叶的特点。

3. 气质类型虽然对性格的形成与表现发生一定的影响,但它不能预定一个人最终形成什么样的性格。气质类型相同的人,当然容易形成相同的性格倾向,但也可以形成不同的表型性格。气质类型不同的人,容易形成不同的表型性格,但也可以形成相同的性格倾向。例如,胆汁质的人,既可以是积极、朝气蓬勃的人,也可以是盲动、爱发脾气的人;多血质的人,既可以是活泼、亲切而有生气的人,也可以是轻率、肤浅而轻举妄动的人;粘液质的人,既可以是沉着、稳重的人,也可以是懒惰、冷漠、萎靡不振的人;抑郁质的人,既可以是情感深刻而善解人意的人,也可以是孤僻羞怯而郁闷的人。

通常,一个人的气质在童年期表现得比较明显。随着年龄的增长,积累的生活经验日益丰富,他的某种气质特点也就更多为后天获得的性格特征所掩盖。在成人身上,气质和性格往往是有机地交织在一起的,表现为一个人特定的态度体系和行为模式。在日常生活中,往往很难把气质和性格严格区分开来。

第四节　学生健全人格的培养

一、常见的人格发展缺陷

人格发展缺陷是介于健康人格与病态人格（即人格障碍）之间的一种人格状态，表现为人格发展的不良倾向。在学校教育中发现，有相当一部分学生存在着不同程度的人格发展缺陷，常见的主要有自卑、懒惰、拖拉、急躁、悲观、孤僻、多疑、抑郁、狭隘、冷漠、被动、骄傲、虚荣、焦虑、自我中心、敌对、冲动、脆弱等等。[①]

（一）自卑。自卑感是觉得自己不如他人，并由此产生对自己不满、鄙视、否定的情感。自卑感是一种阻碍成功的无形的敌人，它使人丧失信心、自我意识过强、不安和恐惧。当学生发现自己在学习、社交、文体方面显露出某些不足时就会陷入怀疑自己、否定自己的情绪之中，产生自卑心理。因此，自卑往往是自尊心受挫的结果，没有自尊心也就不会有自卑感，过强的自卑感往往又以过强的自尊心表现出来。有些学生敏感脆弱，经不起批评，原因就在于此。对于学生来说，首先，要正确认识自己，悦纳自己，人有所长也有所短，不要因自己的所短而自卑；其次，要进行自信心磨练，将目标定得小些，切合实际些，多积累成功的愉悦体验；再次，要确立合理的评价参照系和立足点，若以强者为标准则可能自卑，因而寻找适合自己的评价标准就显得很重要。俗话说"人比人，气死人"，理性的比较方式是多与自己作纵向比较而不是一味地与他人作横向比较。有了足够的自信心，自卑感就会悄然而退。

（二）害羞。害羞在学生中并不少见。比如不敢在大众场合发表意见，害怕与陌生人打交道，路上见到异性同学会手足无措，见到老

---

　　① 　李献华主编：《大学生心理健康教育与咨询工作指导手册》，第140页，北京：当代中国音像出版社，2004年版。

师会难为情,说话感到紧张等等。害羞是一个人自我防御心理过强的结果,他们常常过于胆小被动,过于谨小慎微,过于关注自己,自信心不足。害羞与自信之间是此长彼消的关系,自信多一点害羞就少一点,反过来,自信少一点害羞就多一点。害羞的人特别注意自己在别人心目中的形象,总觉得自己时时处在众目睽睽之下,于是敏感拘束,一句话要在喉咙口反复多次,一件事总要左思右想。害羞之心人皆有之,但过分的害羞,不该害羞时害羞,尤其当害羞成了一种习惯时,则是有害的。它会导致压抑、孤独、焦虑等不良的心理状态,还会阻碍人际交往,影响一个人才能的正常发挥。因此,可通过有意识的调节来改变。一般可以从以下几方面入手:

1.要增强自信心,不要过于计较别人的议论。永远不要无缘无故把自己说得一无是处。每个人都会说错话、做错事,这并没什么大不了的,没有完美的人和事。即使有人议论也是正常的,俗话说:"哪个人后无人说",没必要太看重。"走自己的路,让别人去说吧!"这会使自己变得更洒脱。因此,要正确评价自己,多看到自己的长处。

2.了解自己的优点和缺点。找两种颜色的小卡片,把它们分成两种颜色:一种代表优点,另一种代表缺点,每张卡片写一个优点或缺点。然后检验一下哪个优点还没发挥,怎么去发挥这个优点;哪个缺点是你可以不在乎且可以忽略的,把这些可以忽略的、不在乎的缺点丢掉。这样做你就不会过分保护自己,然后你会发现自己的优点比缺点多。这样做能使你集中发挥自己的优点,克服自己的缺点。

3.要有意识地锻炼自己。胆量和能力都是锻炼的结果,要敢于说第一句话,敢于迈第一步。上课、开会时尽管坐到前排去;走路时抬头挺胸,把速度提高四分之一;主动大胆地和别人尤其是陌生人、异性、老师讲话;与人说话时,正视对方的眼睛;在高兴时,就开怀大笑等等。

(三)怯懦。具有怯懦倾向的中学生,他们胆小怕事,意志薄弱,关键时刻退缩,进取精神差,不敢面对困难和压力,害怕挫折和失败,更害怕别人的轻视和讥笑。"只能成功,不能失败"的非理性意念是造成一些学生怯懦的认知因素。有些学生由于胆怯,不敢与人讲话,不敢出头露面,也不敢表明自己的态度,甚至不敢向老师提问题。有些学生由于软弱不敢冒风险,不敢担重任,不敢与坏人坏事作斗争,不敢坚持自己正确的观点。但越是这样回避矛盾、躲避失败,越是容易体验到强烈的挫折感。在挑战与机遇并存的现代社会,怯懦者会失去很多成功的机会,并可能成为落伍者。积极迎接挑战,争做生活的强者才是明智的选择。改变怯懦的最好办法是要敢于抓住机遇,积极锻炼,不怕失败,不怕丢面子,不怕担子重,多给自己鼓励和加压,在生活的词典中去掉"不敢"二字。

(四)懒惰。学生本应是充满朝气和活力、开拓进取的群体,但事实并非如此。懒惰是不少学生为之感到苦恼并难以克服的一种人格发展缺陷,是意志活动无力的表现,是影响学生积极进取、张扬青春活力的天敌。处于懒惰状态的学生也常因此感到内疚、自责、后悔,但又觉得无力自拔,心有余而力不足,这主要是因为他们往往想得多而做得少,缺乏毅力所致。要克服懒惰,应充分认识到其危害性,自己对自己负责,振作精神,起而行之;要从日常小事做起,并努力做到不给自己找借口,不原谅自己的偷懒,力争今日的事今日毕;多与人交往,多关心外部世界,多参加有益身心的社会活动,而做到这一切,有一个坚定而有价值的理想是非常重要的。

(五)狭隘。受功利主义的影响,学生中的狭隘现象有增无减。凡事斤斤计较、耿耿于怀、好嫉妒、好挑剔、容不得人等等,都是心胸狭隘的表现,即日常说的"气量小"。心胸狭隘往往影响人际关系,伤害他人感情,也常给自己带来烦闷、苦恼,影响自己的情绪和在他人心目中的形象,因此,于人于己有百害而无一利。狭隘人格多见于内向者,尤其是女性。克服狭隘,一要胸怀宽广坦荡,一切向前看,正如歌德所言,比海洋更广阔的是天空,比天空更广阔的是心灵;二要丰富自己,一个人的视野越开阔,就越不会陷入狭隘之中,这就是所谓的站得高,看得远;三要学会宽容,宽以待人。

(六)拖拉。拖拉是许多学生的通病。拖拉是指本来可以完成的事而不及时完成,今天推明天,明天推后天。正所谓:"春天不是读书天,夏日炎炎正好眠,秋多蚊虫冬又冷,一心收拾待明年。"导致拖拉的原因,一是试图逃避困难的事,二是目标不明确,三是惰性作怪。拖拉一方面耽误学习、工作,另一方面并没有使人因此而轻松,相反往往会导致心理压力,引起焦虑,总觉得有事情没完成,干别的事也难以安心,还会贻误时机。改变拖拉,首先,要充分认识其危害性,找到自己拖拉的原因,下决心改变;其次,要科学安排时间,凡事有轻重缓急,要一件一件去完成,还要讲究科学的学习和工作方法;再次,要敢于做不合心意或者需要花大力气的工作,必须完成的事,与其拖着、欠着,还不如及早动手干,完成后会有一种如释重负的感觉,会有一种欣喜感、满足感、成就感,而拖拖拉拉只会带来疲倦、松垮及焦虑。

(七)抑郁。抑郁是一种持久的心境低落状态,是一种感到无力应付外界压力而产生的消极情绪,常伴有厌恶、痛苦、羞愧、自卑、焦虑、身体不适和睡眠障碍等情绪体验。抑郁人皆有之,对于大多数人来说,抑郁只是偶尔出现,时过境迁,很快会消失;但那些性格内向,多疑多虑,不爱交际,生活中遭遇意外挫折的人更容易长期处于抑郁状态,甚至导致抑郁症。抑郁的主要表现是:情绪低落,郁郁寡欢,闷闷不乐,思维迟缓,兴趣丧失,缺乏活力,反应迟钝,干什么都打不起精神,体验不到快乐。要避免抑郁或从抑郁中解脱出来,就需要正确地评价自己,看清自己的长处,建立自尊,增强自信;调整认知方式,建立理性认知,不把事物看成非黑即白;扩大人际交往,多与人沟通,多交朋友。如果抑郁情绪较严重,应寻求心理咨询帮助。

(八)焦虑。焦虑是个体主观上预料将会有某种不良后果产生或某种模糊的威胁出现时的一种不安全感,并伴有忧虑、烦恼、害怕、紧张等情绪体验。在这个紧张刺激不断增多、竞争不断增强的社会里,每个人都可能处于一定的焦虑状态。适度的焦虑对于保持生命活力是必要的,这里所说的焦虑主要是指不适当地高度焦虑。被高度焦虑困扰的人常表现出烦躁不安,思维受阻,行动不灵活,身体不舒服等症状,久而久之,会影响学生人格的发展。学生焦虑主要集中在考试或与人际关系交往技能差(或自认为差)、自尊心过强等密切相关。不适当的高度焦虑对身心健康是不利的。为此,应增强自信,相信车到山前必有路;应不怕困难、磨练意志;认识到无所谓的担忧正是焦虑之本质,应当机立断,积极行动。总之,凡事尽最大的努力,把注意力从担心失败转移到积极行动、争取成功上来。

(九)虚荣。我们平时说某些人"死要面子"、"打肿脸充胖子",实际上就是说这个人有虚荣心理,虚荣心理是以不适当的虚假方式来保护自己自尊心的一种状态。通常借用外在的、表面的或他人的荣光来弥补自己内在的、实质的不足,以期赢得别人和社会的注意和尊重,是自尊心的过分表现。每个人都有点虚荣心,这是正常的,但一旦过分,则会有害无益。虚荣心往往与自尊心、自卑感联系在一起,没有自尊心,就没有虚荣心;没有自卑感,也就不必用虚荣心来表现自尊心,虚荣心是自尊心和自卑感的混合物。虚荣心强的学生一般性格内向、情感脆弱、多愁善感,虽然自惭形秽,却又害怕别人伤害自己的尊严,过分介意别人的评论与批评,与人交往时总有一种防御心理,不允许有稍微的侵犯,且常会千方百计地抬高自己的形象,他们捍卫的往往是虚假的、脆弱的、不健康的自我,以致无暇来丰富、壮大真实的自我。防止或改变过强的虚荣心,首先,要对其危害性有清醒的认识,有勇气、有决心改变自己。其次,应当努力认识自己,了解自己的长处与短处,扬长避短。第三,要树立自信和健康的荣誉心,正确表现自己,不卑不亢。第四,不为外界的议论所左右,正确对待个人得失。

(十)自我中心。随着自我意识的发展,中学生越来越感到自己内心世界的千变万化,他们越来越多地把关注的重心投向自我,尤其是那些有较强自信心、自尊心、优越感、独立感的学生,就比较容易出现自我中心倾向。当这种倾向与一些不健康的思想意识(如个人主义、自私自利思想)和心理特征(如过强的自尊心、唯我独尊等)结合时,就会表现出过分的、扭曲的自我中心。过分自我中心的人往往有过于浓厚的自我中心观念,凡事都只希望满足自己的欲望,要求人人为己,却置别人的需求于度外,不愿为别人做半点牺牲,不关心他人痛痒,表现为自私自利,损人利己。要求所有的人都以他为中心,恨不得让地球都围绕他的意愿转,服从于他,他们常不能赢得他人的好感和信任,人际关系多不和谐。

克服过分自我中心的途径包括:第一,树立健康的人生观,自觉地将自己和他人、集体结合起来,走出自己的小天地;第二,恰当地评价自己,既不低估也不高估,既不妄自菲薄,也不自高自大;第三,尊重他人,只有尊重和信任才能获得友谊;第四,设身处地的从他人的角度思考问题,将心比心,真诚地关爱他人,从而做到"我爱人人,人人爱我"。别害怕爱,没有爱就不会得到快乐。爱人、爱美,爱一切可爱与美好的东西,把一天的光阴,分一部分给爱。健康的身体需要新鲜的空气,健康的精神需要纯洁的爱慕。但是,要想得到爱,一定要使自己可爱。

二、常见的人格障碍

常见的人格障碍可分为偏执型、分裂型、反社会型、冲动型、表演型、强迫型等。

(一)偏执型。是一种以猜疑和偏执为主要特点的人格障碍,特点为:广泛猜疑,常将他人无意的、非恶意的甚至友好的行为误解为敌意或歧视;或无足够根据,怀疑会被人利用或伤害,因此,过分警惕与防卫;将周围事物解释为不符合实际情况的"阴谋";易产生病态嫉妒;过分自负,若有挫折或失败则归咎于他人,总认为自己正确;好嫉恨别人,对他人的过错不能宽容;脱离实际地好争辩与敌对,固执地追求个人不够合理的"权利"或利益;忽视或不相信与自己想法不相符合的客观证据,因而很难以说理或事实来改变患者的想法。

(二)分裂型。这是一种以观念、外貌和行为奇特,以及人际关系有明显缺陷,且情感冷淡为主要特点的人格障碍。其特点为:有特异的信念或与文化背景不相称的行为;奇怪的、反常的或特殊的行为或外貌;言语怪异,并非文化程度或智能障碍所引起;不寻常的知觉体验,如暂时性错觉、幻觉;对人冷淡,对亲友也不例外,缺少温暖体贴;表情淡漠,缺乏深刻或生动的情感体验;多单独活动、社交被动、缺乏挚友。

(三)反社会型。这是一种以行为不符合社会规范为主要特点的人格障碍。特点为:18岁前有品行障碍的证据,如经常逃学、被学校开除、因行为不轨不止一次停学、被公安局拘留、反复说谎(不是为了躲避体罚)、习惯性吸烟喝酒、反复偷窃、多次参与破坏公共财物活动、反复挑起或参与斗殴、反复违反家规或校规、过早有性活动、虐待动物或弱小同伴等;不能维持持久的工作或学习,多次变换工作;有不符合社会规范的行为;易激怒,并有攻击行为,如反复斗殴或攻击别人;经常不承担经济义务,如拖欠债务、不抚养小孩或不赡养父母;行为无计划或有冲动性,如进行事先无安排的、无目的的旅行;不尊重事实,如经常撒谎,使用化名,欺骗他人以获得个人的利益或快乐;对自己或他人的安全漠不关心,缺乏同情心;危害别人时无内疚感。

(四)冲动型。这是一种以行为和情绪具有明显冲动性为主要特点的人格障碍,又称为爆发型或攻击型人格障碍。特点有:有不可预测和不考虑后果的行为倾向;行为爆发难以自控;不能控制不适当的发怒,易与他人争吵和冲突,尤其是行为受阻或受批评指责时;情绪反复无常,不可预测,易爆发愤怒和暴力行为;做事无计划,缺乏预见性和坚持性;强烈而不稳定的人际关系,几乎没有持久的朋友;有自伤行为。

(五)表演型。以过分感情用事或夸张言行以吸引他人注意为特点的人格障碍。特点为:表情夸张像演戏一样,情感体验肤浅;暗示性高,很容易受他人的影响;自我中心,强求别人符合他的需要和意志,不如意就给别人难堪或强烈不满;经常渴望表扬和同情,感情易波动;寻求刺激,过多地参加各种社交活动;十分关心自己是否引人注目,言行方面竭力表现自己以吸引他人;情感易变,完全按个人情感判断好坏;说话夸大其词,掺杂幻想情节。

(六)强迫型。这是一种以要求严格和完美为主要特点的人格障碍。特点为：做任何事情都要求完美无缺、按部就班；不合理地坚持别人要严格地按照他的方式做事，否则心里就很不痛快；对别人做事很不放心；犹豫不决，常推迟或避免做出决定；常有不安全感，反复考虑计划是否得当，反复核对检查，唯恐疏忽和差错；拘泥细节，甚至生活小节也要"程序化"，不遵照一定的规矩就感到不安或要重做；完成一件工作之后常缺乏愉快和满足的体验，相反却容易悔恨和内疚；对自己要求严格，过分沉溺于职责义务与道德规范，无业余爱好，拘谨吝啬，缺少朋友。

作为教师，应该及时、准确发现学生的人格障碍，尽早将患有人格障碍的学生转介到专业性的心理咨询与治疗机构，让咨询与治疗机构对学生的人格障碍进行深入分析，了解人格障碍的特性及形成原因，研究确定人格障碍的矫治措施，对该学生进行心理咨询与治疗。

三、健全人格的塑造与培养

优化人格整合、塑造健全人格的目的不仅仅是为了避免身心疾病，适应社会发展，更重要的是为了发挥人格的最佳作用，达到自我实现。我们每一个人，都蕴藏着巨大的潜力。同时，人又是可变的，能够发展的，一个人如果能够挖掘自身存在的潜能，使自身的优秀品质得到充分发挥，塑造自己的良好生活，促进周围环境的发展，这就意味着发挥了人格的最佳作用，在追求着自我实现。美国社会心理学家马斯洛（Abraham H. Maslow, 1908—1970）认为自我实现是人生追求的最高境界，他说，人类存在于现实生活的意义就在于追求自我实现。其实，自然界的生物都在追求自身价值的实现。春天里，百花竞放；秋天里，硕果累累。植物在成长的特定阶段所表现出来的生机和活力也是一种实现。作为自然界中的智者，人类显然有更多的表现自己的机会。从石器到青铜器再到铁器，从蒸汽机到电动机再到计算机，一次次的突破与飞跃给人类带来了莫大的便利，人类自身的价值也在一次次的飞跃中得以体现。作为普普通通的每一个人，也有追求自我实现的权利和倾向，因为任何人都期望拥有辉煌的人生。

(一)健全人格概念的界定

健全人格是各种人格特征的完美结合,是个体的认知、情感、意志、行为都达到和谐的状态。根据国内外的研究,可以从三个方面概括健全人格的特点:

第一,内部心理和谐发展。他们的需要和动机、兴趣和爱好、智慧和才能、人生观和价值观、理想和信念、性格和气质都向健康的方向发展。他们的内心协调一致,言行统一,能正确认识和评价自己的所作所为是否符合客观需求,是否符合道德准则,能及时调整个体与外部世界的关系。一个人如果失去它的人格内在统一性,就会出现认识扭曲,情绪变态、行为失控等问题。

第二,人格健全者能正确处理人际关系,发展友谊。这样的人在人际交往中显示出自尊和他尊、理解和信任、同情和人道等优良品质。友谊使人开朗、热情和坦诚。缺乏友谊的人,在情绪上往往有很大困扰,轻则产生恐惧、焦虑、孤独,重则产生多疑、嫉妒、敌对、攻击的心态和行为。人格健全者,在日常交往中既不随波逐流,也不孤芳自赏,能够使自己的行为与朋友、同事、同学协调一致。

第三,人格健全者能把自己的智慧和能力有效地运用到能获得成功的工作和事业上。他们在学习、工作中被强烈的创造动机和热情所推动,并能和他们的能力有效地结合起来,从而使他们勇于创造,善于创造,经常有所发现,有所发明,有所革新,有所建树。他们的成功,往往又为他们带来满足和愉悦,并形成新的兴趣和动力,使他们的生活内容更加充实。

(二)健全人格的塑造与培养

根据心理学家研究,认为健全人格的塑造与培养可从以下做起:①

1. 认识自我,优化人格整合

---

① http://www.yytc.net.cn/news/xgc/ReadNews.asp? NewsID=715

　　为了有效地进行人格塑造,就应该充分了解自己的人格状况,深刻理解自身人格系统中的优、缺点,明确人格塑造的目标、内容、途径、方法。人格塑造也就是为了实现优化人格整合,以达到人格的健全。人格整合的基本含义是:随着个体心理的成熟,人格的各个方面逐渐由最初的互不相关,发展到和谐一致状态的过程。优化人格整合,一要择优,二要汰劣。择优即选择某些优良的人格特征作为自己努力的目标,如自信、勇敢、勤奋、坚毅、善良、正直等可作为人格塑造的依据。汰劣即针对自己人格上的缺点、弱点予以纠正,比如自卑、胆怯、抑郁、冷漠、懒惰、任性、自我中心等。当然,择优与汰劣往往是同步进行的。

　　2.努力学习科学文化知识

　　学习科学文化知识,增长智慧的过程也是优化人格整合的过程。荣格有句名言:"文化的最后成果是人格";培根也说过:"知识就是力量。"事实上,有不少人格发展缺陷源于无知,无知容易使人自卑、粗鲁,而丰富的知识则使人自信、坚强、理智。各学科知识营养的全面吸收是人格健全发展的智力基础,因为各学科的知识同处于一个庞大的系统中,其间既相互联系,又能在各自的发展中相互迁移、相互促进。可以说,有了智力基础,人格发展的速度与质量才有保证。对此,培根的论述很深刻:"读史使人明智,读诗使人灵秀,数学使人周密,科学使人深刻,伦理学使人庄重,逻辑修辞之学使人善辩,凡有所学,皆成性格。"目前,受应试教育影响,一些学生缺乏人文知识,缺乏科学精神,这对于人格的健全发展是不利的,当代学生应做到科学与人文并重。

　　3.积极参加实践活动,从小事做起

　　实践是人格发展的必由之路。无论是知识的获取、能力的形成,还是意志的磨练都离不开实践。一个人的勤奋、坚韧、乐观、细致等人格特征都是长期实践锻炼的结果。中学生应积极参加各种有益身心健康的实践活动,如近年来校园内兴起的青年志愿者活动对于学生人格的发展与塑造就有着积极的意义。一个人的一言一行往往是其人格的外化,反过来一个人日常言行的积淀成为习惯就是人格,例如,一个人有勤刷牙、梳头、洗手、勤换衣服、常剪指甲等习惯,就反映了他具有"清洁"这一人格特质。因此,优化人格整合要从眼前的小事做起,无数良好的小事可"积土成山",最终构建成优良的人格大厦。

4. 发展良好的人际关系,主动融入集体

人格发展、塑造的过程是个体实现社会化的过程,是个体与他人、集体、社会相互作用的过程。人格是在行为中表现的,健全的人格也只有在与人交往中才能体现出来。塑造健全人格,必须发展良好的人际关系:尊重社会习俗、关心他人的需要、真诚地赞美、不作无建设性的批评、多与他人沟通意见、保持自尊和独立等。集体是人格塑造的土壤,通过与集体交往,自己的某些人格品质或受到赞扬、鼓励,或受到压制、排斥,从而有助于做出有针对性的调整,而且集体能够伸出手来帮助集体中的个体择优汰劣。

5. 锻炼身体,强健体魄

人格发展的过程是体质、心理因素与智力因素协同作用、相互促进的过程,健康的体质是人格健全发展的物质基础。一个体弱多病的人是难以发展健全人格的,拖拉、懒惰、急躁、怯懦等人格发展缺陷与不坚持体育锻炼明显有关。

6. 防止"过犹不及"

凡事都有"度",人格发展和表现的"度"是十分重要的,人格塑造过程中应把握辩证法,掌握好度,否则就会"过犹不及",适得其反。具体说来,应该是:自信而不自负,自谦而不自卑,勇敢而不鲁莽,果断而不冒失,稳重而不犹豫,谨慎而不怯懦,豪放而不粗俗,好强而不逞强,活泼而不轻浮,机敏而不多疑,忠厚而不愚昧,干练而不世故等等。人格"度"的把握还表现在不同的人格特质要协调发展,做到"刚柔兼济",对于"刚"者应多发展些"柔",对于"柔"者应多发展些"刚",这样才能形成合理、和谐的人格结构。此外,还要因人因时因地表现人格特征,有时表现"刚"比表现"柔"好,有时表现"柔"比表现"刚"

好;有时应多表现自信,有时应多谦恭,即所塑造出的人格应有韧性,有较强的应变、适应能力。

为了便于在实践中培养学生健全的人格,以下几种方法更具有操作性:

1．对自己和生活持积极看法。把自己看作是被喜欢的、被需要的、有能力的,并生活在自己能应付的世界上的人。

2．和别人建立良好的、有基本信任感的关系。

3．善于反思自我,使自己有机会揣摸、体验各种人的情感,而这有助于更好地理解自己的人格。

4．在学习上、工作上和与人交往上有成功的体验。

5．接受新思想、新哲学,以及和有独特见解的人交往。新的思想既可以从读书中、从对音乐的欣赏中取得,也可从旅行中和陌生人的相识中获得。

6．找出充分表达自己情绪的合理方法。例如,建立和朋友间的亲密关系,时常聚在一起,有助于基本情绪的释放。

7．提高自我独立性,逐步减少对他人的依赖而更多地依靠自己的能力和价值体系,对工作和家庭、邻里以及人类社会承担更多的责任,在该做该说时,无拘束地表达自己的意见,做到自尊和自爱。

8．提高自己的灵活性和创造性。并非在任何情境中都按一个标准行事;学会知道不总是"非此即彼",而是"这个、那个和更无限量的各种组合"。

9．多关心他人,并做到助人为乐。

10．在每一个生活阶段学会和别人一起时变得更人性些。

人格健全的过程,就是心理健康和心理成熟的过程。塑造健全人格,是一项系统的自我改造、自我实现的工程,要从小做起,贵在坚持。当代青少年应从塑造健全人格做起,努力将自己塑造成为符合

252　心理学理论与实践(第二版)

时代要求的具有良好综合素质的现代型人才。①

【主要结论】

1. 人格是个人内在的动力组织及其相应的行为模式的统一体。人格的一般特征包括整体性、共同性与差异性、稳定性与可塑性、生物性与社会性。

2. 影响人格形成的因素有遗传、环境和主观因素，人格是先天的遗传因素和后天的环境因素以及主观因素相互作用的结果。

3. 性格是人格中具有核心意义的心理特征，是个人对现实的态度和行为方式中表现出来的稳定的个性心理特征；气质是一个人心理活动的动力特征，它是指在人的认识、情感、言语、行动中，心理活动发生的强度、速度以及指向性等方面稳定的动力特征。性格和气质既有区别又有联系。

4. 自卑、懒惰、拖拉、急躁、悲观、孤僻、多疑等是常见的人格缺陷；常见的人格障碍可分为偏执型、分裂型、反社会型、冲动型、表演型、强迫型等。

5. 健全的人格是各种人格特征的完美结合，人格健全的过程，就是心理健康和心理成熟的过程。健全的人格内部心理和谐，拥有良好的人际关系及能有效运用个人能力。塑造健全人格，是一项系统的自我改造、自我实现的工程，当代青少年要从小做起，从学习、生活、工作等各方面做起，努力将自己塑造成为符合时代要求的具有良好综合素质的现代型人才。

【理论应用与实践】

中学生健全人格的培养(典型案例)

蔡丽霞　溧阳市天目湖实验学校

著名教育家李希贵把学生的健全人格概括为"三自"、"三高"。

---

① 李献华主编：《大学生心理健康教育与咨询工作指导手册》，第145页，北京：当代中国音像出版社，2004年版。

"三自"是自我控制能力、自我平衡能力、自我排除外界干扰的能力；"三高"是高尚的道德情操、高雅的兴趣爱好、高层次的人生追求。针对现阶段中学生缺乏自信，自控能力差，道德品质低的现象，我们很有必要培养学生健全的人格。下面我从五个方面谈谈自己的实践与体会：

一、自信、自强——拿起表扬的武器

中国的学生普遍缺少自尊、自信、自强的原因之一就是在他们的生活中缺乏表扬，无论是在家里还是在学校，围绕"学习、成绩第一"这个中心，他们时时处处都在顶着巨大的压力，为成绩而战。在"战斗"过程中，我们的老师对这些"战士"太吝啬了，吝啬的连一句表扬的话也舍不得说，这或许是一句很平常的话，对我们来讲是微不足道的，可它在一个学生，尤其是在后进生的心里却会一石激起千层浪，决定他是从善还是从恶。例如，"他"是我班一名最差的男生，思想、纪律、卫生都不好，我也曾狠狠地批评过他，甚至恶语中伤，可效果适得其反，他的态度愈演愈烈，甚至和我顶撞起来，我十分生气，说他不知好歹，不明是非，对他置之不理。偶尔的一次家访，我看到了这样的情景：一间破烂的瓦屋，一个七十几岁的老人，一个十几岁的男孩正在洗衣服，他就是我的学生。一个十几年来没有得到过母爱和父爱的人，从小就自己料理家务，扛起了生活的重担，没有受过良好的家庭教育，对于这样的一个他，还有什么不可以原谅的呢？回到学校，我将此次家访写成一篇很感人的日记，在全班同学面前读了一遍，并开展了一次"我来做家务"的活动，活动中他表现突出，过后，我在全班特别表扬了他，封他为"生活自理、自立家"的称号，我毫无保留的、极尽所能的表扬了他，肯定了他。从此以后的他变了，各个方面就像换了一个人似的。我在默默地想，正是那一句"生活自理、自立家"可能会改变他的一生。

二、尊重个性——变堵截反对为提倡诱导

最近，我们班上的男生迷上了篮球，那热乎劲就连下课十分钟也要跑到操场上投几个篮，上课铃一响再飞一般地跑回来，上课前五分钟总见他们气喘吁吁,心神不定,为此我强调了好几次,可效果不佳。像这类事,在我们的德育工作中是常有的事。初中生们精力旺盛,迷上某件事是常有的,一味的堵截反对是没有效果的,我们应当学习大禹治水,疏而导之。几天后,我一反常态,和他们开了一个商讨会,首先允许他们打球,满足他们的合理需求,但是打球必须合理化,必须加以规范。我与他们制定了一个章程:打球必须按规定的时间和规定的地点;不能影响学习成绩,否则停球一周;不许因为打球而打架,否则停球一学期。孩子们因为自己的兴趣得到老师的肯定而感到十分激动,以后的打篮球也秩序井然,在当年的秋季运动会上我班在校篮球比赛中获得第一的好成绩。其实,我们的德育工作习惯于站在成人的立场上,从成人的视角对孩子提出种种道德要求,设定道德发展目标,生硬灌输、呆板说教、强迫孩子接受——犹如预先做好了模子,不管学生的体形、身高怎样只管统统塞进这个模子里,结果必然是铸造出畸形的人格;要么铸造出千人一面的丧失个性的木偶;要么伤害学生的心灵,形成终身难以弥合的伤痕……蹲下来和孩子说说话吧!只要你蹲下来,试着从孩子的角度看问题,就会发现孩子眼里的世界不一样,你就能学会理解孩子。孩子们犯的错误,常常是"美丽的错误",是成长中的必然。

三、自我锻造——灵魂的搏斗

飞机可以无人驾驶,那考试时可以无人监考吗?有人或许会认为这是一个荒谬的想法:你就不怕学生会作弊吗?有一次,我尝试了一下,当我发完卷子后,转过身在黑板上写了一行字:"今天你们是自己的主考官,我相信你们,请你们相信自己!"但考前我还是密派班长记录作弊者的名单。考完后,我收到名单一看:有5人作弊。于是我把他们叫到办公室,每人发一张纸,让他们在纸上回答这样一个问题:你作弊时想到了什么?再收上纸条一看,5个人都谈到了作弊前后的内心挣扎,明知不可以,但是受不了无人监考的诱惑,最终作弊了。我给他们留下了这样一句话:希望下次好人能够战胜坏人。有人会觉得我的做法是失败的,对学生不可以如此相信,甚至放任自流,但我认为,如果你把学生当小偷看,那他在你老师眼里就是小偷,时时处处要有人看管;如果你把学生当"人"看,那他在你老师眼里就是一个真正的人。无人监考,考的是学生的精神风貌,考的是学生的心理素质和自我斗争的内在灵魂,这样的考试对于尚未成熟的青少年学生来说无异于磨练意志的"战场"。没有任何人的监督,作弊与否并没有人的注意,不经过一番"灵魂的搏斗",就很难达到严格自律的境界!也正是在这种"灵魂的搏斗"中,学生内心在"敌我"双方之间徘徊,一个完整的自我教育过程正在悄然进行。诸如无人监考这种自我锻造还有许多,如开架阅览、创办和组织以学生为主体的活动——文化艺术节、体育节、社团、刊物等。我们可以通过一系列的自我锻造工程变他律为自律,变被动接受教育为自我感悟,因而达到自我教育的目的。

四、暗示效应——给自己写信、特殊演讲

毛泽东同志的批评和自我批评方法在我们的德育教育中是很有用处的,直接的批评是很难让人接受的,让一个人自己对自己批评会更困难。假如我们能够避免直面的批评,又能让自我批评在融洽的气氛中悄然进行,那该是最理想的教育方式了。其实这种方法是有的:

让学生给自己写信。学生犯了错误,老师作为"惩罚"的手段就是让犯错误的同学站在第三者的角度上给自己写信。这封信既要叙述犯错误的过程,又要剖析犯错误的原因,还要列举犯错误的危害,同时要指出今后的路该怎么走……这封信不是简简单单就能写好的,有时要几易其稿,反复修改。学生反省不到位,也决不允许老师进行尖锐的批评,而是要和风细雨的指出问题的实质,帮助学生提高认知水平。

特殊演讲会。所谓特殊,一是演讲者的特殊,他们不是优秀生,也不是口才极佳的演讲家,而是身上带有不良习惯的学生;二是演讲内容的特殊,结合自身的行为谈不良习惯的养成和危害,以及改正方法;三是听众的特殊,邀请家长列席演讲会(目的是家校二合一,帮助学生纠正不良习惯)。在这里,没有喋喋不休的批评指责,也没有言辞谆谆的耳提面命,但学生在准备演讲的过程中,就已经自觉的开始了不良习惯的纠正。重要的是,全班同学在听演讲的过程中也接受了同年龄人对自己的教育。学生犯错,有时并不是态度问题,而是对学校制定的行为规范中的条文不理解,这一点仅靠硬性要求——"理解的要执行,不理解的也要执行"——予以贯彻是很难收到实效的。只有让学生通过对照日常行为规范,认识自我、评价自我、完善自我,这种由自我感悟形成的认识会深深地刻在他们心灵的底片上,最终形成自觉模仿的心灵图像,时时引导他们矫正前进的足迹,克服自身瑕疵,追求人生完美。

五、文化食粮——全面丰富学生的精神营养

著名教育家李希贵认为"一个人在相应的年龄段不读相应的名著,势必造成知识和人格的残缺。要使同情心、责任感、使命感真正在学生的心灵深处扎根,离开了名著的陶冶,单靠说教是难以完成的!"一个品位高雅的人,是在借助文化精品的永恒魅力和厚重内涵的基础上来提升自己的审美境界和人生追求的。为此,我在班上开展了"三好"活动,即:看好电视、读好书、听好歌。电视可以无限地拓展学生的生活空间和时间,让学生漫游世界各地的风土人情,感受天地宇宙的神奇奥秘,这既增长了学生的见识,又激发起学生怀抱世界的豪情;好书可以陶冶学生的情操,提高学生的文化素养,激励学生追求高尚的人生;好歌能让一个人在音乐的世界里徜徉,感悟人生,培养人的高雅情趣。

资料来源:http://www.lyjy.net/ctsy/Article-Print.asp? ArticleID＝6

【学习评价】

(一)基本概念解释

1.人格　2.气质　3.性格　4.胆汁质　5.多血质　6.粘液质　7.抑郁质

(二)判断正误

1.气质是不可改变的。

2．人格是反映人与人之间差异性的概念。

3．人格的整体性表现在人格结构中的各种心理特征缺一不可，不能孤立存在，而是有机结合成相互联系的统一体。

4．人格一经形成，便具有稳定性，不可改变。

5．人格差异形成的主要影响因素是环境因素。

6．性格无好坏之分，也就是不具有社会评价意义。

7．具有什么样的气质，就会形成什么样的性格特点。

8．健全人格是各种人格特征的完美结合，是一种理想状态的人格，人格健全的过程，就是心理健康和心理成熟的过程。

9．人格的概念范畴大，性格概念范畴小，性格是人格中具有核心意义的心理特征。

10．多血质是最理想的气质类型。

(三)综合应用

某男性病人，由于父母性格均不健康，并经常吵架，动辄打骂孩子，因此，他自幼性格急躁、主观、敏感、好猜疑，不愿接受意见。自参加工作后，上述人格特征更为突出，思想狭隘，固执己见，好嫉妒，常与人发生冲突，几乎与单位的所有同事都吵过架。他自己实际工作能力很差却自我感觉很好，反说领导和同事都不信任他，是有意为难他。

请判断上述患者属于哪种类型的人格障碍？如何克服？

【参考文献】

[1]黄希庭主编：《心理学导论》，人民教育出版社，1991年版。

[2]全国十二所重点师范大学联合编写：《心理学基础》，教育科学出版社，2002年版。

[3]阴国恩等主编：《普通心理学》，南开大学出版社，1998年版。

[4]高玉祥主编：《健全人格及其塑造》，北京师范大学出版社，1997年版。

[5]李献华主编：《大学生心理健康教育与咨询工作指导手册》，当代中国音像出版社，2004年版。

[6]张玲等著:《心理健康研究与指导》,教育科学出版社,2001年版。

[7]许惠英著:《人格教育论》,学苑出版社,2001年版。

[8]http://www.jxtvu.com.cn/kczy05q/UploadFiles/200511310395426.doc

[9]http://www.yytc.net.cn/news/xgc/ReadNews.asp?NewsID=715

第八章　学生心理健康与辅导

【内容简介】

前几章从心理的产生与发展角度介绍了个体的语言与认知、品德与态度、情绪等方面的心理发展,本章则从个体发展中表现的"异常"与"正常"这一角度出发,探讨个体心理健康的含义、标准及学校心理辅导的目标、原则和途径,简要介绍学生常见心理问题(学习、交往、性心理、网络成瘾)的辅导方法。旨在帮助读者树立健康新观念,并建立对现代学校心理健康教育的整体印象,为更好地从事学校教育工作打下基础。

【学习目标】

识记：

1. 解释健康、心理健康的概念。

2. 掌握学校心理辅导、心理咨询与心理治疗的含义。

3. 说明学校心理辅导的任务与目标、原则和途径。

理解：

1. 能举例说明心理健康的相对性。

2. 能用自己的话说出心理辅导、心理咨询与心理治疗之间的区别与联系。

3. 了解心理健康与心理卫生的区别与联系。

应用：

应用本章所学知识,对学生当前普遍存在的问题进行心理辅导。

人,不但要有健康的身体,还要有健康的心理。保持身体健康要注意生理保健,保持心理健康要重视心理辅导。近年来,由于学生的

心理健康问题而导致的自杀、他杀等重大消极事件已屡见不鲜,已给
人们敲响了警钟。人们在反思当中认识到了学生心理健康的重要
性。1999 年《中共中央国务院关于深化教育改革全面推进素质教育
的决定》中明确指出:"针对新形势下青少年成长的特点,加强学生的
心理健康教育,培养学生坚忍不拔的意志,艰苦奋斗的精神,增强青
少年适应社会的能力。"这意味着提高学生的整体素质,特别是心理
素质,认真研究和大力加强学生的心理健康教育是学校教育必不可
少的重要内容之一。

第一节　心理健康概述

一、心理健康的涵义

(一)健康新概念

　　古往今来,人人都希望健康。因为健康总是与家庭的幸福、事业
的成功和社会的发展联系在一起。有人曾这样描述:人生有两大愿
望,一是家庭幸福,二是事业有成。如果家庭幸福为 10 分,事业有成
为 100 分,那么,健康就是"0"前面的那个"1",可见没有健康一切都
无从谈起。那么,到底何谓健康? 按照传统的观念和习惯的看法多
限于生理健康,主要是指躯体发育良好,生理功能正常,没有身体疾
病,而很少考虑心理方面的健康。例如,《现代汉语小词典》(商务印
书馆 1980 年版)对健康的解释为:"(人体)生理机能正常,没有缺陷
和疾病。"《辞海》(缩印本,上海辞书出版社 1980 年版)把健康界定
为:"人体各器官系统发育良好、功能正常、体质健壮、精力充沛并具
有良好劳动效能的状态。"这样的理解显然是不全面、不完整的。
　　人既是一个生物性的个体,也是一个社会性的个体。人的健康
不仅受生物因素的制约,也受心理因素和社会因素的影响。1948
年,世界卫生组织(WHO)在其《世界卫生组织宪章》中开宗明义:健
康不仅是没有疾病和病态(虚弱现象),而且是一种个体在身体上、心

理上、社会上完全安好的状态;1989年又定义为"生理、心理、社会适应和道德品质的良好状态"。由此可见,健康这一概念的基本内涵应包括生理、心理和社会、行为四个方面,表现为个体生理和心理上的一种良好的机能状态,亦即生理和心理上没有缺陷和疾病,能充分发挥心理对机体和环境因素的调节功能,保持与环境相适应的、良好的效能状态和动态的相对平衡状态。

为帮助人们对健康的认识,世界卫生组织还规定了健康的10条标准:①

1. 有充沛的精力,能从容不迫地应付日常生活和工作压力,而不感到过分紧张。

2. 态度积极,乐于承担责任,不论事情大小都不挑剔。

3. 善于休息,睡眠良好。

4. 能适应外界环境的各种变化,应变能力强。

5. 能够抵抗一般性的感冒和传染病。

6. 体重得当,身体均匀,站立时,头、肩、臂的位置协调。

7. 反应敏锐,眼睛明亮,眼睑不发炎。

8. 牙齿清洁,无缺损、无痛感、无出血现象,齿龈颜色正常。

9. 头发有光泽,无头屑。

10. 肌肉和皮肤有弹性,走路轻松匀称。

(二)心理健康的标准与理解

关于心理健康的定义目前尚无定论,多数学者认为应以人的整个行为的适应情况为标准,而不过分重视个别症状的存在。就心理健康的结构而言,它包括个体的人格、能力、认识、行为和情感等多方面的健康;就心理健康的水平而言,又有高低之分:从最低水平上理解就是没有心理障碍或行为问题的一种精神状态,从最高水平上理解就是人们客观地认识环境与自我,进行调节,最大限度地发挥自身

① 全国十二所重点师范大学联合编写:《心理学基础》,第328页,北京:教育科学出版社,2002年版。

潜能从而更好适应社会生活,为人类做出贡献的心理发展状态。但这只是较为笼统的解释,要想较为具体地掌握心理健康的含义,掌握以下心理健康标准很有帮助。

1. 国际心理卫生大会提出的心理健康标准

据联合国世界卫生组织的定义,心理健康不仅指没有心理疾病或变态,个体社会生活适应良好,还指人格的完善和心理潜能的充分发挥,亦即在一定的客观条件下将个人心境发挥成最佳状态。心理健康是一个协调内外统一并使之适应和发展的过程。

2. 马斯洛和密特曼(H. A. Maslow & Mittelman,1951)提出的心理健康标准[①]

(1)有充分的安全感。

(2)对自己有充分的了解,并能对自己的能力做出适当的评价。

(3)生活理想和目标切合实际。

(4)与周围环境保持良好的接触。

(5)能保持自身人格的完整与和谐。

(6)具有从经验中学习的能力。

(7)保持良好的人际关系。

(8)适度的情绪发展与控制。

(9)在集体要求的前提下,较好的发挥自己的个性。

(10)在社会规范的前提下,恰当满足个人的基本需要。

3. 我国学者提出的心理健康标准

北京师范大学冯忠良教授认为:"适应就是健康,平衡就是健康。"并提出了健康人的六大特征:(1)敬业;(2)乐群;(3)好学;(4)创新;(5)坚韧;(6)自制。

台湾师范大学黄坚厚教授提出了心理健康的四条标准:(1)有工作,而且有乐趣和满足;(2)有朋友,而且乐于广泛交往;(3)有自知之

---

① 章志光主编:《小学教育心理学》,第396页,北京:中国人民大学出版社,1999年版。

明,而且能扬长容短;(4)能适应环境,而且积极的适应方式总是多于消极的适应方式。

4．当前关于一般人包括青少年学生心理健康的标准

综合各家观点,参照现实社会生活及人们的心理和行为表现,现代人和青少年的心理健康标准可从以下七个方面来考虑。[①]

(1)智力正常

智力是以思维能力为核心的各种认识能力和操作能力的总和。它是衡量一个人心理健康的最重要的标志之一。正常的智力水平是人们生活、学习、工作的最基本的心理条件。一般地讲,智商在130以上,为超常;智商在90以上,为正常;智商在70~89间,为亚正常;智商在70以下,为智力落后。智力落后的人较难适应社会生活,很难完成学习或工作任务。衡量一个人的智力发展水平要与同龄人的智力水平相比较,及早发现和防止智力的畸形发展。例如,对外界刺激的反应过于敏感或迟滞、知觉出现幻觉、思维出现妄想等,是智力不正常的表现。

(2)情绪适中

情绪适中是指情绪的产生是由适当的原因所引起;情绪的持续时间是随着客观情况的变化而变化;情绪活动的主流是愉快的、欢乐的、稳定的。有人认为,快乐表示心理健康如同体温表示身体健康一样的准确。一个人的情绪适中,就会使整个心身处于积极向上的状态,对一切充满信心和希望。

(3)意志健全

一个人的意志是否健全主要表现在意志品质上,意志品质是衡量心理健康的主要意志标准,其中行动的自觉性、果断性和顽强性是意志健全的重要标志。行动的自觉性是对自己的行动目的有正确的认识,能主动支配自己的行动,以达到预期的目标;行动的果断性是

---

①　郑友训主编:《青少年心理素质养成》,第78页,北京:中国矿业大学出版社,1999年版。

善于明辨是非,适当而又当机立断地采取决定并执行决定;行动的顽强性是在作出决定、执行决定的过程中,克服困难、排除干扰、坚持不懈的奋斗精神。

反应适度是意志健全的主要组成部分,也是心理健康的外在表现之一。反应适度是说明人的行为表现协调有度。主要表现为:意识和行为一致,即言行一致;为人处事,合情合理,灵活变通;在相同或相类似情境下,行为反应符合情境,并不过分,也不突然。

(4)人格统一

人格是指一个人的整个精神面貌,即具有一定倾向性的心理特征的总和(详见第七章)。人格的各种特征不是孤立存在的,而是有机结合成一定联系和关系的整体,对人的行为进行调节和控制。如果各种成分之间的关系协调,人的行为就是正常的;如果失调,就会造成人格分裂,产生不正常的行为。双重人格或多重人格是人格分裂的表现。一个人的人格一经形成,就具有相对稳定的特点。因此,形成一个统一的、协调的人格和形成一个残缺的、失调的人格,其性质对心理发展和精神表现的影响是截然不同的。

(5)人际关系和谐

人际关系和谐是心理健康的重要标准,也是维持心理健康的重要条件之一。人际关系和谐具体表现为:在人际交往中,心理相容,互相接纳、尊重,而不是心理相克、相互排斥、贬低;对人情感真诚、善良,而不是冷漠无情、施虐、害人;以集体利益为重,关心、奉献,而不是私字当头,损人利己等等。

(6)与社会协调一致

心理健康的人,应与社会保持良好的接触,认识社会,了解社会,使自己的思想、信念、目标和行动,跟上时代发展的步伐,与社会的进步与发展协调一致。如果与社会的进步和发展产生了矛盾和冲突,应及时调节,修正或放弃自己的计划和行动,顺历史潮流而行,而不是逃避现实,悲观失望,或妄自尊大、一意孤行、逆历史潮流而动。

(7)心理特点符合年龄特征

人的一生包括不同年龄阶段,每一年龄阶段其心理发展都表现出相应的质的特征,称为心理年龄特征。一个人心理行为的发展,总是随着年龄的增长而发展变化。如果一个人的认识、情感和言行举止等心理行为表现基本符合他的年龄特征,是心理健康的表现;如果严重偏离相应的年龄特征,心理发展严重滞后或超前,则是行为异常、心理不健康的表现。

二、心理健康的相对性

心理健康的相对性可从三方面来理解:第一,健康是比较而言的,绝对的健康是不存在的,人们都处在极健康和极不健康的两端连续线中间的某一点上,且人的心理健康状态是动态变化的,而非静止不动。人的心理健康即可以从相对的比较健康变成健康,又可以从相对健康变得不那么健康,因此,心理健康与否是反映某一段时间内的特定状态,而不应认为是固定的和永远如此的。第二,心理健康指较长一段时间内持续存在的状态,一个人偶尔出现的一些不健康的行为和心理,并不意味着心理不健康。第三,心理健康的标准是一个发展的、文化的概念,会随着社会的发展变化而变化,也因不同的社会文化背景而有差异。

三、心理卫生

"心理卫生"一词是在开展心理辅导时经常遇到的概念,它和心理健康到底有什么关系呢?

心理卫生,又称精神卫生,相对于生理卫生而言,原意是维护和增进心理健康,减少心理和行为问题与疾病。它的含义除了指一门学科和一项服务工作外,还专指人的心理健康及状态,就这一点来讲,心理卫生与心理健康同义。心理卫生是对保障心理健康的各种措施和活动的总称,是心理健康的前提和保障,心理健康是心理卫生的目的和结果。

第二节　学校心理辅导

随着青少年心理问题的日益严重,心理健康教育越发显得迫切和重要,学校心理辅导也日益成为学校实施心理健康教育的主渠道。

一、学校心理辅导的概念界说

(一)学校心理辅导的含义

学校心理辅导,是指在一种新型的建设性的人际关系中,学校辅导人员运用其专业知识和技能,给学生以合乎其需要的协助与服务,帮助学生正确的了解自己、认识环境,使其克服在学习、生活及人际关系等各个方面的问题及困扰,增强社会适应,充分发挥自身潜能,促进学生的身心全面和谐发展。[①] 在理解学校心理辅导的实质时,应注意以下几点:

1.学校心理辅导是一种新型的人际关系。其特点是真诚、亲密,教师的非批评态度,鼓励学生自主探索;辅导是一种合作式、民主式的协助过程,辅导教师只是协助学生解决问题,而不是代替学生解决问题。

2.学校心理辅导是一种专业的助人活动。辅导应由专门的辅导人员运用专业知识与技能来实施,有时需运用各种特殊的方法来开展活动。例如,通过会谈或沟通进行个别辅导时,就要恰当地用专注、接纳、倾听、澄清、自我袒露、解释等技巧。学校辅导涉及哲学、心理学、精神医学、教育学、社会学等多学科知识,其中心理学知识占有重要地位。

3.学校心理辅导面向全体学生,以正常学生为主要对象,以发展辅导为主要内容。辅导更强调正常学生的教育与发展,在这一方面,它不同于侧重心理与行为障碍矫治的心理治疗。

---

① 　http://www.cdzx.cn/person/515/list.asp? unid=318

（二）心理辅导、心理咨询与心理治疗的区别与联系

心理辅导、心理咨询、心理治疗这三个名词在学校心理辅导中经常会遇到，也是容易被人们混淆的概念。它们到底有什么区别与联系？如何正确使用这三个概念是教育者比较关注的问题。"咨询"（counseling），在古汉语中，"咨"是商量的意思，"询"是询问，合起来就是与人协商、征求意见。英语的"counseling"含有协商、商讨、会谈、征求意见、寻求帮助、顾问、参谋、劝告、辅导等含义。心理咨询（psychological counseling）一词，既表示一门学科，即咨询心理学，也可以表示一种心理技术工作，即心理咨询服务。作为一种技术与服务的心理咨询，在国家职业资格培训教程《心理咨询师》里，将其定义为"心理咨询是咨询师协助求助者解决各类问题的过程。"

心理治疗（psychotherapy）有时直接被称之为"治疗"（therapy）。在国家职业资格培训教程《心理咨询师》里，将其定义为："心理治疗是治疗师对求助者的心理与行为问题进行矫治的过程。"

学校心理辅导的含义上面已述说。

就三者所针对的对象而言，心理辅导的对象往往是处在转变或转折时期的普通学生，即他们的心理健康状况相对良好，辅导主要关注对象的未来。心理干预的重点是预防，根本目标是为防止未来问题的发生提供知识性服务；心理咨询是以遇到心理困惑或有强烈心理冲突与矛盾的正常学生为对象，关注对象的现在。心理干预的重点是发展，根本目标是改善学生个体的心理机能，提高心理健康水平；心理治疗是以心理健康水平较低或心理机能失调及心理上有障碍的疾患学生为对象，关注对象的过去。心理干预的重点是矫治，根本目标是纠正与治疗学生心理与行为的失常问题，恢复其心理健康（见图 8 - 1）。[①]

除此之外，三者在方式、时间、过程、方法上也有不同。在方式上，心理辅导多倾向采用团体辅导或与个别辅导相结合的方式，而心

---

① 刘华山：《学校心理辅导》，第 25 页，合肥：安徽人民出版社，1998 年版。

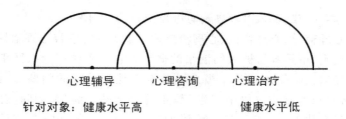

图 8-1　学校心理健康教育三种形式比较

理咨询与心理治疗常个别对待;在时间上,心理辅导可以是终生的,伴随着整个教育过程。相对而言,咨询与治疗则是可长可短的,难以持续终生;在实施过程的积极主动性上,心理辅导多表现为辅导人员积极主动的过程。而心理咨询与治疗则相对被动,要等求助者主动来访,如当事人自己没有求助意愿,只是咨询师主动对问题学生进行咨询与治疗则难以奏效;在方法上,心理辅导有更多的组织、计划和具体方法等结构化成分,而心理咨询与治疗则更加灵活、富有弹性和针对性,需适时调整结构和计划。

　　心理辅导、心理咨询和心理治疗都是学校心理健康教育的重要途径,三者是并列的关系。从概念的种属来说,学校心理健康教育是种概念,心理辅导、心理咨询和心理治疗是属概念;若就其共同点来说,心理辅导、心理咨询和心理治疗三者都被认为是心理有问题者的一个学习过程,即通过学习来改变其不健康的心理和行为,所以,三者都强调辅导者(咨询者或治疗者)与当事人(来访者)之间的合作,以建立一种民主、平等、和谐的人际关系。

　　需要注意的是,上述的三个概念都是狭义的。而在实际开展学校心理健康教育的活动中,这三个概念无法完全区别开来,其使用不仅有很大程度的交叉和重叠,而且多数时候都是在广泛意义上使用心理辅导这个概念,它就可能包括了所有的辅导、咨询和治疗在内。此外,由于心理咨询和心理治疗对实施者的专业素养和技术要求较高,只能由达到一定资格的专业人员来实施,且针对少数问题学生;而心理辅导可由具备一定专业知识的大多数人实施,面向全体学生,故心理辅导成为学校心理健康教育的主渠道。因此,本书继续沿用"心理辅导"一词,下面将介绍它实施的目的和任务、原则和途径。

二、学校心理辅导的任务和目标

(一)学校心理辅导的任务

1.面向全体学生,预防性和发展性辅导相结合

心理辅导的最终目标是培养具有健全人格的学生,而不是没有问题的学生。因此,要使学生不断正确认识自我,调控自我,增强承受挫折和适应环境的能力;培养学生良好的个性心理品质,努力提高全体学生的心理素质和心理健康水平,这是学校心理辅导的主要任务所在。

2.针对少数有心理困扰和心理障碍的学生,补救性和矫治性辅导相结合

对有心理困扰和心理障碍的学生,进行补救性和矫治性的咨询与辅导,使他们尽快摆脱障碍,重建自我,恢复和提高心理健康水平,增强发展自我的能力。对于极少数有严重心理疾病的学生,能及时识别,并转介到专业心理治疗机构,同时给予密切配合,以尽快治愈疾病,帮助学生重返校园。

(二)学校心理辅导的目标

学校心理辅导的目标可以概括为两个方面:

第一是学会调适,即调整与适应。"调整"处理的是个人内部精神生活的各方面及其相互关系,调整的重点是人的内心体验。学会调整就是学会正确对待自己、接纳自己,化解冲突情绪,确立合适的志向水平,保持个人内部心理状态的和谐。"适应"的重点是处理人与周围环境的关系问题,使人的行为与外界环境保持平衡。学会适应就是要矫治不良行为,养成良好行为,使行为符合社会规范要求。

第二是寻求发展。引导学生认清自己的潜力与特长,确立有价值的生活目标,负起生活责任,扩展生活方式,发展建设性人际关系,发挥主动性、创造性以及作为社会一员的良好的社会功能,过积极而有效率的生活。

三、学校心理辅导的原则

学校心理辅导的原则是指开展心理辅导整个过程中应该遵循的一些基本指导思想。[①]

(一)面向全体学生原则

心理辅导的目标在于通过辅导人员的引导和协助,促进学生的适应和发展。从本质上看,它是日常教育教学活动的有力配合与合理补充,因此,应面向包括正常学生在内的全体学生。它既不像"应试教育"观念指导下的教学那样,以少数所谓"尖子"学生为工作对象;也不像单纯的心理治疗那样,以存在个人无法处理的心理障碍的极少数学生为服务对象。心理辅导要面向全体学生还因为,当我们对全体学生辅导工作做得有成效时,个别学生的问题便较少发生,或更易于解决。面向全体学生原则要求在制订心理辅导计划时要着眼于全体学生;确定心理辅导活动的内容时要考虑大多数学生的需要与普遍存在的问题;组织团体辅导活动时,要创造条件,让尽可能多的学生参与其中,特别要给那些内向、沉静、腼腆、害羞、表达能力差,不大引人注目的学生提供参与和表现的机会。

(二)预防与发展相结合原则

心理辅导的任务可以分为三个层次:预防、发展和矫治。预防是指协助学生自主地应付由挫折、冲突、压力、紧张、丧失等带来的种种心理困扰,减轻痛苦和不适体验,防止心理疾患产生,保持正常的生活秩序与工作效率;发展是指引导学生树立正确的生活目标,充分发挥自身潜力和可以利用的社会资源,承担生活的责任,过健康、充实、有意义的生活;矫治是指矫正学生的不适应行为,消除或减轻少数学生身上存在的轻、中度神经症症状,让学生学会用有效、合理的方式满足自己的需求。

学校心理辅导虽兼有上述三种功能,但就整体而言,应该是预防、发展重于矫治。贯彻这一原则应注意:

---

① 　http://www.hbcnc.edu.cn/jpkc/xlx/content/eight.htm

1．心理辅导应在学校教育的早期阶段就开始进行,在小学或初中就开始进行。儿童心理可塑性强,有时即使看起来是严重的心理或行为问题,只要施以短期的关怀和辅导,便会有显著的改善,对今后还会有预防作用。

2．心理辅导应采取主动态势,宜未雨绸缪,注意防微杜渐。平时应针对正常学生主动开展各种适合其年龄特点的认知性、情感性、行为训练性的辅导活动,以提供一些对学生成长和发展有益的经验,增强其适应社会的能力。

3．对那些社会处境不利、生活发生了重大变故、自我期望偏高而又屡遭挫折的学生,应及早发现症候,重点实行早期干预。这要求辅导教师有极大的爱心、耐心和觉察学生心理与行为变化的高度敏感性。

(三)尊重与理解学生原则

尊重与理解是心理辅导中建立信任的师生关系方面应该遵循的基本原则。尊重,就是尊重学生的人格与尊严,尊重每个学生存在的权利,承认他是不同于其他人的独立的个体,承认他与教师、与其他人在人格上具有平等地位。理解,要求教师以平等态度,按学生的所作所为所思的本来面目去了解学生。心理辅导之所以要遵循这一原则,首先,因为只有当心理辅导教师尊重学生时,学生才会尊重自己,珍惜自己的成绩和进步,关心自己的荣辱,体验到做人的尊严感。而自尊、自重、自信正是健全人格的重要特征,是心理辅导所要追求的重要目标之一。其次,在心理辅导中,学生如果被老师尊重和理解,他就会信任老师,愿意向老师倾吐内心的思虑与苦闷,建立良好的信任关系,这也是心理辅导获得成效的基本条件。贯彻这一原则应注意:

1．尊重学生的尊严和选择,以平等、民主的态度对待学生。在辅导过程中,教师不能居高临下地训斥学生,不能羞辱、挖苦学生,不能用粗暴、强制性的手段解决学生身上的问题。学生需要的是无条件的关怀和接纳。教师要承认每个学生是自主的,具有抉择的能力和做决定的权利,具有选择目标以及达到目标的手段的自由。辅导教师不应强迫学生选择什么,他只是向学生提供资料和建议,为使学生对自己的选择承担责任。

2.运用同感的态度和技术加深对受辅学生的理解。这要求"透过受辅学生的眼睛看世界",站在他们的立场去认知和感受。在与学生谈话中,教师不但要理解学生明确表达出来的思想和感受,而且要觉察出学生故意回避、或以隐喻形式透露出来的深层含义,并把这种理解反馈给学生,使学生感受到教师对他的尊重、理解和接纳,从而抛开心理上的防范,对自己的内心世界作更自由的、深入的探索。

(四)学生主体性原则

学生主体性原则要求在心理辅导中尊重学生的主体地位,充分发挥学生作为辅导活动主体的作用。心理辅导的基本功能是促进学生成长与发展,而成长与发展从根本上说是一种自觉主动的活动。这正如西方谚语所说:你可以牵马到河边,但不能强迫它饮水。心理辅导是一种助人自助的过程。"助人"只是手段,让学生"自助"才是目的,只有当学生以主体身份积极加入辅导活动时,这一目标才可能达到。此外,青少年期的学生自我独立意识已快速发展起来了,他们反感外界的压力和成人的过度保护。在辅导过程中,教师既给学生一定的帮助,又能充分发挥学生主体作用,这就满足了学生形成独立个性的需要。贯彻这一原则应注意:

1.辅导应以学生需要为出发点。辅导不以传授系统学科知识为目的,其内容的选取与安排应充分考虑学生的需要,围绕学生关心的实际问题来进行。唯其如此,心理辅导才能唤起学生的兴趣,成为学生自觉的需求,而不是一门必须完成的功课。

2.尊重学生主体地位,鼓励学生"唱主角"。在活动设计中要给学生发挥想象力留有余地,要鼓励学生发表看法、宣泄情感、探索解决问题的办法。教师的作用是从旁协助,提供建议。作为协助,教师应避免使用"你听我说"、"我告诉你"之类的命令式口吻,宜用"我能体会"、"原来如此"、"请继续讲"、"我想作一点补充"等商讨式的口气说话。

3. 以专门设计的心理辅导活动为基本形式。因为活动可吸引较多学生参加;可以满足学生自我表现的欲望,为展现学生创造才能提供舞台;可以使学生进入特定情境,用更充分的情感投入。

(五)个别化对待原则

前面提到的"面向全体学生原则"是就受辅对象而言,这里所说的"个别化对待原则"是就辅导的具体方法而言,二者并不矛盾。实际上只有对具体问题作具体分析,个别化地对待每一个学生,才能给全体学生提供有效的服务。世界上没有两片完全相同的树叶,更没有两个完全相同的人。学校教育和心理辅导的目的不是要消除学生个人身上的这种独特性以及学生之间的差异性,而是要使每个学生的独特性、独创性在积极的方向上得到最充分、最完美的体现。由此,贯彻这一原则应注意:

1. 了解学生的差异,对不同学生实行区别对待。心理辅导教师要了解学生的共性,更要注重了解学生的个别性、差异性。尽管前人已编制不少心理测验、评定量表供辅导人员使用,但要真正了解一个学生,还是要通过一对一、面对面的接触来完成。在团体辅导中,共同组织的活动并不会对团体中的每个成员产生相同的影响;在个别辅导中,也不存在适用于每个学生的、一成不变的辅导策略。心理辅导教师应充分考虑学生的年龄、性别、个性等特征,以心理辅导的原理为指导,做到具体学生具体对待。

2. 做好个案研究。个案研究的对象是单个学生,通常是学校里的特殊学生、适应不良的学生。开展个案研究,积累个案资料,有利于深入探讨个别化对待方面的经验,提高个别辅导实效。[①]

(六)整体性发展原则

心理辅导追求学生人格的整体性发展。从社会价值取向看,它重视学生德、智、体全面发展;从满足学生自我完善的需求看,它注重

---

① 　刘华山:《学校心理辅导》,第40页,合肥:安徽人民出版社,1998年版。

学生知、情、意、行几方面协调发展。长期以来,学校教育只重视知识灌输,以单纯的"教书"代替"育人",教师目中无"人",只有知识、书本、分数,把学生的情感成分排除在教育目标之外。心理辅导的对象是活生生的人,众所周知,作为人,它是完整的有机体,不是局部的、仅限智能侧面的人。因此,学校心理辅导工作贯彻这一原则就有了补偏救弊的特殊意义。贯彻这一原则应注意:

1. 树立学生全面发展的观念。不论从事哪一个领域的辅导,都要关注学生人格的整体性。即使是从事学习辅导,重点也不在知识的获得,而是包括学生学习态度、习惯、方法的改变,以及让学生能增强学习信心、享受学习的乐趣。

2. 开设传授心理卫生知识与开展活动相结合的心理辅导活动课。向学生传授心理卫生知识无疑是有益的,但心理辅导还涉及到学生的社会技能、情感、态度、价值等多方面学习,而不仅仅让学生掌握知识。因此,开展多种多样的活动就显得十分必要。在各种专门设计的辅导活动或实践活动中,让学生初尝人生体验,感受发现的喜悦,回味奋斗的乐趣,重温父母的恩情,理解教师的胸怀,领悟朋友的情谊,由此获得的丰富人生经验对于学生个人成长是无比珍贵的。

四、学校心理辅导途径

目前国内各级各类学校开展心理辅导主要是通过以下途径来完成:①

(一)开设以讲授为主的心理健康教育课程

开设健康心理学、心理卫生、心理辅导课或举办有关知识讲座,向学生传授、普及心理健康的有关知识,对于帮助学生正确认识自己、有效地调控自己的心理和行为无疑是有必要的。在开展心理辅导工作初期,这种方式易于为教师掌握。但从解决学生身上存在着的实际问题来说,其作用还是有限的。因为,心理辅导的作用不是要扩展学生的知识,而且还要改善学生情绪状态、转变态度、养成必要

---

① 　http://www.hbcnc.edu.cn/jpkc/xlx/content/eight.htm

的社会技能等,所有这些单靠知识传授是难以奏效的。

(二)开设心理辅导活动课

这是为开展心理辅导而专门设计的一种活动课程。其特点是:形式上以学生活动为主,内容选取上充分适合学生的实际需要,活动组织上以教学班为单位,活动课的目的、内容、方法、程序均是有计划、有系统地安排设计的。通过这一途径开展心理辅导的好处是:在专门组织的活动中可以对学生的认知、情感、态度、行为各方面有目的地施加积极的影响;有利于发挥学生自己的主动性;以教学班为活动单位便于组织管理,且能使班级全体学生在辅导活动中受益;将心理辅导列入课程,也使这项工作的开展在人员、时间上有了保证,因此比较正规。但是,如何在班级活动中考虑每个学生的具体情况,实行因材辅导,则是要认真解决的问题。

(三)结合班、团活动开展心理辅导

结合班会活动、课外活动、团队活动来进行心理辅导,是这一途径的特点。新生入学时的"入学适应辅导"、升学时的"考试焦虑"辅导、毕业时的"就业"辅导就属于这一类。其有利的一面是能把心理辅导与班级、团队活动以及学校的其他例行活动结合在一起,便于发挥这几项工作在统一的育人活动中的整体功能。但要注意的是,心理辅导仍须有自身的目标和内容,不要让心理辅导被班级、团队的日常活动所代替而丧失自己的特色。

(四)在学科教学中渗透心理辅导

学科教学是学校教育最主要、最基本的形式,而学习又是学生的主导活动,学生大量的心理困扰都来自于学习活动中。因此,如果学生的问题能在教学过程中得到圆满解决,则可获得心理辅导时间和空间上的很大优势。实际上,各科教材中蕴含有不少适用于心理辅导的内容素材,教学过程中还会经常出现有利于实施心理辅导的教育情境。教师只要细心挖掘、善加利用,一定可以收到心理辅导的实效。近年来,已有中小学教师在语文、数学、思想品德、社会等科目中尝试渗透心理辅导,并取得了一些成功的经验。

(五)个别辅导

个别辅导是辅导教师通过与学生一对一的沟通互动来实现的专业助人活动,比较常用的方式有个别交谈、电话咨询、信函咨询、个案研究等。有些学校开展的"知心姐姐信箱"活动,就是信函咨询的一种形式。由于心理辅导的精髓在于个别化对待,因此,可以说个别辅导是一种不可替代的辅导方式。一所学校在开展心理辅导时无论以什么途径为主,如果不与个别辅导相配合,则其辅导工作都是不完整的。个案研究是针对个别学生(通常是一些特殊学生,包括资质优异学生、情绪困扰学生、行为偏差学生、家庭处境不利的学生等)所实施的一种比较深入的、持续时间较长的个别辅导方式。它要求广泛地收集资料,客观地分析问题的性质与成因,依据诊断的结果,拟定辅导方案,以协助学生解决问题。通过个案研究所取得的成效,可以为辅导人员积累处理该类问题和个别化对待的经验。

(六)小组辅导

小组辅导也称团体辅导,是一组学生在辅导教师指导下讨论训练并有效地处理他们面临的共同问题。小组人数少则四五人,多则十一、二人。其成员多为同年级、同年龄学生,且有类似的待解决的心理困扰问题。小组辅导适用的条件是:学生心理问题与人际交往有关,且小组成员愿意在团体中探讨他们的问题。一个小组通常要活动十多次,每次时间为一课时。小组辅导兼有班级辅导与个别辅导的优点,是一种很有发展潜力的心理辅导方式。小组由学生自愿结合形成,推举热心于活动、态度热情、工作负责的同学当组长,每学期活动七八次,方可取得较好的效果。

应该指出的是,每种辅导途径都有其优势与不足,在实际辅导时,应该视实际情况采取合适的途径来实施或者多途径实施。

第三节　学生常见问题的心理辅导

心理辅导的内容丰富而庞杂,实际开展过程中不可能面面俱到,要有针对性,特别是要与学生当前普遍存在的心理问题紧密结合起来,为此,应特别注意以下几个方面。

一、学习问题的心理辅导

简称学习辅导,主要帮助学生解决愿不愿学、能不能坚持学、会不会学等问题。愿不愿学是学习动机问题,能不能坚持学是学习习惯问题,会不会学是学习方法问题。此外,还包括考试与升学的心理辅导。①

（一）学习动机增强的辅导

动机是推动学习活动的动力,它决定了学生的学习是否富有成效。它的作用表现为:(1)激起学生的学习行为;(2)将学生的学习行为引向某一特定目标;(3)维持、增强(或制止、减弱)学习行为。可见,动机对学生的学习有着非常重要的作用。学生的学习动机由成就动机、交往动机和求知欲所构成。增强学习动机就意味着树立正确的理想抱负、建立良好的人际环境和培养良好的学习兴趣。心理辅导的目的就是为了让学生了解成就动机对学习的影响;了解自己的能力与抱负水平;树立恰当的抱负水平,激动学习动机。辅导方式可采用教师讲述名人事迹与学生讨论相结合、学生角色扮演与自我测验相结合等。通过活动,学生明白了要保持适当、较强的成就动机,必须建立适当的抱负水平,即抱负水平必须比自己的一般水平要高一些,这样才能激发自己的潜能,取得成功感。但抱负水平不能只求远大、宏伟而脱离自己的实际,这样只会使理想成为幻想,或使自己经常遭受失败和挫折的打击,反而会因此削弱自己的成就动机。

---

① 刘华山:《学校心理辅导》,第53页,合肥:安徽人民出版社,1998年版。

(二)良好学习习惯的养成辅导

学习习惯是指学生在学习过程中逐步形成的比较稳定的学习行为方式,如学习中的注意力倾向、记忆的习惯方式、思考问题和解决问题的心理定势、作业和复习的行为习惯等。学习习惯有好坏之分,好的学习习惯符合学习心理规律,有利于提高学习效果,而不好的学习习惯则偏离学习的心理规律,会妨碍学习的效果。心理辅导目的:(1)了解学习习惯对学习效果的不同影响。(2)了解自己的学习习惯并进行自我分析。(3)掌握改进不良学习行为的方法,养成好的学习习惯。辅导方式上采用剧情表演与分析、自我测查、团体活动等。如就"如何改正自己不良的学习习惯,如何养成良好的学习习惯?"等问题进行辅导时,教师们将学生分成几个小组,要求每个小组就这个问题进行讨论。小组讨论完后,每个小组派出一名代表将小组意见在班上发表,最后由教师归纳总结,并布置每个学生一周内写出改进自己学习习惯的具体措施和计划,通过活动使学生认识什么是良好的学习习惯? 什么是不良的学习习惯? 学习习惯与学习效果有什么关系? 自己的学习习惯有什么特别、优点和问题? 如何改进自己的学习习惯等。在这些问题上学生如果有了正确认识,对于改进自己的学习习惯会打下了一个良好的基础。严格要求学生,让学生按改进自己学习习惯的计划长期坚持训练,就会逐渐养成良好的学习习惯。

(三)学习方法的指导

长期以来,人们一直假定学习能力反映了一个人智力的一般水平。一个人越聪明,获得新知识越快,掌握越牢固。但是,最近的心理学研究表明:有效的学习不是依靠天生的、一成不变的学习能力,而是主要依靠一系列必要的学习方法和技能。如果对学习不好的学生,教师不给予学习方法和技能的指导,他们的学习效率很难得到提高。目前,在学校中,很少有人系统地教学生如何学习,因此,学校中有较多的学习成绩不良的学生是可以理解的。那些缺乏有效学习方法的学生,不断犯错误,学习成绩差,不断受到挫折和批评,因此很可能丧失信心,对所有的学习活动畏惧或焦虑不安。一些学习好的学生虽然通过自己的摸索,掌握了某些有效的学习方法,但他们仍然没有充分有效地使用自己的大脑。更多的学生由于没有掌握充分可靠的学习方法,给自学和以后的终身学习带来了拦路虎。因此,在学校中系统教授学生学习方法是非常必要的。

心理辅导目标是:(1)让学生掌握有效的预习、听课和复习方法;(2)让学生了解自己所使用的学习方法及其主要特点,即学习风格;(3)指导学生改进自己的学习方法。辅导方式可采用心理评估、讲授法、讨论法等。教学步骤:(1)教师发给每个学生一份"学习方法诊断表",让学生自己填写。填写完后,教师指导学生自己评分,帮助学生了解自己的学习方法是否科学和有效。(2)采用配对讨论法。组织学生两两配对讨论如何提高预习效果;讨论"怎样听好一堂课";全班同学共同讨论"怎样使复习的效果更加有效"。(3)教师讲授法。指导学生如何有效地利用学校教学或学习资源;指导学生如何有效地阅读;指导学生掌握有效记忆的方法。

(四)升学与考试心理辅导

在面临学期考试或重大升学考试时,并不是所有学生都能发挥出高水平。相反,有些考生会表现出明显的焦虑情绪。主要表现为:考前忧心忡忡、恐惧不安、精神不振,紧张、失眠、难于集中精神进行复习,且这些状况有时是不能自控的。心里总觉得科目繁多,内容庞杂,而心情急迫、心乱如麻却又茫无头绪。整日想着考试,无从摆脱。在考场上呼吸急促、心跳加快、神情慌乱、手心出汗、肌肉紧张、大小便增多、思维混乱、注意力难于集中到考题上,阅读与思考能力明显不如平时。时间也就在慌乱中溜走了,考试因此被贻误。在教育心理学上,有个非常有趣的焦虑和学习效率的倒 U 曲线,它揭示:如果人完全缺乏紧张、毫无压力,会导致没有学习动力,这是不利于学习的;而过度的焦虑紧张又会导致学习的失败。这告诉人们应该带着适度的紧张应考,这会激发人身体的应激水平,激起人的挑战精神,将有利于考生超水平地发挥。

其实,焦虑的本质是对当前或预想的对自尊心有潜在威胁的任何情景所产生的一种担忧或恐惧的情绪体验。考试焦虑是由整个考试情景引起的神经紧张状况。当考生面临即将来临的考试时，曾经有过的考试失败的经历，对考试后果的担忧，对家庭、他人、社会所产生的压力等等情景，一旦让考生感到无力避免或应付时，便会产生担忧和恐惧，并由担忧和恐惧转化为焦虑。但考试焦虑并非单纯的恐惧与焦虑，"恐惧与焦虑是直接面对真实的危险而产生的具有自我保护色彩的情绪反应"。而焦虑是对预料的或想象中的危险情景的反应，是对恐惧与担忧本身的关注。当对恐惧与担忧本身无能为力时，焦虑便产生了。所以，考试焦虑是一种对考试恐惧的恐惧，对考试担忧的担忧，更多的时候它是人们对想象中的"灾难"后果的一种惧怕。过度焦虑会导致智力水平下降、情绪消极，从而影响活动效率。应予以及时调整。下面介绍控制考试焦虑的方法：

1. 调整认知，即改变对考试的不恰当的认识。考试只是对以前努力的一种评定和总结，它的结果更多的应该体现在对未来计划的制定上。一两次考砸了，天不会塌下来，更不会是世界末日，不能被凭空想象的后果吓倒。考试的结果并不能真正决定个人的价值和前途，正如青年作家杨仿仿所说的一样，"自己的价值是靠自己去发现和挖掘的，它只有靠自己去评定，而不是别人"。学生的价值当然也不是靠考试成绩来评定的。

2. 积极的自我暗示。坚信自己一定能够成功，经常以"我一定行"、"我肯定会获胜"等一类的词语强化自己。别以为这只是空洞的口号，也不要怕在别人面前说出来，慢慢的你就会发现，你真的自信起来了。这正是心理学家所说的"成功起于意念"。考场中，如果出现心跳加快、肌肉紧张、思维混乱的情况也不必太担心。进行深呼吸，然后对自己说"镇定"、"放松"，这样可以减缓考试焦虑，使思维恢复。因为太紧张时，大脑皮层相关的神经组织的正常活动遭到了干扰。运用正向语词刺激，可在大脑皮层中建立新的兴奋灶，恢复旧的神经联系，以抑制暂时的神经紊乱，提高思维的效率与能力。

3. 肌肉放松法。也称放松训练法，它是一种通过训练，有意识地控制自身的心理生理活动,降低激活水平,改善机体紊乱功能的心理辅导方法。目的在于改变肌肉紧张,减轻肌肉紧张引起的酸痛,以应付情绪上的紧张、不安、焦虑和愤怒,即通过肌肉的放松,达到精神的放松,以此应付生活中产生的压力。一般来说,其方法是紧缩肌肉,深呼吸,释放现在的思想,注意自己的心跳次数等;还有渐进性放松法,就是在安静的环境中采取舒适放松的坐位或卧位,按规定的程序,对全身肌肉进行"收缩—放松"的交替练习,每次肌肉收缩 5～10 秒钟,放松 30～40 秒钟,经过反复,使人感觉到什么是紧张,从而提高消除紧张达到松弛的能力。放松训练在学生平时紧张和焦虑时不妨选用,特别是在考试前,可以通过放松训练来缓解因焦虑和紧张带来的压力。①

二、学生人际交往的辅导

学生的人际交往是其社会化和人格成熟的关键因素,良好的人际交往对于个体的心理健康、学业、事业成功具有重要的促进作用。人际交往是人与人互动的过程、沟通的过程、交流的过程。人际交往的最基本的功能在于借助语言符号和非语言符号系统传递信息、交流感情,形成一定的社会关系,促进人的行为保持和谐。对个体而言,通过人际交往,可以促进个体的社会性发展,实现个体的社会化和人格成熟。实际调查发现,人际交往心理问题在学生所有的心理问题中占有较大的比重,主要表现为:自我中心、孤僻、孤独、自闭、攻击性和行为异常、害羞、胆怯、社交恐怖等。中科院心理研究所的一项调查显示,有 31.4％的中学生存在轻度、中度和重度的人际心理问题。北京市青少年心理咨询服务中心曾经统计了 5 年中接受的 6 万余人次的热线咨询内容,把各类问题作了分析,其中人际关系方面的问题占了 42％以上。整个幼儿期和中小学阶段是儿童社会性发展和人格成熟的关键期。因此,在心理健康教育中必须加强学生人

---

① http://www.jky.gxnu.edu.cn/xlwswl/zhuant/zhongxue/kc/tj/246/2003818204150.htm

际交往心理的辅导。①

　　人际交往心理辅导就是运用心理辅导的理论、方法,帮助、引导、训练学生人际交往活动,使学生明确人际交往的目的、原则,掌握人际交往的一些技巧,形成正确的人际交往的观念、态度,提高人际交往能力,引导学生学会交往,促进学生社会性发展和人格健康。

　　对于学生来说,人际关系类型主要包括同伴关系、师生关系和亲子关系。下面将分别介绍这三类人际关系发展的辅导。

　　(一)良好同伴关系的建立与维护的辅导

　　同伴关系主要是指同龄人之间或心理发展水平相当的个体在交往过程中建立和发展起来的一种人际关系,它在青少年学生的发展和社会适应中起着重要作用。教师可以采取认知改变、行为指导和体验学习等策略与方法,鼓励学生与同伴交往,从中掌握道德行为规范,克服交往不足和"自我中心"倾向,以此建立良好的同伴关系。具体措施如下。

　　1. 指导学生克服同伴交往中的认知偏见

　　人际交往时会受到主观心理因素的影响,主要是认知层面上存在的一些主观偏见。克服这些偏见,有助于帮助学生建立良好的同伴关系。这些偏见主要有首因效应、晕轮效应和刻板印象三种,详细内容参见第五章第一节及相关内容。

　　2. 利用多种渠道促进同伴交往技能的形成

　　教师可利用心理辅导课、班队活动课、交朋友小组、社会实践、远足、聚会、夏令营、书信联谊等渠道帮助学生学习人际沟通的基本技巧:与人交谈、学会倾听、运用非语言沟通等技巧。可采用的方法主要有讲授法、辨析法、小组讨论法、游戏法、角色扮演法、模仿法、行为训练法等等。通过讲授,帮助学生掌握、理解人际交往应遵循的规范、礼仪和常识,帮助学生形成正确的交往互动和态度,增强交往信心。角色扮演、游戏、模仿和行为训练等方法可以创设情境,加强学

　　① 　http://www.hbcnc.edu.cn/jpkc/xlx/content/eight.htm

生活动体验,给学生提供相互模仿、观察人际交往行为的机会。小组讨论可以帮助学生正确分析和认识人际关系现状,找到自己人际吸引的特征或人际排斥的原因。讨论过程中,同学之间的观念、看法可以相互启发,同学之间的做法、经验可以柜互借鉴,活动本身也可以促进相互了解,融洽同学之间关系。

(二)良好师生关系的建立与维护的辅导

师生关系是指师生在交往互动中所形成的认识、情感、行为等方面的关系,是一种心理关系。师生关系与亲子关系、同伴关系不同,由于社会角色的规定,它更多地体现为教育者和被教育者、领导者和被领导者之间的一种关系,并带有明显的教育性质的一种不平衡关系。有很多证据都表明师生关系对学生的学校适应、社会性行为、自我意识和学业成绩等有显著影响。建立和发展良好的师生关系,必须重视师生之间的情感交流,缩短师生间的心理距离,对学生进行心理素质的培养,努力克服目前师生之间普遍存在的情感障碍。为此,可从以下几方面做起:

1.学生方面

学生在与老师交往过程中,应学会用正确、合适的方式与老师交往。教师可教会学生一些基本的交往技能。

(1)礼貌待师

在进老师办公室时应喊"报告"或敲门,并等待允许才能进入。要有礼貌地与本校所有教师打招呼。

(2)注意场合

面对老师说话要看场合。如果有事到办公室找老师,应对所有在场老师问好,说话的声音宜放低一些,以免影响其他老师工作。谈完话后,要及时礼貌地告辞。如果在课间与同学一起围坐着聊天,见到老师过来,应暂停活动,主动向老师打招呼。如果老师讲课中出错了,要平静地把问题提出来,以事实为依据,阐明观点,或在课后单独与老师交谈。

(3)勿失分寸

学生在和蔼的老师面前,可以不必拘谨,但也不能放肆。与熟悉的老师开句玩笑未尝不可,但应掌握分寸。即使受了天大的委屈,也不应在老师面前谈情况时不服气,甚至粗声大气地叫喊、谩骂。

(4)实事求是

除了在学习上不能弄虚作假、应实事求是外,就班级或某个同学的问题,向班主任反映或提供情况时更应如此。学生应把反映的问题实事求是地介绍清楚,然后陈述自己对问题的见解、意见。老师找学生了解情况,学生要如实地回答老师的提问,把所看到、听到的说清楚,不能故意夸大或缩小事实。

2．教师方面

(1)消除学生的防卫心理,使学生能主动亲近教师。

人与人之间总难免有隔膜,有心理防线,学生与教师之间也是如此。学生总认为教师就是管自己的人,自己的内心世界让老师知道了对自己不利;还有学生最害怕的就是老师通知家长来校或家访,认为教师只会向家长告状等等。教师可用宽容之心,消除学生的防卫心理。学生的心理防线没有了,事事都愿意与教师商量,当然便于管理。所谓"亲其师,信其道"正是这个道理。

(2)改变学生的情绪,促其理智因素占主导地位,促使师生形成长时间良好的、稳定的师生关系。

在人的心理活动过程中存在着相互矛盾的两种因素,即情绪因素和理智因素,当情绪因素占主要地位时人看待问题往往是片面的,甚至是错误的,只有在理智因素占主导地位时人们处理问题才可能全面考虑,系统地分析,做出正确的选择。在教育学生的过程中往往会碰到学生的情绪正在冲动的时候,这时与他进行思想交流,往往会产生对立情绪。这时教师应先让他冷静一下,避其锋芒,让学生心里平静下来再晓之以理,这时再进行教育,就会使学生的理智因素占上风,正确处理矛盾,从而加深师生之间的友谊。

(3)注意学生的耐挫能力,保护学生的自尊心,多用表扬的方法,让学生感到教师的爱心,形成良好的师生关系。

　　现在的学生大多是独生子女,心胸狭隘,容忍力较差,经不起挫折,更经不起教师的严厉批评;同时他们又非常渴望别人的承认,希望得到教师的表扬。在此情况下,当学生完成一件事情或解完一道题目时,教师不能简单地进行对与错的评价,应暂缓评价,先进行客观地分析,再找出其中值得向同学们介绍的内容,让学生产生那种被人承认、受人信任的感觉,从而产生被人重视的愉悦心理,然后再采用婉转的说法指出应该改正的地方。这样处理可以避免对学生的心理产生伤害,并可鼓励学生敢于挑战自我。该法能使学生在教师评价时产生成就感、满意感,还可以鼓励学生讲出自己的观点、想法。在青少年的成长中,表扬就像阳光,没有它就不能发育成长。教师在教学过程中必须充分注意坚持以正面鼓励为主,应对学生多表扬,少批评;多鼓励,少指责。在对学生严格要求的同时要给予宽容,让学生感觉到教师深厚的师爱,宽容的师德,耐心的引导学生改正错误。这样,才能使师生产生"共振"效应。

　　(三)良好亲子关系的建立与维护的辅导

　　亲子关系是青少年社会联系中出现最早、持续时间最长的一种人际关系,与同伴关系、师生关系相比,它更具稳定性。从心理意义和社会资源两方面来看,亲子关系也是一种不对称的相互作用关系。亲子关系对儿童青少年的人格、学业成绩、智力发展水平、能力素养等具有很大影响。以学校心理辅导的形式来建立和发展良好的亲子关系,就是沟通两代人的心灵之桥。下面主要从学生和教师方面,来介绍如何建立和发展良好的亲子关系。[①]

　　1.学生方面

　　对学生(子女)来讲,爱的教育应放在尊重、孝敬、理解父母上。爱的真谛是爱的行动,只有甜言蜜语,并不是真正的爱。老师要教育学生学会设身处地理解父母的爱意,体察父母的爱心,用实际行动表

---

　　① 　中小学教师心理健康教程编写组:《心理健康教育教程》,第133页,北京:人民教育出版社,2004年版。

达对父母的爱,学会与父母分享幸福。

(1)关心体贴父母。每天起床、外出、回家时,主动与父母打招呼;替忙碌中的父母泡一杯茶,替劳累了一天的父母捶捶背;用餐时,先请父母入座,为父母盛饭,饭后主动收拾碗筷,把对父母的爱通过行动表达出来。

(2)尊重父母的教导。用谦恭的态度与父母交流,尊重他们的意见和教导。即使自己观点正确,或父母有时批评过严,觉得自己受了委屈,也不能用蛮横顶嘴的方式反抗,要学会心平气和地向父母解释。

(3)努力为父母分忧。学会料理个人生活,自己的事情自己做,并努力承担一些家务活,千方百计地减轻父母的家务负担,努力为父母分忧。

2. 教师方面

教师主要是利用多种渠道促进交往技巧的形成。

(1)通过以"越过代沟"、"妈妈您好"、"尊重他人"等为主题的心理辅导活动课的开展,让学生谈谈各自感受到的"代沟"现象,帮助学生明辨其中的原因,形成正确的对待"代沟"的态度。必要时邀请父母也来参加这种活动课,创造一种安全温暖的氛围,使双方都能够表达在交往中的愉悦与困惑,促使双方通过坦诚沟通而达到相互理解。

(2)组织"节令活动"(如在父亲节、母亲节、父母的生日等),向父母献爱心。

(3)组织向优秀学生学习的活动,畅谈父母的优秀品质,学习和父母交往的宝贵经验,激发孝敬父母的情感等;也可以创设情境,让学生感受到母爱的无私、父爱的伟大。

(4)教师可通过家访,指导亲子交往技巧。在家访中,一是"看",看看学生的学习小天地;二是"查",检查学生在家庭中学习生活的情况;三是"听",听听家长对孩子的意见,对学校教育的看法;四是"议",议议如何解决亲子交往中存在的问题。教师在家访时要从正面反映学生在学校的学习情况,多听取家长对教育孩子的建设性的意见,要防止有问题就向家长告状。即使对关系已经出现裂痕的家长与子女,老师也要起缝合的针线和粘合的万能胶的作用。

三、青春期性心理辅导

青春期的年龄界限一般为 11、12 岁～17、18 岁,可以认为是一个性机能由不成熟向成熟转变的过渡时期,许多心理学家称这一时期为"疾风暴雨期"、"事故多发期"、"心理断乳期"。从这些称呼足以看出,青春期是一个不平常的时期,它是性成熟的关键期,同时伴随着身体的迅速增长和心理的急剧变化。性的成熟造成的一系列的矛盾和冲突。

(一)青春期性意识发展

1.青春期性意识的年龄特点

青春期性意识是自我意识的重要组成部分。到青春发育期,随着性生理发育和性欲的出现,青少年逐渐注意到了男女的差别,因而产生了性意识并发展迅速。据研究,我国青少年性意识发展经历三个时期:

(1)异性疏远期(从儿童末期到少年中期)

女性的性意识在童年末期表现得最为强烈和明显,并持续到少年初期;男性稍迟些,在少年初期表现得最为强烈和明显,并持续到少年中期。疏远期的产生是由于第一性征的变化和第二性征的出现而引起的。在整个疏远期,女性总比男性更为突出。"男女界线"颇为明显,男女同学很少一起活动,即使在学校组织的集体活动中,男女生之间也不愿接触。一般说来,疏远期要持续一年左右,有时甚至会更长一些。

(2)关注爱慕期(这时期很长,几乎贯穿整个中学阶段)

这是青少年异性意识表现和发展的一个重要阶段。这一时期的产生,是由于青春发育期高峰的到来而引起的,其主要表现形式有两点:一是情感吸引,二是渴求接触。男女生在关心自己性变化的同时,对异性的好奇心也在增强,希望与异性接触与交往。这时那种青春发育初期的对男性的否定情感差不多完全消失,绝大多数女性能跨越性别界线而与男性建立友谊。

(3)两性恋爱期(这是从青年初期中后阶段开始的,也就是相当于高中三年级或再晚一点)

在此阶段,男女生的异性意识发展相对成熟,他们开始按照各自心目中的偶像寻找"意中人"。他们追求特定的异性,并喜欢与之单独在一起活动,出现了不喜欢参加集体活动而带有"离群"色彩的心理倾向,这一特点在男性身上表现得最为明显。

2.性的冲动

随着性器官的发育成熟、第二性征的出现,男女生开始体验到性的兴奋与冲动,也即有了性欲,要求宣泄这种兴奋和冲动的愿望也进一步加深。性冲动的体验是不以人的意志为转移的客观事实,而且进入青春发育后期变得更为强烈。围绕性欲的满足,他们极为关心自己对异性的吸引力,故注重自己外貌的修饰;同时对异性的外貌和体态也多方赏鉴、比较、评价。异性间最早的行为表现是爱抚,有些甚至进行性的接触和尝试。

由上可知,在青春期,由于生理的迅速发育会带来心理的急剧变化,但这时的青少年认知发展尚不成熟,自控力差,如果不进行正确的引导,可能会产生种种问题。例如,忽视了青春期是一个学习科学文化知识的大好时光,而把精力主要放在"恋爱"上;过度沉溺于"黄毒"——黄色网站、录像、电视、小说等等。此外,由于社会习俗传统和文化规范、家庭教育对性的忌讳和神秘化,造成青少年在成长中,会出现性生理、性心理方面的问题和偏差。例如性无知,伴随着性无知产生的对性梦和梦遗的恐慌、对自慰手淫的焦虑、性识别障碍等等。因此,青少年性心理辅导主要是解决性认知与性行为问题,尤其是异性交往问题,开展青春期性教育,培养正确的性观念。

(二)青春期性心理辅导

1.异性交往问题

首先是男女学生的"约会"问题。对这个问题最敏感的莫过于家长和教师。"约会"行为往往是为了确定、澄清和强化性别身份及满足与异性交往的需求,对处在青春期的学生,适度的异性交往是有益于身心健康的。我们应该注意到,许多成年人的性行为变态往往与青少年期的过度压抑有关。因此,对于青少年的"约会"问题,既不必如临大敌,过度压抑其异性交往的欲望,也不能不管不顾,放任自流。学校应该尽可能创造更多的、适当的社会化机会,使男女生有更多的公开交往机会,这将有助于青少年将性的能量用于建设性的、与学习任务相关的活动中。①

其次,辅导学生对异性交往方面的健康心理。针对校园普遍存在的"早恋"现象,引导学生进行讨论分析,使其认识到"早恋"存在的危害与异性间正常交往的重要,使学生能够在一种鼓励异性正常交往的氛围内加深异性交往间的深厚友谊。

再次,引导学生树立远大理想和正确的世界观、人生观和价值观,培养良好的道德品质,做到自尊、自信、自强、自主,把主要精力用于学习。

2.性心理问题辅导

主要是开展青春期性教育,培养正确的性观念。(1)肯定性心理与性行为是人的本性之一,应以自然的态度对待之。要破除认为性心理、性行为是低级的、肮脏的、下流的、不道德的错误观念。健康的性观念、性态度是既不禁欲,也不纵欲;(2)性行为具有一定的社会后果,个人应对它所造成的社会后果负责;(3)个人在两性之间的行为上要符合法律的社会道德;(4)青少年是人生最宝贵的时期,应把主要精力放在学习和身心发展上;(5)对于一般性的性心理问题,如性恐惧、罪恶感、性梦、梦遗等,应该普及有关性知识,列举有关事例加以解释,使其逐渐得到解决。

四、网络成瘾及其辅导

互联网的建立与发展,给人们带来了很大方便,同时也带来了一

①　中小学教师心理健康教程编写组:《心理健康教育教程》,第146页,北京:人民教育出版社,2004年版。

些新的心理健康问题——"网络成瘾",全称为"互联网成瘾综合症",亦称"网痴"。主要指过度沉溺于网络浏览或热衷于通过网络建立人际关系,并对成瘾者产生消极后果的一种行为。这种异常属于网络心理障碍。青少年学生是网迷的中坚力量。据了解,学生上网主要目的有:收发电子邮件,下载所需软件和资料,了解时事政治,欣赏流行歌曲,网上会友聊天,玩电子游戏,浏览黄色网站、网恋等。据北京的一项调查,北京网吧中20%的中学生上网主要是看色情网页,还有20%的中学生主要是聊天和玩游戏。而导致网络成瘾行为的也主要是聊天、网上游戏、网恋和看色情网页。青少年正处于人生发展的关键时期,这一时期其精力旺盛,认知水平迅速发展,是学习的大好时光,过分沉溺于不良网站会对他们的成长带来严重的不良影响。①

(一)网络成瘾对个体的影响

网络成瘾对学生学习与身心发展带来的消极影响是多方面的,主要有以下表现:

睡眠、休息时间的减少。据北京的一项调研发现,网络成瘾者的睡眠情况不理想,学习日睡眠6小时的占9%,7小时的占82%,8小时以上的占9%,即91%的网络成瘾者睡眠不足。长时间持续上网还会导致视力下降,脊柱变形,食欲不振等问题。

心理的依赖感。网络成瘾者最大的特点是对网络极度的依赖和迷恋。上网时在虚拟的环境中无限畅游,时间过得很快,神经高度紧张、兴奋或放松,一旦离开网络,便会出现急躁、压抑和敏感的情绪状态。

人际关系的畏缩化。在人际关系方面,5%的网络成瘾者和同学关系差,36%的和同学关系一般。对所在的班集体,也有5%的网络成瘾者不喜欢,50%的感到无所谓喜欢或不喜欢。由于网络成瘾者

---

① 全国十二所重点师范大学联合编写:《心理学基础》,第346页,北京:教育科学出版社,2002年版。

对现实生活有一种逃避心理,迷恋网上虚无的交往关系,因此,现实中其人际关系单一或畏缩,人际适应退化,团体意识淡漠,组织观念弱化,甚至会出现严重的人际矛盾或冲突。

学习成绩下降。在网络依恋的学生群体中,学习成绩普遍不理想(语文、数学、英语三门主课的最近在班级的成绩),差的占13.6%,中下的占40.9%,中等的占27.3%,中上的占4.5%,良好的占9%。

(二)网络成瘾的影响因素

引起学生网络成瘾、游戏机成瘾既有客观原因,也有学生方面的主观原因。网络本身的虚拟性、平等性、匿名性,网络游戏与游戏机的刺激性、信息不确定性等特点;不法网吧经营者出于赢利的目的,以游戏及不健康网络内容引诱青少年;学校环境中日益加重的升学压力;家庭里无法实现的来自父母的高期望、严要求等,都是导致学生躲进网吧、迷恋网络的外部促发条件。

学生沉溺于网络的主观原因与青少年年龄特点及面临的心理冲突有关:青少年渴望与人交往,又害怕在交往中被人利用;希望平等沟通又担心不被人接纳,在人际交往中存在着"亲密对疏离"的冲突。而通过网上聊天,可以宣泄苦闷又能确保心理安全。青少年充满好奇心理与探索欲望,在网上可以尽情地探索未知,而又无需承担失败的压力,因而可以缓解学习带来的高度紧张。有的学生说:"只有在网吧才能有轻松感,这种感觉在学校和家庭中是体会不到的。"青少年对性生理、性心理充满神秘感,却又无正当渠道获得信息;而在网上可以独立探索又能避免难堪。青少年渴望独立而又自知缺乏独立处世的能力和经验,存在着"独立对依赖"的冲突,在网络中可以扮演现实生活中无法扮演的角色,在虚拟世界中独立地实现他在现实生活中无法实现的目标。

(三)网络成瘾的诊断

美国的心理学专家提出了网络成瘾的10条标准:下网后总念念不忘网事;总嫌上网的时间不够而不满足;无法控制的上网;一旦减

少上网的时间就会焦虑不安；一上网就能消散种种不愉快；上网比上学完成学业更重要；为上网宁愿失去重要的人际交往和工作、事业；不惜支付巨额上网费；对亲友掩饰频频上网的行为；下网后有疏离、失落感。上述情况，一年中只要有五种以上的表现，便可判断为"网痴"。

（四）网络成瘾的干预方案

青少年学生处于青春期阶段，心智还不成熟，自控能力比较差，对中学生使用网络过度或网络成瘾，家庭、学校和社会应该及早地分层次地进行干预。

1．学校要推进教学改革，尽快从应试教育向素质教育转变，切实减轻中学生的学习压力。学习的压力越大，网络成瘾率就越高。教师要因材施教，提倡研究型学习，鼓励学生发展特长。学校减轻学生的课业负担，不要以考试成绩来排名次、排座位等，最大程度地减轻考试成绩对学生的压力。

2．家庭要处理好亲情关系，创造温暖、民主的家庭氛围。中学生网络成瘾者中大多尚处于"可能有网络成瘾"阶段，可塑性强，父母富含爱心的、民主的、以理解和沟通态度的教导，有助于减少中学生网络成瘾的发生。如果父母与子女缺乏沟通，一味指责，孩子极易产生逆反心理。

3．各级地方部门要加强对中学生使用网络的管理，采取疏堵结合的方法，优化中学生使用网络的环境。在严禁中学生进入社会经营性网吧的同时，另一方面也要创造中学生安全使用网络的条件。学校要充分利用现有的计算机网络资源，为学生提供必要的上网条件。这样，通过校园计算机网络资源这个主渠道，在老师的引导和监督下，教授中学生掌握电脑知识，学会利用网络资源来学习和娱乐。

对于已经明确为网络成瘾的学生或有过度使用网络倾向的学生，打骂、指责、说教并不能解决问题，需要进行专业的心理辅导和心理咨询，甚至心理治疗。以下方案可供参考：

1．改善认知，增强学生自主选择能力。为减少网络的消极影响,学校可采取措施对网上的黄色的、暴力的不良信息进行有效过滤,构筑"防火墙",但这并不是唯一的办法,也不是根本的措施。网络中既有知识宝库,也有信息垃圾场,重要的是让学生明白,网络交流是一种现实生活的补充,对心理健康是一种适度的调节,但若过度依赖,易出现心理障碍。网络不能代替现实生活,现实生活的成就感必须在现实生活中获得,现实生活中的挫折也必须在现实中解决;还要大力加强学生在五光十色的信息诱惑面前的自主选择能力,做网络的主人,不做网络的奴隶。

2.运用契约管理法,通过签订网约,增强自我约束力,违反后要进行适度惩罚。

3.运用自我控制法,自定矫治目标,采取具体措施,控制上网时间。达到目标时,进行自我强化,建立规范行为。

4.改善学校环境。在学校开展适合于青少年学生的多项活动,转移注意力,减少学生沉溺于游戏和网络的时间。加强老师与学生间的平等沟通和现实接触,提供安全的交往环境,防止学生沉溺于虚拟时空。

总之,网络是把双刃剑,它既可以让人们受益,也可以让人们堕落,社会各方面的力量要加大对学生上网的引导,使广大青少年善于利用网络的积极面,避免其带来的消极影响。

除以上问题外,青少年常见的心理健康问题还包括适应问题(如新生入学适应)、自我意识的发展等问题,都应成为学校心理辅导关注的焦点。

【主要结论】

1.新的健康观包括个体的"生理、心理、社会适应和道德品质的良好状态"。

2.心理健康的标准应以人的整个行为的适应情况为依据,不应过分重视个别症状的存在。就其结构而言,包括个体认知、行为、情绪、能力、人格等多方面的健康;就其水平而言,又有高低之分。心理健康的标准反映了社会对个体良好适应所提出的最基本要求,最高境界的健康是一种无止境状态。心理健康是一个相对概念。

3. 学校心理辅导是帮助全体学生学会调适、寻求成长和发展的助人活动。心理辅导、心理咨询和心理治疗都是学校心理健康教育的重要途径。心理辅导的对象是全体学生,关注对象的未来,干预的重点是预防,可以伴随整个教育过程;心理咨询是以有心理困惑或强烈心理冲突与矛盾的学生为对象,关注对象的现在,干预的重点是发展;心理治疗是以心理健康水平较低或心理机能失调及有心理障碍的学生为对象,关注对象的过去,干预的重点是矫治,咨询与治疗是一个可长可短的时间。

4. 心理辅导要遵循面向全体、预防与发展相结合、尊重与理解、以学生为主体、个别化对待与整体性发展为原则;心理辅导的实施途径包括开设专门的心理健康教育课、开展心理辅导活动、将心理辅导融于班队活动之中、渗透于学科教学中以及个别辅导、团体辅导等。

5. 心理辅导不可能涉及学生心理问题的方方面面,应以大多数学生普遍存在的学习、生活、交往等方面的问题为主。不管是哪方面的辅导,基本都应贯彻预防与发展相结合。

【理论应用与实践】

心理辅导活动设计(典型案例)

北京市第九中学　　宋晓丽

心理辅导活动主题:适应新生活

适合年级:高一年级入学初

开展活动的原因:

北京市第九中学是市重点中学,其所招收学生多是各个学校的佼佼者,他们大多都曾是班干部、三好学生,获得过各种各样的奖励,是老师关注的中心,同学羡慕的对象。但是到了九中这个新集体,他们头上的光环不再耀眼,而更多的是平凡。他们当中大多数同学的成绩不再总是前几名,可能在班内什么职务都没有,不再成为老师表扬的对象。在这一变化过程中,一些同学的心理出现了不平衡、不适应,出现了紧张、焦虑,逃避等。为了使新生更快地适应高中生活,适应角色的转变,为此我们开展了"适应新生活"的心理活动课。

预计的目标:

通过心理活动课,使学生认识到"第一"不是永远的,每个人都有成功和失败的时候,所以,我们不能因为一时的失败而一蹶不振。要对自己合理定位,合理定位加上努力才能成功。

活动过程:

活动一:播放今年世界杯足球赛中中国队比赛的一些片断和法国队比赛的一些片断,(或者让同学搜集世界杯足球赛中有关中国队和法国队的材料并在课上朗读)。看过录像或听完材料后,由同学讨论以下问题:法国队曾是上届世界杯的冠军得主,而这次连十六强都没有进入,这说明了什么? 中国队首次进入了世界杯,但成绩不佳,赛程只过一半就打道回府,这又说明了什么? 这件事情给我们什么启示呢?

由学生开展讨论,并得出以下共识:法国队虽然曾是上届冠军,但冠军不是永远的,如果你不努力,停滞不前,就会被别人超越;中国队经过44年努力,总算冲出了亚洲,但并不代表你就一下子能进入世界强队之列。通过比赛,可以看出,我们与世界强队还有很大的差距,必须苦练体能和技术,这样我们才有望成功。强中更有强中手,在一个地区小组赛的第一,到了世界范围内,就不一定是第一了。

联系到学生的实际,让学生通过讨论认识到,虽然我们每个人都曾是佼佼者,但是到了九中这个优秀学生的大集体中,光环不再总围绕在自己头上,我们必须坦然面对这个事实。

活动二:每个同学在纸上绘制"顶峰"与"深渊"。"顶峰"代表着成功;"深渊"代表着失败。

写出在"顶峰"时的事件,积极的情感是怎样的;写出在"深渊"时的事情,由此产生的消极情感是怎样的。

写完后小组交流。通过交流,使学生认识到每个人都有成功的时候,也都有失败的时候,虽然现在"我"的成绩不再是第一,但并不代表"我"什么都不行,不能因为一次的失败而全盘否定自己,相信通过自己的努力,一定会有进步,对自己一定要有信心。

活动三:找准"我"的定位。在教室内划一条线,离线远近距离不同摆三个小筐,准备乒乓球若干。请一些同学来做游戏,把乒乓球投到小筐内,找出自己在大多数情况下能够把乒乓球扔进哪个筐里,如果每次都扔进去,说明这个筐离你太近,应提高要求,如果大多数都扔不进去,说明小筐离你太远,定的目标太高了,应做出调整。

思考:在这个游戏中你体会出什么道理?

分析:每个人应对自己合理定位,不能过高的估计自己,也不能过低的估计自己,并且通过努力,一定可以在现有的基础上取得进步,有进步就是成功。

教师小结:通过这次活动,希望大家能够以积极的心态去迎接崭新的高中生活,在高中的三年中,描绘出绚丽的色彩。

有关心理原理:

人的心理适应能力是指个体在与周围环境相互作用、与周围人们相互交往的过程中,以一定的行为动作积极地反作用于周围环境而获得平衡的心理能力。

适应良好的个体,其特点是:在主观上充满对生活的幸福感;在日常行为中碰到各种各样的问题,能够圆满出色地解决。因此,心理适应能力强的人,在遇到各种问题时总是泰然处之。心理适应能力差的人,一遇到问题,就紧张万分,不知所措,整天焦虑不安,以至出现各种精神和躯体症状。因此,良好的适应能力是生存的基础。

预期活动效果:

通过活动,让学生在讨论中加深了解,消除同学间的陌生感,对高中生活做好心理上和行动上的准备,以良好的精神状态迎接高中生活。

活动的延伸:

在以后的活动课中,更进一步把适应的问题展开,教给学生一些具体的方法,如:如何提高学习效率,怎样建立良好的人际关系,如何进行有效的心理调节等。不仅让学生认识到每个人都会遇到不适应,同时教给学生解决的方法。

资料来源:http://www.sjsedu.net.cn/jyxh/file

【学习评价】

(一)基本概念解释

1.健康　2.心理健康　3.心理卫生　4.心理辅导　5.心理咨询　6.心理治疗

(二)判断正误

1.心理健康的标准是全人类通用的,没有国家、地区、民族、阶层界限。

2."心理健康"与"心理卫生"二者的含义其实相同。

3.心理健康的人与不健康的人有本质区别。

4.学校心理辅导可以是贯穿于整个教育过程的终生活动。

5.团体辅导就是以班级为单位的心理辅导。

6.学校心理辅导的"面向全体学生原则"与"个别化对待原则"之间并不矛盾。

7.心理咨询与心理治疗主要面对少数有问题的学生。

8.学校心理辅导主要以发展性辅导为主,矫治性辅导为辅。

9."优生"不需要心理辅导,"后进生"才需要心理辅导。

10.学校心理辅导主要通过开设心理健康教育课程来实施。

(三)综合应用

1.请根据以下提示设计一堂主题是"自信心训练"的心理辅导活动课。主要目的有两个:一是通过让学生省察、叙述自己的优点,也通过他人对自我优点的评价充分认识自身的长处和优势,从而提高个体的自尊心和自信心;二是借相互评价的机会,认识同伴的长处,从而欣赏同伴,增强对同伴的了解和感情。活动题目、形式、过程自行设计。

2. 案例分析:某女,17 岁,高一学生。在班级因为与同学产生误会,进而发生矛盾。后来想主动化解矛盾,但是遭到拒绝,心里很苦闷。以后发展为怕别人议论,怕别人说自己,有时总觉得别人都误解自己,说自己的坏话,很敏感。刚开始还与人争论,后来放弃了争论,变的很消沉、沉默寡言,上课也没有积极性。整个人由原来的开朗,变成了现在的消极被动、自我封闭,前后判若两人。如何对该生进行个别心理辅导?

【参考文献】

[1]全国十二所重点师范大学联合编写:《心理学基础》,北京:教育科学出版社,2002 年版。

[2]中小学教师心理健康教程编写组:《心理健康教育教程》,人民教育出版社,北京:2004 年版。

[3]刘华山主编:《学校心理辅导》,合肥:安徽人民出版社,1998 年版。

[4]俞国良主编:《中学心理健康教育教师指导手册(上、下册)》,开明出版社,2001 年版。

[5]郑日昌主编:《学校心理咨询》,北京:人民教育出版社,1999 年版。

[6]章志光主编:《小学教育心理学》,北京:中国人民大学出版社,1999 年版。

[7]http://www.cdzx.cn/person/515/list.asp? unid=318

[8]http://www.hbcnc.edu.cn/jpkc/xlx/content/eight.htm

第九章　人际交往

【内容简介】

本章从人与人之间相互作用这个视角,依据心理学的研究成果,介绍和分析了人们在相互交往中所发生的社会心理和社会行为,如人际沟通,人际认知,人际关系,人际互动等。了解和掌握这些方面的知识原理,无论对学习者现在的在校生活,还是未来的教师职业活动都是必要的和有益的。

【学习目标】

识记:

1. 记住"人际沟通"、"人际认知"、"人际互动"、"模仿"、"暗示"、"从众"的基本含义。

2. 知道人际沟通中不同工具发挥的作用。

3. 能够说出人际沟通的基本构成要素。

4. 能够说出人际认知的主要内容。

5. 能够列举模仿和暗示的种类。

理解:

1. 能够理解人际认知与对物认知的关系。

2. 能够理解"社会助长"和"社会惰化"发生的原因。

3. 能举例说明印象形成的主要心理效应。

4. 能够理解人际印象形成的特点。

5. 能够用自己的语言解释人际关系的含义。

6. 能够结合实际,说出人际关系形成的发展阶段。

7. 能够举例说明人际吸引的条件。

8. 能够举例说出影响从众的因素。

9．能够举例说出影响暗示的因素。

应用：

1．能运用人际交往知识改善和调整自己的人际交往。

英国著名的作家萧伯纳曾经说过，假如你有一个苹果，我有一个苹果，彼此交换后，我们每人都只有一个苹果。但是，如果你有一种思想，我有一种思想，那么彼此交换以后，我们每个人就有两种思想。甚至，两种思想发生碰撞，可以产生其他思想。任何一个人，他所掌握的知识、技能，他的直接的经验都是有限的。人要想适应不断变化的外部世界，就必须凭借沟通来获得别人的宝贵经验。同时沟通的过程加深了我们积极的情感体验，减弱了消极的情感体验。在沟通的过程中，人们分享快乐、分担痛苦，使人生真正变得丰富多彩。

人际交往作为人类极为普遍的社会现象和最重要的社会行为，是许多学科感兴趣的课题。在教育活动中，教师和学生之间的交往对教师的教学有重要的影响，同时，人际交往在青少年学生的个性发展中也具有重要的作用，是青少年社会化的必由之路。其中，与同龄人的交往还被认为是儿童成为社会人的第二场所。因此，我们有必要研究人际交往问题，以提高教育质量。

第一节　人际沟通与人际交往

沟通是人与人之间发生相互联系的最主要形式。人的一生中，清醒的时候，大约有70％的时间，都是用在与他人的交往沟通上。我们与别人交谈、读书、看报、上课、听广播、看电视、畅游网络，都是在进行沟通。沟通的广度和方便程度，是衡量一个人生活质量的重要方面之一。

一、人际沟通的含义

(一)人际沟通的概念

人际沟通是社会中人与人之间的联系过程,即人与人之间传递信息、沟通思想和交流情感的过程。在我们的生活中,我们与不同的人进行着交流。在人际沟通中,人与人之间传递交流的主要是社会性、心理性的信息,因此,可以更确切地说:人际沟通是人们相互之间交流思想、观点、意见、知识、消息、情感、态度、动作等的过程。人际沟通在生活中普遍存在,或是为了分享信息,以协调大家的行动;或是为了宣传劝说,以影响和改变他人的态度;或是为了娱人耳目,以愉悦人的心智。心情不好的时候,我们可能会找一个要好的朋友,向他(她)倾诉,求得安慰;朋友很久没有见面了,找个机会大家坐一坐,聊一聊彼此的生活,相互传达一些信息,保持与他人的正常关系等等。人际沟通不仅仅是信息本身的传递交流,而更重要的是沟通双方可以借助于信息在心理和行为上相互影响,结果可能使双方的思想、情感、态度、行为以及相互关系等发生改变,这是人际沟通不同于其他沟通的一个突出特点。

(二)人际沟通的意义

我们每个人都能够体验到,沟通在建立和维持人际关系中的重要作用。当你与久别的朋友互无书信往来的时候,你会发现你们之间正逐渐彼此走远。到了多年之后再重逢,彼此发现都有了太多的变化,也因此发现彼此已经不再是无话不说的朋友了。这种时间与空间上的距离,使我们减少了与朋友沟通的机会,逐渐失去我们所拥有的友情。人际沟通的意义有以下三方面:

1. 人际沟通是个体社会生存的基本条件

人类进行赖以生存的物质生产,必须要协同活动,而协同活动有赖于人际沟通和交往。随着社会的进步,人类沟通的范围和层次日益扩大和提高。进入信息时代,电子计算机技术的提高及其应用的普及,卫星通讯网络的发达,致使每个人能方便快捷地接受大量的信息。这一方面意味着人类交往活动的量与质的巨大发展,同时也表明社会政治、经济、文化的发展和进步,更加依赖于个体与群体之间的频繁、高效和多样的沟通与交往活动。社会性是人的根本属性。

这个本质决定了每个人都必须参加社会的政治、经济、文化、教育活动,在这些社会活动中才能获得发展和展现人所具有的社会性,而社会活动必须依赖于人际之间的沟通。

2. 人际沟通是个体心理发展的必要条件

呱呱落地的婴儿只是个懵懂的小生物,他比自然界的小动物都孱弱。正是在与成人的接触中,与父母、其他家庭成员、同龄幼儿的交往中,他的认识能力、情感、意志力得以初步形成,同时也开始了他的社会化过程。经过幼儿园、小学、中学阶段十几年间与教师、同学及其他社会成员的交往,个体逐渐学会了如何与人合作、如何遵守规则,成为真正意义上的社会"人"。科学家对世界各地发现的被野兽哺乳养大的"狼孩"的研究,充分证明了社会交往对个体心理发展的重大意义,"狼孩"虽然具有发展的基础,但是由于缺乏社会交往的环境,最终不可能成长为一个社会人。

3. 人际沟通是形成自我意识的重要条件

人总是不断地和别人进行这样或那样的比较,在与他人的沟通过程中理解了别人,也认识了别人眼中的自己。人通过沟通,体验到别人的存在,并将自己与他人进行比较,从而通过这种参照的作用来认识自我。没有沟通,没有交往,人永远无法认识他人,也无法真正了解自己。幼儿总是把老师和父母的评价作为很重要的参照来认识自己,随着年龄的增长,儿童越来越看重同伴给予他的评价。正是在与同伴的交往中,青春期的孩子逐渐能全面、客观地认识和评价自我,并最终形成较清晰的自我意识。一个学生想要确定自己是否是一个品学兼优的人,往往就要以老师、同学和父母对自己的评价作为重要的参照点,这样得到的认识才比较客观和全面。

二、人际沟通的结构与条件

(一)人际沟通的结构

人际沟通的整个过程主要由以下五个基本要素构成。

1. 信息发送者。也叫信息源,是拥有信息并具有沟通动机的人。如谈话的发起者,手机短信的发送者。

2.信息。这是沟通的具体内容。我们和别人面对面的谈话,写信给朋友、与朋友匆忙间擦肩而过时的一个手势、一个眼神都是在传递信息。个体采用恰当的声音、文字、动作、图像、图形、色彩、数字等对它们进行组织,以便让人能够接受和理解其意义。

3.信息通道。指传递信息所使用的载体或媒介。如面对面交谈时的发音和表情器官,以及电话、广播、电视、报纸、广告、信件、互联网等。在这些媒体中,手机和网络为人们发送和接收信息提供了便利,广泛使用手机短信和电子信件已成为现代人传递信息的主要通道。

4.信息接受者。即接受信息的人。信息接受者收到信息后,必须根据自己掌握的知识经验来分析和还原信息的意义,即进行译码,以便自己能够理解它们。在手机短信业务没有出现前,相信很多人都用过传呼机,它的信息可以用组合的数字符号形式出现,我们需要破译才能理解。另外,在一些特定的行业往往存在"暗语",请看下面一段对话:

A:你小子看来也轻松。

B:是啊,今天天气不好,钳子生锈了。

A:平顶山太多了,找个太平的地方去。

短短的几句话中包含了许多的暗语,如果你不了解这些暗语的含义,你是无法了解对话的真实意义的。这是两个小偷的对话,"钳子"指手指,"生锈"意指不能扒窃;"平顶山"指代警察的大盖帽等。如果不了解暗语,就无法进行沟通。

5.信息反馈。在现代生活中,人际沟通多为双向沟通,信息在沟通双方之间会进行多次往返,这种往返过程就叫做信息反馈。反馈使人际沟通成为一个社会互动过程,每个人都是主动参与者,交替扮演信息传递者和信息接受者的角色,可以对沟通过程进行及时的调控。

此外,人际沟通在进行过程中,还会受到来自主客观方面一些不良因素的干扰,如心情恶劣、环境嘈杂、误解对方等,都会影响沟通的效率和效果。

　　人际沟通的过程及其各基本要素的关系如图9-1所示。

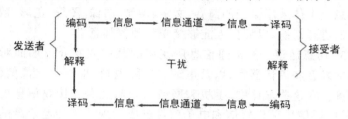

图9-1　人际沟通的过程及其各基本要素关系图

(二)人际沟通的条件

　　人际沟通过程涉及多个要素,并且在不断地进行动态变化,要取得良好效果必须具备下列条件:

　　1.沟通双方对交流的信息的理解越一致越好。这就要求双方在社会文化背景、知识经验、教育程度、立场观点、使用的语言和非语言符号系统等方面要有一定的共同点或相似之处,共同点和相似处越多,对信息的理解就越可能趋于一致;否则,信息的失真度就会增加,就会传而不通,甚至断章取义,误导视听。如随着网络语言的出现,很多词语都有特定的含义,如:恐龙、鼠标土豆等,如果我们不了解其含义,就会影响沟通的效果。

　　2.沟通双方都要有交往的愿望和兴趣,否则沟通就成了一厢情愿,难以持续进行。

　　3.双方要有一定的沟通能力与技巧。如要学会倾听,他人讲话时,聆听是一种礼貌和诚挚的表现。即使你不同意对方的意见,也要听他把话说完。同时要善于表达。同一件事情,有人磨破嘴皮,却白费口舌;有的人寥寥数语,便能化干戈为玉帛。平时细心观察,心领神会,用时方能滔滔不绝,切中要害。注意在不同场合讲话的分寸;如果在讲话中注意幽默感则能增加人际吸引,消除尴尬场面。

　　4.要选用适当的信息通道来传送信息。也就是说,要根据信息的性质选择最恰当的信息载体或媒介。

5.要重视选择性注意对沟通的影响。人们对现实中的信息刺激并不是照单全收,而是要经过注意的过滤筛选。个人的观念、需要、兴趣、情绪以及信息刺激本身的强度、对比度、新异程度等都会影响这个过滤筛选过程。在社会生活中,人们对自己不感兴趣的事情常常听而不闻、视而不见就是例证。所以,为了引起对方的关注,我们传送的信息要尽量符合其需要和兴趣。

6.沟通要有及时的信息反馈。因为反馈对沟通具有维持、调控、强化的重要作用。如果交谈中你在滔滔不绝地说,而另外一个人没有表达的机会,他(她)也没有任何表情的变化,这个时候,你就会产生疑问,他(她)在听我说吗?是怎么想的呢?没有了对方的反馈,不论这种反馈是语言的、肢体的还是面部表情的,沟通就会变得索然无味。因此,作为信息的发送者,要给对方表达意见的机会。

7.沟通过程没有受到主客观不良因素的干扰,保证信息真实可靠。嘈杂的环境、低落的心情和严寒的天气等因素都会影响沟通的质量。

三、人际沟通的工具

信息本身既不是物质,也不是能量,是人认识自然、社会和自己主观世界过程中的精神产物,需要借助于一套物质化符号才能保存和表达其意义,从而被人们感知、加工和交流。所以,人际沟通必须用一定的符号系统作为工具,才能进行信息的传递交流。人际沟通所使用的符号系统主要有语言符号系统和非语言符号系统两类,使用语言符号系统进行的沟通叫语言沟通,使用非语言符号系统进行的沟通叫非语言沟通,它们是人际沟通中最主要的两种类型。

(一)语言符号系统

语言是一种以社会文化为背景的约定俗成的符号系统,为特定社会的所有成员共同掌握和使用。借助于语言,人与人之间可以超越时间和空间的限制进行沟通,使生活在不同地域、不同时代的人们都能够分享信息。因此,语言是人际沟通最有效、最便捷的工具。语言的社会功能主要体现在两个方面,一个是思维的功能,另一个是交际的功能。语言的交际功能既体现在人们凭借语言交流思想中,同时也体现在凭借语言交流感情中。语言符号系统是人际交往的最重要工具,是其他交往工具所无法替代的。在人际交往中,除了语言工具以外,还有手势语、旗语、电报代码等,但是这些都是在语言文字的基础上产生的。社会的发展和科技的进步,都在不断推动着语言的发展,语言和词汇都不断得到更新和丰富。比如,新的科技发展滋生出许多新的专业词汇,增强了语言的交际功能。灵活方便的口头语言和准确完整的书面语言各有所长,互为补充。社会心理学对人际沟通效果的研究表明,根据具体情景,交替或混合使用这两种语言进行沟通可以取得最满意的效果。

(二)非语言符号系统

语言并不是人类唯一的沟通工具,人们还大量使用表情、动作、姿态等非语言符号来进行沟通。一些学者对非语言符号在沟通中的作用给予高度重视。据估计,沟通时有 65% 的"社会含义"是通过非语言的方式传递的。美国心理学家梅热比甚至给我们列出了这样一个公式:相互理解 = 38% 的语调 + 55% 的表情 + 7% 的语言。可以说,非语言符号在人际沟通中具有不可替代的特殊作用,其重要性并不亚于语言符号。

1. 手势

人类学的许多研究证实,原始部落的人们曾广泛地使用手势进行交流,那时手势就是沟通和思维的工具。列维·布留尔在《原始思维》一书中就描述了这样的情况:"不同部落的印第安人彼此不懂交谈双方的有声语言的任何一个词,却能够借助手指、头和脚的动作彼此交谈、闲扯和讲各种故事达半日之久。"[①]

虽然手势在人类远古时所起的作用早已为语言所代替,但它在有些场合仍然发挥着作用,如竖起大拇指,常表示"好"和赞扬的意思;在交通民警指挥交通时,常用的标准的手势,像手臂向前伸直,表

---

① 列维·布留尔:《原始思维》,第 153 页,北京:商务出版社,1981 年版。

示这个方向通行等。

2.面部表情

人的面部表情在人际交往中起着非常重要的作用。有人曾经对人的面部表情数量做过惊人的估计，认为大约有 250000 种之多，这似乎过于夸大了人脸的表情能力，但心理学家一般都认为，人的面部表情在 20000 种以上。人利用面部表情可以很好地表达肯定与否定、接纳与拒绝、积极与消极、强烈与轻微等各种维度的情绪，显示自己对人对事的情感、兴趣、态度、理解和判断。由于面部表情控制随意，变化迅速，容易觉察，因而在日常的人际沟通过程中是人们运用最多的非语言符号之一。但同时需要注意，人们是可以随意控制面部表情的，因而可能故意做出虚假表情，传递与内心想法不一致的信息。这就需要我们进行识别。

3.目光

俗语说，"眼睛是心灵的窗户"，说明了眼睛对于传递人际交往的信息的重要性。例如，一位演讲者开始发言时用目光扫视一下会场，表示不要说话和干扰，听众也会更加肃静和认真。又如，在谈话中，倾听者总是与谈话者保持目光接触，说明他对话题很感兴趣。相反，避免或中断目光接触，通常是对一个人的谈话不感兴趣的表现。人可以随意地控制语言和面部表情，但却很难随意控制自己的目光，因而内心世界的一切风云变化，都可以从眼睛里透露出来。比如，人的情绪变化会首先通过眼睛的瞳孔不自觉的改变反映出来：当情绪变得兴奋、愉快时，瞳孔会不自觉地变大；当情绪从愉快、兴奋转向中性、不愉快时，瞳孔会不自觉地缩小，并伴随着不同程度的眯眼和皱眉。同样是互相凝视，热恋中的人感受到的是温情与爱意，而仇恨中的人感受到的是冷漠与敌意。

4.运动性体态

运动性体态又称"说明性身姿"或肢体语言，常常伴随语言使用。舞蹈演员、哑剧演员的表演就是用肢体来表现不同的情绪情感。

5.空间距离

设想一下:在宽敞的教室里,你正在看书,一位素不相识的同学走过来坐在你身旁,这时你会产生什么反应呢? 如果坐下来的不是陌生人,而是你熟识的朋友,你会产生同样的反应吗? 每个人对上述问题的回答可能不完全相同,但都会有这样一种基本感受:前者的举动叫我们感到不舒服,不自在;而后者的表现让我们觉得亲近自然,很正常。可见,人们在沟通过程中,对相互之间的空间距离不是随意处理的,而是有意无意地根据关系的远近亲疏有所区别。所以,人际空间距离也是人们传达社会性、心理性信息的一种常见手段,反映着个体同他人已有的关系或期望形成的关系。

专栏 9-1

近体学

美国人类学家霍尔对人类交往的空间距离问题所进行的研究很有名,他由此提出了"近体学"的概念。霍尔认为,人们沟通时互动双方的空间由近及远可以分为四圈,分别为亲密距离、个人距离、社交距离和公共距离。

亲密距离(0~44厘米):在此距离,人们的身体可以充分亲近或直接接触。沟通更多依赖触摸觉,而不是听觉和视觉。在正常情况下,该距离是高度私密的,非正式的,只有夫妻、情侣、父母和孩子以及知己密友才能进入。

个人距离(44~122厘米):这是非正式场合下,朋友和熟人之间进行交谈、聚会等的适当距离。身体接触很有限,主要是用视觉、听觉沟通。陌生人也可以进入这个距离,不过沟通时保持的距离更靠近远端。

社交距离(1.2米~3.7米):该距离适宜于正式社交场合,沟通没有任何私人感情联系的色彩。人们在正式社交活动、外交会谈、处理公务时相互都保持这种程度的距离,沟通进行时,需要更清楚的口头语言和充分的目光接触。

公共距离(3.7 米以上):这是完全开放的空间,可以接纳一切人,适合于陌生人之间、演讲者与公众之间的距离。

资料来源:全国十二所重点师范大学联合编写:《心理学基础》,第 298 页,北京:教育科学出版社,2002 年版。

一般来说,当我们与他人交往时,间隔多少距离取决于具体的情境以及我们与交谈对象的关系。但是,有趣的是与不同文化背景的人交往,要保持不同的人际空间。若与美国人交谈,必须保持在 60 厘米左右的空间距离上,这是他们认为最有分寸最友好的空间;若与一名阿拉伯人谈话,就要小于这个距离,否则就会出现你往后退他往前追的滑稽场面。

心理学家研究表明,人们离他喜欢的人比离他讨厌的人更近些,关系要好的人比一般熟人靠得更近些。同样亲密关系的情况下,性格内向的人比性格外向的人保持较远些的距离;异性谈话比同性相距远一点,两个女人谈话总比两个男人谈话挨得更近些。因此,合理运用你和他人的空间,会使你取得意想不到的交际效果。

6.辅助语言

主要指声音的音调、音量、节奏、音色、停顿、沉默等,而类语言则指那些有声而无固定语义的声音,如呻吟、叹息、叫喊、哭、笑、干咳等。在人际沟通中,辅助语言和类语言起着十分重要的作用。比如,它们可以强调语词本来的含义,也可以改变语词本来的含义。有这样一件趣事:意大利著名的悲剧明星罗西应邀参加一个次迎外宾的酒宴。席间,客人慕名要求他即兴表演一段悲剧,于是他用意大利语念了一段"台词",可谓声调悲凉,表情凄苦,尽管宾客们听不懂"台词"的内容,但都被他的情绪所感染,有的人甚至潸然泪下。可其中一位意大利人却实在忍俊不禁,跑出去捧腹大笑。原来,这位悲剧明星念的根本不是什么台词,而是宴会上的菜单。这说明在人际交往中,怎么说可能比说什么本身更重要。

第二节　人际认知与人际交往

一、人际认知的含义

(一)人际认知的概念

在生活中,两个素昧平生的人一见面,就会互相注意到对方的相貌、仪表、服饰、体态、表情、举止等而形成初步的印象,通过交谈又会得到一些有关对方社会职业、身份地位、兴趣爱好等方面的印象,并在这个基础上推测、判断和评价对方属于哪一类人,人格有什么特点,行为的动机是什么等等。进一步深入交往,得到的印象就会更全面、更丰富。我们把个体在交往中,观察了解他人的外在特征和外显行为,形成印象,并推测、判断其心理状态、人格特征、行为动机和意向的过程就叫做人际认知。它包括感知、表象、记忆、判断、推测和评价等一系列复杂的认识活动。

(二)对人认知与对物认知的区别

从认识的对象来说,人际认知是对人的认识活动,它与对生活环境中各种物的认知有相同之处,即都是认知者的主观经验对外界信息的加工过程,同时两者也有明显的区别。

1. 对人的认知远比对物的认知复杂。物体所具有的静态的、稳定持久的属性和特征相对较多,同类物之间的个别差异也小,因此,比较容易直观地去认识和把握。但人的特征则是变化的,其变化发展复杂多样、持续不断,而且人与人相互之间在经验、需要、态度、人格等方面的个别差异较大。因此,要对人形成全面完整的认识难度很大。

2. 对物的认知主要是根据物的客观属性和特征(颜色、形状、质地等)来进行的,较少受各种社会因素的影响,所以,自然科学对物的测量能做到量化和精确化。而对人的认知则更多地会受到人所具有的各种社会特征和属性的影响,如社会地位、社会关系、身份、名望等。对人认知的准确性比对物的认知的准确性更难检验。即使是心理学家也很难一下就判断出一个人是否外向、诚实,而平常人则很容易判断一个水杯是否保温或漏水。

3.在对物的认知中,物本身没有意识,没有动机。因此,人对物的认识是单向过程。而在对人的认知中,个体自身产生对他人的印象时,他人也会形成对认知者本人的印象。在这个过程中,所发生和进行的就不是单向的认识活动,而是复杂的、双向互动的认识活动。

二、人际认知的主要内容

人际认知包括对自我的认知和对他人的认知。

(一)自我认知

自我认知包括对自己身体状态的认知(如健康、胖瘦等)、对自己心理状况的认知(如性格、爱好、情感、意向等)、对自己社会关系的认知(如阶层、是否被人接受等)。正确的自我认知对人际交往、协调人际关系有很大的作用。如果一个人看不到自己的价值,只看到自己的不足,觉得什么都不如别人,处处低人一等,就会丧失信心,没有朝气,产生厌恶自己并否定自己的自卑感,就羞于与他人相处,缺乏进行人际交往的勇气;一个人如果只看到自己比别人好,别人都比不上自己,就会产生盲目乐观情绪,自我欣赏,自以为是,自我中心,导致交往中自高自大、盛气凌人,或不屑与人交往;对自己的评价与别人对自己的客观评价的差距过于悬殊,就会使自己与周围朋友之间的关系失去平衡,产生矛盾,不利于与他人的正常交往。

(二)对他人的认知

人际交往中除了自我认知外,对他人的认知也是十分重要的。人际认知的主要对象包括对他人仪表的认知,对他人表情的认知,对他人人格的认知,对人际关系的认知,对社会角色的认知等。

1.对他人仪表的认知

仪表是由人的多种外部特征构成的,是人的具体形象。在人际认知中,高矮、胖瘦、相貌、风度、做派、服饰等这些特征,决不仅仅是一些单纯的物理现象。一方面,认知者会根据自己的有关知识经验赋予仪表一定的社会意义,把它们看做是认识他人的有价值的信息。比如,人们常说心宽体胖,认为胖人大都少忧虑,喜说笑,易相处。另一方面,被认知者也有意识地借助仪表向他人传递着信息。如人们对于服饰的选择,一方面要体现个人的文化修养和特点;另外一方面,人们也会根据其穿着来推测个人的人格特点。可见,仪表传递着许多社会性信息,尽管这些信息并不总是准确的,但它的确对人际认知产生着影响。如对于很多参加面试的应聘者来说,整洁、得体的装扮是很重要的。

2.对他人情绪情感的认知

他人的情绪、心理状态如何? 他是快乐的还是忧伤的,是兴奋的还是激动的? 这都有赖于我们根据对方的种种表现来判断。这些表现包括表情、目光接触、姿势等方面,它们传递着不同的信息(在本章第一节里已详细说明,这里不再赘述)。

3.对他人人格的认知

对他人人格的准确认知,建立在对他人比较深入了解的基础之上。在非测验的情景中,我们在短时间内很难全面准确地了解一个人的人格。但在交往中,人们又总是期待更多、更快地了解他人的特点,如可以从某件小事上推断他人的品质。有一个典型的例子是关于教室中的"垃圾实验"。实验者在教室门口堆放一些垃圾,旁边还有一把扫帚。结果发现,学生们进入教室时都尽力避免那些垃圾,却没有人主动用扫帚把垃圾扫掉。另外,了解一个人的过去的成长经验,也有助于对其人格的认识。大量的研究表明,一个人的外貌与其本身的内在人格并无必然的联系,但是人们往往倾向于根据外貌来判断他人,从而造成了一定的认知偏差。

4.对人际关系的认知

这包括对自己与他人的关系及他人与他人之间的关系两方面。

(1)自己与他人的关系

在生活中,我们用什么样的方式与他人交往,不完全是取决于个人的意愿,在很大程度上受制于自己与他人的人际关系。良好的人际关系有利于彼此的沟通和理解。

自己与他人不同的关系可能产生三种情况：一是把他人看做是与自己格格不入的两类人；二是把他人看成是与自己相似、十分合意的同类者，表现出一种视他如己的类似性倾向；三是把他人看成是自己理想中的人物，即理想中的自我，表现出理想化倾向。社会心理学的实验研究发现，朋友群体成员之间有明显的类似性倾向和理想化倾向。原因就在于，人与人之间在人格上有共同点、类似性、吸引力，才容易相互沟通与理解。所以，我们总是选择与自己相似的人做自己的朋友，这是与人格的自我肯定联系在一起的。

(2)对他人与他人关系的认知

每个人都是处在一个特定的人际关系网络之中，自己与他人的关系常常和他人与他人的关系交织在一起，并相互影响，互相制约。他人与他人的关系也是我们行动时必须考虑的因素。假设甲乙丙三人是一个科室的同事，甲和乙比较亲近，但与丙有矛盾，而丙和乙是校友，乙作为学弟比较尊重丙，那么甲考虑到自己和乙的关系，尽管心里并不愿意，但在对待丙的态度和行为上就不得不克制自己。显然，甲与乙的关系同时受甲与丙、乙与丙关系的影响。如果人数再多一些，情况就更加复杂了。大家都很熟悉的成语"投鼠忌器"，就反映了人们在处理互相牵制的人际关系时的矛盾心态。

三、人际印象

当我们初次碰到某人时，会注意到他的外表，衣服样式和颜色，举止方式等，这些非语言线索很快为我们提供了有关这个人的信息。随着进一步的交往，会逐渐深入地了解他的爱好、兴趣、个性和情绪特点，于是，我们把这些分散的信息整合起来，就形成关于对方的一个整体印象。

但是，任何有关一个人的信息，不管这种信息如何零散和片段，都可以形成对他人的印象，例如，我们对别人的照片，对马路上行人的一瞥，都可以形成对他们的印象。

(一)人际印象形成的特点

1. 一致性倾向

在形成对他人的印象时,人们倾向于把他人看成是具有协调一致人格特征的人。比如,一个人被认为是令人喜爱的,那么他同时也应该是善良的和聪明的。一个人不会被看成既诚实又虚伪,即热情又冷漠。如果有关他人的信息里同时存在着相反的特性,出现了矛盾,人们也会想办法来力图消除这种不一致。当然,人们不是总能成功地对他人形成一致性的印象,但这种倾向却始终存在。这里需要指出的是,人们的交往情境会影响人际印象的形成。如一个男孩子在球场上为自己的队友加油而大喊大叫,这是极为普遍和正常的。但是如果他在电影院里大喊大叫,就非常引人注目,会给人留下一个很深的印象。可见,同一种行为,在不同的交往情境中对印象的形成有不同的作用。

2. 好坏评价是形成印象的基本依据

社会心理学家奥斯古德(C. E. Osgood,1957)等人的实验研究发现,人们主要是从三个基本维度来形成和描述他人的印象的,即,评价维度:好—坏;力量维度:强—弱;活动维度:积极—消极。其中评价是最重要的维度,我们一旦对他人做出好或坏的评价,就会将它扩展到其他特性上去,也就基本上确定了对此人的总体印象。罗森伯格(S. Rosenberg,1968)等人进一步的研究发现,人们一般是根据社会特性和智能特性来对他人进行好坏评价的。社会特性主要影响人们对他人的喜欢程度;而智能特性则主要影响人们对他人的尊敬程度。人们经常用到的评价特性可见表 9-1。

3. 中心印象左右着印象的变化

印象形成以评价为主的现象告诉我们,人们所具有的各种特性对印象形成并不是同等重要的,有些特性的比重大于其他特性,会对整个印象的形成产生很大影响。例如,我描述一个男孩子是"大方的、好心肠的"或者是"爱整洁、报复心强的",那么,你会对哪一些特征更有印象呢? 往往对于"报复心强"的印象更深一些。并不是因为"报复心强"这一评价是消极的,而是因为它对形成一个人的印象更

表 9-1　　　　　　　　　　评价他人的特性

评价	社会特性	智能特性
好的评价	助人的 真诚的 宽容的 平易近人的 幽默的	科学的 果断的 有技能的 聪明的 不懈的
不好的评价	不幸福的 自负的 易怒的 令人厌恶的 不受欢迎的	愚蠢的 轻浮的 动摇不定的 不可靠的 笨拙的

为重要。有关中心特性的经典实验研究发现,"热情"和"冷淡",是影响印象形成的中心特性,在其他特性描述不变的情况下,只用"冷淡"替换"热情"来介绍一个人,就会使人对其产生截然不同的印象。我国台湾心理学家杨国枢的研究则指出,中国人比较重视伦理道德方面的评价,"善良诚朴"和"阴险浮夸"这样的特性在中国人的印象形成中就有着很重的分量。

(二)印象形成中的心理效应

在认知他人、形成有关他人的印象过程中常常受人际认知的心理效应的影响,而可能发生这样或那样的偏差。这些心理效应如首因效应、晕轮效应、刻板印象等在前面的章节里已有所介绍,这里不在赘述。我们要了解这些心理效应,以纠正对他人认知中的偏差。

第三节　人际关系与人际交往

一、人际关系的内涵

(一)人际关系的含义

人们的交往总是围绕着各种共同的社会活动展开的,在活动过程中,相互之间必然会形成各种各样的关系,如经济、政治、法律、道德、宗教、血缘以及心理等方面的关系,这些关系统称为社会关系。而通常所说的人际关系是指人与人之间在交往中形成的直接心理关系,主要表现在心理上的好恶喜厌、远近亲疏,即心理距离。作为社会关系的一个方面,人际关系受经济、政治、法律等关系的制约;同时,这些社会关系又总是通过人际关系具体地、鲜活地表现出来,对人们的生活产生深刻广泛的影响。下面,从心理学角度对人际关系做必要的分析,以加深理解。

首先,人际交往是人际关系的重要条件,人际关系是人际交往的结果。没有人际交往,就无所谓人际关系。缺乏交往,就难于形成密切的人际关系。人际关系是好是坏,也是在相互交往中表现出来的。而巩固和发展人际关系更需要经常的、深入的交往。

其次,人际关系反映了人们寻求满足自己社会需要的心理状态,因此,人际关系的变化发展,取决于交往双方需要的满足程度。如果彼此的需要都能够在交往中得到满足,就会建立、保持和发展亲近的、友好的心理关系;反之,则产生疏远的、回避的、甚至敌对的心理关系。

再次,人际关系包含着认知、情感和行为三种成分。认知成分是指个体通过人际认知对相互关系状况的认识和理解;情感成分反映了个体对相互交往的态度和情感的满意程度;行为成分是指围绕关系的建立、巩固和发展而表现出来的一切交往行为和结果。在三种成分中,情感反映了人们的交往与彼此需要满足的关系,是人际关系的核心成分,情感上的好恶喜厌常常决定着关系的远近亲疏。因而,带有鲜明的情感色彩成了人际关系的主要特征。

(二)人际关系的发展阶段

1.定向阶段

在这个阶段,主要是初步确定要交往并建立关系的对象,包含对交往对象的注意、选择和初步沟通等。人们对人际关系的对象有着高度的选择性。生活中,人会自然而然地特别关注那些在某些方面能够吸引自己兴趣的人。但究竟把谁作为自己人际关系的对象,常常还要根据自己的价值观做理性的抉择。选定交往对象后,就会利用各种机会和途径去接触对方,了解对方,通过初步沟通,人们可以明确双方进一步交往并建立关系的可能与方向。定向阶段通常是一个渐进的过程,但也不乏戏剧性的发展。比如两个偶然相遇却一见如故的人,其关系的定向阶段一次就完成了。

2．情感探索阶段

在这个阶段,双方的沟通广泛,彼此探索在哪些方面可以建立真实的情感联系。虽然有了一定的感情投入,但是仍然要注意行为表现的规范性,避免触及对方的私密性领域。

3．情感交流阶段

在这个阶段,双方形成了相当程度的信任感、安全感和依赖感,能够彼此提供真实的信息,如表扬、批评或建议。双方的感情投入较多,如果这时人际关系破裂,会带来较大的心理压力。

4．稳定交往阶段

这是人际关系发展的最高水平。双方在心理上高度相容,彼此允许对方进入自己绝大部分私密性领域,分享生活、财产,成为"生死之交"。但实际上,能够达到这一层次的人很少,大部分人的人际关系处于第三个阶段。

二、人际吸引

在人与人之间,有的一见如故,有的"鸡犬之声相闻,老死不相往来",这中间有个吸引力程度强弱的问题。造成人际吸引的原因有以下几种因素:

(一)个人魅力吸引

毫无疑问,有魅力的个体总是受人欢迎和喜爱的,常常成为人们择友的首选。个人魅力突出体现在仪表、才能和人格品质等方面。

1．仪表

虽然说不应"以貌取人",但仪表在人际吸引中的作用不言而喻。亚里士多德早就感叹过:"美丽比一封介绍信更具有推荐力。"喜爱美、渴望美的天性使人们在生活中很容易为靓丽俊美的仪表所吸引，甚至产生晕轮效应。因此，在其他条件相似的情况下，具有美丽仪表的人往往会引起别人更多的关注、好评和喜欢，更有机会获得成功。这不仅是可观察到的生活事实，也是社会心理学实验研究的结果。沃尔斯特(E. Walster, 1966)曾作过大规模的现场研究，把几百位新入学的男女大学生随机配对，请他们结伴参加舞会。舞会后，请学生表明是否愿意再次与舞伴约会，结果发现希望再次约会与舞伴外貌的相关系数达 0.89。当然，仪表产生的吸引力在交往初期比较强，随着彼此的深入了解，其作用会逐渐减弱，个人的魅力更多地取决于个人的能力和性格。

2. 才能

人们都比较喜欢聪明能干的人，觉得与能力强的人结交是一种幸福并感到自豪。为此，不少人常拜有某种特殊才能的人为良师益友。人们喜欢聪明能干、富有才华的人似乎是毫无疑问的，但是实际情况却没有这么简单。如果一个人才能超凡，近乎完美，使一般人可望而不可即，感到自卑的话，就会带来很大的心理压力，人们就会对他敬而远之。研究结果显示，人们喜欢的是才能出众但是也有缺点和错误的人，完美的才能出众者的吸引力只排第二，没有错误的才能平庸的人位居第三，而才能平庸又有错误的人最缺乏吸引力。心理学家把这种有才能者因犯错误反而增加了吸引力的现象叫做"犯错误效应"。

3. 人格特征

良好的人格特征是保持稳定、长久个人魅力的根本所在，也是人与人之间建立亲密关系的基础。人们更容易倾慕乐观开朗、助人为乐、富于幽默感、有进取精神的人。因为与这种人相处，能给人带来欢乐。人们一般会觉得长相漂亮的人很可爱，但如果没有美的心灵，人们反而会更加厌恶其漂亮的外表和不凡的能力。所以，正直的人在结交朋友时，都会非常注重对方的人格品质。那么，究竟哪些人格品质对人际吸引起关键作用呢？研究发现，真诚、可靠、热情、友善、宽厚等都是最具吸引力的人格品质,而虚伪、说谎、冷酷、自私、嫉妒等都是最让人厌恶的人格品质。显然,要想赢得他人的友谊,真诚待人是最重要的。

(二)相似性吸引

人们倾向于喜欢在某方面或多方面与自己相似的人。"物以类聚,人以群分",它言简意赅地表明了人际吸引中的相似性的作用。人们在民族、年龄、性别、学历、社会地位、职业、兴趣、观点、修养等方面越相似,就越能相互吸引,产生亲密感。无论是友情还是爱情,相似性吸引都扮演着重要的角色。

(三)互补性吸引

在人际关系中,我们还会发现,人们往往还重视虽与自己不同,但能与自己互补的朋友。因为彼此可以取长补短、各得其所。需求的差异正好构成一种互补性关系,比如,脾气暴躁的人往往喜欢同脾气温和的人相处,依赖性强的人更愿意和独立性强的人共事,温柔顺从的人与支配欲强的人常常成为伙伴。研究表明,互补性吸引更多发生在交情深厚的朋友,特别是异性朋友、恋人和夫妻之间。互补因素在婚姻关系上更为突出。胆汁质的人很可能与抑郁质的人互补;性格恬静的人很可能与活泼好动的人互相吸引,它们会有助于爱情的巩固。

(四)人际吸引的增减规律

在交往中,人们之间的相互吸引水平是变化的。我们最喜欢的是对自己喜欢程度不断增加的人,最讨厌的是对自己的喜欢程度不断减少的人。我们喜欢一个喜欢自己的人,而讨厌一个讨厌自己的人。这种人际吸引水平的增减规律,我国学者金盛华(1995)认为,可以用人都需要自我价值的肯定来加以解释。人对自我价值支持信息的改变非常敏感,所以,在交往中新出现的自我支持或自我否定的力量再小,也意味着自我价值的上升或下降,从而引起喜欢水平的变化。

第四节　人际互动与人际交往

　　人际交往有一个很重要的作用,就是可以把原来分散的个体联系并组织起来,形成群体。群体是构成整个社会的细胞。所谓群体,从社会心理学的角度来看,是指为了一定的共同目标,以一定方式结合起来,成员之间能够进行直接而稳定的交往,彼此相互影响、相互作用并具有情感联系的人群联合体,如家庭、学校班级、球队、业余活动协会、朋友圈子等等。我们就是在诸如此类的群体中与他人共同学习、工作和生活的。群体成员之间密切的人际交往,使彼此不可避免地在行为上产生复杂的相互影响和作用,即人际互动,从而对个体的活动与发展,以及群体整体作用的发挥等产生深刻影响。

一、社会助长和社会惰化

(一)社会助长作用

　　早在 1898 年有人就发现,群体性的活动会明显提高人们的行为效率。现场实验发现,单骑的自行车选手平均时速是 38.4 公里,结伴的骑车人平均时速为 49.6 公里,结伴并进行骑车比赛的平均时速为 52.16 公里。"社会助长"这个概念由此被提了出来。社会助长也称社会助长作用,是指他人在场或与他人一起活动可以提高个体的行为效率。

　　心理学家同时发现在从事复杂的思维工作时,出现了相反的现象,即单个活动比结伴活动效果好,他称之为社会致弱作用。即他人在场,并不一定都是促进个体的行为效率,也有可能降低行为效率。如在撰写评论文章时,他人在场不但可以导致精神不集中,而且可能会激起个体过高的焦虑水平,从而对活动的效果产生消极的影响。

(二)社会惰化作用

　　从理论上说,群体活动人数的多少与成员的活动效率应该成正比,所谓"众人拾柴火焰高"。但在实际活动中,有时存在"出工不出力"的情况。这就是"社会惰化",即意味着在群体的活动中个体付出的努力比单独完成时偏少的情况。著名的"拔河实验",测量了拔河比赛中每个人的用力水平,结果发现,如果一个人独自拔时,平均拉力可达 63 公斤;两人一起拔时,每人平均拉力下降到了 59 公斤;3人拔时继续下降为 53.3 公斤;8 人拔时人均仅剩 31 公斤。后期研究得出的结论是,当一起完成一项共同活动的群体规模越大,个人所做的努力程度就越低。产生上述现象的原因,被解释为人的惰性或依赖性,如果无法依靠别人时,他就会努力去做。另外,还与一个人的责任心和道德品质有关。

二、从众

(一)从众的研究及其内涵分析

在生活中,不知你是否有过这样的经历:和几个朋友结伴到山野去游玩,林间遇到岔路口,你觉得应该走右边那条路,但其他人都认为应该走左边那条路,最后你很可能跟着大家走。班级评选优秀学生,你觉得张三符合条件,但发现其他人都推举李四,最后你多半也会放弃自己的意见。诸如此类的现象,就是通常所说的"随大流",心理学称之为从众。从众是人们一种普遍的社会行为,是指个体的认知、观念和行为由于群体压力的影响,而向与多数人相一致的方向变化的现象。

专栏 9 - 2

从众经典实验

在社会心理学家阿希的实验中,实验材料是 18 套成对的卡片。阿希告诉 123 名大学生被试,将要进行视觉判断实验。要求指出线段 BCD 中哪条与 A 等长。实际上 C 与 A 等长,这一看便知,在个人判断时,被试者百分之百都能做出正确的回答。然而,当分组进行实验时情况就不一样了。实验组每组 7 人,其中 6 人是实验者的助手,只有一人是真正的被试。每当实验者显示一对卡片要求回答"哪条线段与 A 等长"时,真被试总是被安排在倒数第二个回答。18 套卡片共显现 18 次。在全部 18 次实验里,前 6 次助手的回答都是正确的,大家都做出了正确的选择——"C＝A"。但是从第 7 次开始,6 名助手异口同声地说"B＝A",轮到第 7 个人即真被试时,他惊讶不已,迷惑不解,陷入矛盾之中:一方面自己的视觉清楚地告诉他 C＝A,另外一方面前面 6 个人一致判断是 B＝A。在这种情况下,经过犹豫,他就会遵从多数人的意见,做出同他们一样的回答的占全部被试的 32％。

　　资料来源:孙时进编:《社会心理学》,第 202 页,上海:复旦大学出版社,2004 年版。

　　其后,不同国家的验证实验都获得了相似的结果,我国学者也做了类似的实验,结果与阿希的研究基本一致。

　　(二)影响从众的因素

　　个体的从众受到许多因素的相互影响。下面从群体、个体、情境三个方面来分析。

　　1.群体的特点

　　(1)群体的规模。从众行为与群体规模有密切的关系,从总的趋势来说,群体规模越大,持一致意见或采取一致行为的人数越多,则个体所感到的心理压力就越大,也就越容易从众,但这个规律只在一定范围内起作用。有关的实证研究都表明,当群体中持有一致意见或行为的人数达到一定量时,就不再明显引起从众率的增高。阿希的实验和后来杰拉德(H.B.Gerard,1968)的研究,结果虽有不同,但都反映出上述趋势。

　　(2)群体的一致性。群体自身的一致性是形成群体压力的重要来源之一。群体的分歧有损于群体的力量,不管群体的人数多少,只要出现一个持不同意见的"反从众者",破坏了群体的一致性,就会使群体的从众行为大大减少。

　　(3)群体凝聚力。群体凝聚力是群体对其成员以及成员相互之间的吸引力,它取决于群体中的人际关系。群体凝聚力水平越高,成员之间的依恋性就越强,观念和行为的一致性就越高,个体会为了群体利益而与群体意见保持一致,从而表现出很高的从众倾向。

2．个体的特点

(1)个体的人格特征。个人的能力、自信心、自尊、社会赞誉需要等人格特征与从众行为密切相关。能力强的人,思维灵活,自信心较强,不容易发生从众行为;而能力低的人,判断能力较差,思维不灵活,自信心较低,容易产生从众行为。社会赞誉需要强烈的人,由于特别重视别人的好评价,从众的可能性就比较大;性格懦弱、易受暗示的人也容易表现出从众。

(2)性别因素。一系列早期的研究发现,女子比男子更容易从众,这种差异被认为是社会文化的影响,因为,人们往往教育男孩子要"成为一个独立思考者","凡事要靠自己",而在培养女孩子的时候却不那么强调这些。然而有一些研究指出,不同性别的人对任务的熟悉程度会影响从众。熟悉程度越高,越容易做出独立的判断;不熟悉则容易发生从众。

(3)文化差异。一些跨文化研究发现有些民族比另外一些民族更容易从众。如研究显示,挪威人比法国人更容易从众,原因是挪威社会具有高度的凝聚力,挪威人有群体认同的深厚情感。

(4)个体在群体中的地位。个体在群体中的地位越高,就越不容易顺从于群体的压力;而被群体高度吸引,但地位较低的成员在群体中相对受轻视,常常受到来自高地位者言行的压力,所以容易从众。

3．任务的特点

(1)任务的模糊性和难度。模糊的、困难的任务与明确的、容易的任务相比,人们在完成前者时表现出更多的从众行为。如群体所讨论的问题很复杂,又缺乏明确的标准来加以判断时,个人就倾向于从众。因为这时个人特别期望从别人那里获得正确的信息,以决定自己应该怎样做,所以很容易附和大多数人的意见。例如,在"非典"时期,正是由于人们对 SARS 的不了解和恐慌,才会出现哄抢白醋的可笑行为。

(2)从众行为的公开性。人们在公开情境和私下情境中所表现出来的从众程度存在差异。事件的公开程度越高,人们做出的独立行为就越少,从众倾向就越大;而在匿名情境中,由于降低了群体压力,减弱了被试的孤立感,则从众行为会减少。如班级投票选举班干部,如果采用举手表决的方式,个体就会碍于情面或迫于压力违心地表决,从而影响选举的结果。

三、模仿与暗示

(一)模仿

模仿是在没有外界控制的条件下,个体有意无意地仿效他人行为举止而引起与之相同或相似的行为。模仿是一种普遍的社会现象。从个体对他人无意识的动作到日常生活方式,从对他人的气质风度、行为方式、工作方法到对整个社会的风俗习惯、礼仪时尚等,都存在着模仿。

模仿可以分为无意识模仿和有意识模仿。无意识模仿也叫自发模仿,指模仿者没有考虑其行为的原因和意义,在不知不觉中仿效他人的言行举止,如儿童模仿父母的举动。有人在自然情境中进行过这样一项实验:在车水马龙的十字路口,当红灯亮时,行人都应自觉止步,但实验者却故意大摇大摆地穿过马路,结果总会有人不知不觉的成为他的附和者。

有意识模仿也叫自觉模仿,是指模仿者有一定动机,有一定期望,自觉地对他人行为的模仿。有意识的模仿又可分为两种:一种是适应性模仿,即人为了适应新的环境或生活而模仿他人的行为等。有一则笑话说,有位市民被总统请去喝茶,但不知总统喝茶有什么规矩,感到诚惶诚恐,就决定照着总统的样子做。总统往咖啡里加牛奶,他也加;总统放几块糖,他也照做;结果,总统把咖啡倒在盘子里,他很困惑,但也照做;结果,总统把盛着咖啡的盘子放在地上去喂狗了。另一种是选择性模仿,是人们经过思考而有选择地模仿。如我们的服饰、社会礼仪、娱乐方式的模仿都属于这一类。

据心理学的实验证明:6岁儿童的模仿,从众行为较普遍,10岁以后对教师的模仿有所下降,到了16、17岁对同伴模仿的从众行为也开始下降。这说明模仿还有年龄的特征,根据年龄特征,选择恰当的榜样,可以更充分地发挥模仿学习的积极作用。

(二)暗示

1.暗示的概念

暗示是指采用含蓄的方式,通过语言、表情、行为等刺激手段,对他人的心理和行为发生影响,使他人接受某一观念,或按照某一方式进行活动。暗示同命令、指示、劝导和教育对人的影响是不同的。虽然暗示者进行暗示一般都是有意识的,但不带有压力,不需要讲道理。而受暗示者一般也是以无批判、无反抗的态度来接受暗示。

有人要求大学生对两段文学作品做出评价。告知学生,第一段作品是大文豪狄更斯写的,第二段作品是一个普通作家写的。结果,大学生对第一段作品给予很高评价,对第二段作品则给予苛刻的挑剔和批评。其实,这两段作品都出自狄更斯之手,只是因为受到了不同的暗示,学生的评价就大为不同,相差悬殊。

暗示的作用在社会生活中到处可见,从家庭教养、学校教育、工作管理到商业宣传、医学治疗、娱乐休闲等,人们都可能因为暗示而不知不觉地接受某种观念或态度,从而导致行为上的变化。比如,电视广告对购物心理的暗示作用。广告的影像、声音都具有强烈的暗示性。人们看电视时,都是东看看西看看,是一种无意识的行为。在无意识中,人们缺乏警觉性,这些广告信息会悄悄也进入人们的潜意识。这些信息反复重播,在人的潜意识中积累下来。当人们购物时,人的意识就受到潜意识中这些广告信息的影响,左右你的购买倾向。比如,当你对两个品牌的东西拿不定主意时,多半会选择那个已经进入你的潜意识中的品牌,所以当我们回到家,再注意到当初的选择时,有时会感到莫名其妙。这就是我们经常会乱买东西的一个原因。利用人们这种普遍的受暗示的心理特性,许多广告商都会提前为即将上市的商品做广告,因为他们知道,即使目前人们不会马上用到他的商品,但有一天用到的时候,这种暗示就会影响人的购买倾向。

2.暗示的种类

通常,社会心理学把暗示划分为以下四种类型:

(1)直接暗示。即暗示者直接地把事物的意义提供给受暗示者,使其迅速地不假思索地接受。下面这项实验说明了直接暗示的作用:实验者以化学教授的身份告诉学生,他手中的瓶子装有一种恶臭气体,他想测试该气体在空气中散发的速度,瓶盖打开后,一闻到该气味,就请立即举手。实验者打开瓶盖并计算时间,15 秒之后,前排多数学生都举起了手;一分钟后,有 75% 的学生都嗅到了气味。但实际上瓶子里没有任何气体存在。在这里,"化学教授"将"瓶中装有恶臭气体"的意义直接提供给学生,加上他的身份,学生就迅速而无意识地接受了,由此产生了暗示作用。

(2)间接暗示。即暗示者通过其他事物或行为的中介,把事物的意义间接地提供给受暗示者,使其心理和行为受到影响。第二次世界大战期间,美国军队某新兵营接受了一批既没有文化、又沾染了许多不良习惯的士兵。如何使这些士兵成为纪律严明、战斗力强的标准军人,军官们为此很伤脑筋。最后他们采用了心理学家的建议,发一些家信要求士兵们读,并且照样学着写。信的内容主要是告诉家人,他们在军队中养成了讲卫生、懂礼貌、守纪律等新的生活习惯。一段时间之后,这批士兵逐渐接受了军队的行为规范,克服了以前的坏习惯,个个都成了仪容整洁、精神焕发的标准军人。这就是利用间接暗示达到的效果。间接暗示的特点在于,它一般不会使接受者产生心理抗拒,所以,对人们行为的影响作用往往大于直接暗示。

(3)自我暗示。即依靠思想、语言向自己发出刺激,以影响自己的认识、情绪、意志等心理活动或要求按某一方式行动。自我暗示对个人的心理和行为可以发生积极的作用,也可以发生消极的作用。在困难面前暗暗地鼓励自己的勇气和信心,就是积极的自我暗示;而感到"我真是一个失败的人"则是消极的自我暗示,一个老暗示自己失败的人,就会失败。

(4)反暗示。是指暗示者发出的刺激引起受暗示者相反的反应。有两种反暗示,一种叫做有意反暗示,如"正话反说"、"欲褒故贬"等;

一种叫做无意反暗示,"此地无银三百两,隔壁阿二未曾偷"这则中国古代笑话就是无意反暗示的绝好例证。

3．影响暗示效果的因素

(1)暗示者的特征。暗示是由于人们对暗示者怀有一种信服的态度而产生的,而这种态度的产生主要受暗示者本身的信心、体力、身材、性别、年龄、知识、权力、地位以及威望等特征的影响。以看病为例,同样的诊断结果和治疗方案,从年轻医生和资深医生的口中说出,对病人的影响就不同。

(2)受暗示者的特征。受暗示者的年龄、性别、受教育程度、人格特征、心理状态等都会影响暗示的效果。比如,少年儿童由于缺乏知识经验和独立思考能力,容易轻信别人,因此与成年人相比,更容易受暗示。独立性很强的成人往往有反暗示性,特别是意识到他人企图施加暗示影响时,更不会接受暗示。又如,人在疲倦时、生病时容易受暗示,而精神振奋、身体健康时则不容易受暗示。

(3)暗示刺激的特点。一般来说,任何暗示刺激其表现的范围越大,强度越强,次数越多,并具有反复性、特殊性、新奇性,就越容易对人们产生暗示作用。一则商业广告如果连续刊登或播放,甚至终年不断,总会发生一定的暗示效果。

四、合作与竞争

(一)合作与竞争的概念

现代社会中人际交往都面临一个共同的课题:合作与竞争。建立良好的人际关系必须正确处理好合作与竞争的关系。合作与竞争是人们生活中大量而经常发生的人际互动形式,每个人都在各种情境中经历过,或者正在经历着合作与竞争。它们几乎与我们生活历程中的所有重大事件有关。

合作是个体或群体为了共同的目标而协同活动,相互配合以实现同一目标的行为或意图。①

竞争是个体或群体对于同一共同目标的争夺,促使某种只有利于自己的竞争结果实现的行为或意图。②

(二)合作与竞争的影响

一些研究表明,在合作条件之下,群体成员之间能建立和保持友好协调的人际关系,个体的活动效率因此得到了提高。例如,心理学家在四种群体中比较了学生学习中的合作与竞争,这些群体包括合作的班集体,竞争的班集体,在本群体内合作与外群体竞争的班级,以及各成员自己单独活动的班集体。涉及的学科有阅读、语文、数学、自然科学、社会科学、心理学和体育。研究包括从幼儿园到大学的各个年龄组。结果表明,在班级中与他人合作的人,比彼此竞争的人和自己单独学习的人学得好。各学科、各年龄都是如此,只是大学生的合作积极性弱一些。研究者据此强调,学校学习中合作优于竞争。也有人指出,如果合作缺少良好的组织,也可能会出现社会惰化、依赖性增加、动机减弱等弊病。例如,在小组学习中,如果没有得力的组织者,小组学习就可能会流于形式,学习的质量就会下降。

无论是商业、学习、游戏等活动,都可以相互合作,也可以相互竞争。但是现实生活和大量的研究表明:与合作相比,人们更倾向于优先选择竞争,而不愿意合作。更多的人试图通过社会比较来确定自我的价值,喜欢采用竞争和超越别人的方式与他人发生关系。

心理学家曾做过一个经典实验,该实验要求两两成对,两人分别充当两家运输公司的经理,任务都是使自己的车辆能以最快的速度从起点到达终点,速度越快,则赚钱越多,要求是尽可能多赚钱。每人都有两条路可以选择,一条是专用通道,另一条是两人共同的近道

① 李铮、姚本先主编:《心理学新论》,第 220 页,北京:高等教育出版社,2001 年版。

② 李铮、姚本先主编:《心理学新论》,第 221 页,北京:高等教育出版社,2001 年版。

线,但道路狭窄,一次只能通行一辆车。因此,使用这条近而窄的道路只有一个办法:双方合作交替使用。研究的设计明确告诉被试,即使交替使用单行道,也必须要有一点等待时间,但走单行道远比启用个人专线经济、有效。实验最后以被试起点至终点的运营速度计分,分数越高越好。实验的结果表明,虽然也会偶有合作,但大多数都是竞争,双方狭路相逢,僵持不下的情况时有发生。当研究者要求被试阐明宁可竞争也不愿选择合作的理由时,大多数被试表示自己希望战胜其他的竞争者,他们并不重视自己在实验中的得分多少,即使得分少也宁可去竞争,胜过他人,实现自我价值。这一实验证实了人们的心理上倾向竞争的论断。

研究还表明,个体之间的竞争与团体之间的竞争有很大的区别。在群体竞争的条件下,群体内成员的工作是相互支持的,共同活动的目的指向性很强,彼此交流时,相互理解和友好,提高单位时间内的效率。在个人竞争的条件下,多数人只关心自己的工作,相互不够支持。

在现代社会生活中,尽管竞争有时会显得似乎不近人情,有人甚至会为此付出巨大的努力和代价,但只要竞争的目的是有利于调动人的主动性、创造性,能促使人们更好地为社会主义事业发奋学习,努力工作,就会得到社会各方面的支持,就是符合道德的竞争。然而现实生活中,由于人们往往以物质利益来衡量竞争的成败,因而在一个竞争高度发达的社会里,往往过分强调物质利益因素而忽视其他因素,从而对健全的人性造成一定程度的扭曲,并使社会成员遭受巨大的心理压力。竞争能让人们满怀希望,朝气蓬勃,这是一种健康的心理。但是,竞争也容易使人在长期的紧张生活中产生焦虑,出现心理失衡,情绪紊乱,身心疲劳等问题。尤其对失败者,由于主观愿望与客观满足之间出现巨大差距,加上有的人心理素质本来就存在不稳定因素,甚至出现犯罪乃至自杀等严重问题。因此,在充满竞争的现代社会中,要正确对待竞争,在竞争中保持健康的心态。

科技社会化、社会科技化的今天,是一个竞争更为激烈,同时又需要更加紧密合作的社会。竞争需要借助合作才更有可能获胜,合作增强了竞争的能力。任何事业的成功,都需要良好的合作。现代科学辉煌成就的取得,充分证实了成功合作是很必要的。现代科技已成为一种社会化的集体劳动,这种劳动是以友好合作为前提的。自然科学的早期研究,基本上是以个人的方式进行的。然而,纵观世界科技发展史,任何一项发明创造和发现,都浸透着前人辛勤劳动的汗水,是科学家群体共同努力的结果。进入20世纪以来,重大的科学发现和技术发明接连不断,分子生物学、量子力学、核能的开发与利用、电子计算机、人工智能、系统工程、信息科学和控制论等尖端科技领域的相继诞生,都不是某个科学家个人单枪匹马干出来的,而是一代代科学家们合作的结果,是人类几千年文明史发展的必然结果。科技领域的创造群体在共同的合作中不断攀登一个又一个科学高峰。

因此,我们要生存,要发展,就要学会竞争与合作,竞争与合作既是每一个人必须不断解决的生活课题,也是每个人成长发展应该经历的必由之路。

【主要结论】

1. 人际交往是极为普遍的社会现象,也是人类最重要的社会行为。通过人际交往,个体参与各种社会活动,与其他人建立和发展各种人际关系,个体在这个过程中逐渐形成自我意识,逐渐获得和展现真正意义上的"人"所具有的社会特性。人际交往有着非常丰富的心理内涵,人际沟通、人际认知、人际关系和人际互动都是其不同的侧面,由此也就构成了人际交往心理的主要框架。

2. 人际沟通是人们在交往中,运用语言符号系统(口头的、书面的)和非语言符号系统(手势、面部表情、目光、运动性体态、人际空间距离等),相互之间传递交流思想、观点、意见、知识、消息、情感、态度和动作等的过程,这个过程是由信息发送者、信息、信息通道、信息接受者和信息反馈等五个不可或缺的基本要素构成;在人际沟通中,双方的交往需要与兴趣、对信息理解的一致性程度、沟通能力和技巧、对信息通道的选择、信息反馈等都会影响沟通的最终效果。

3．人际认知是人们在交往中，观察了解他人的外在特征和外显行为，形成印象，并进而推测、判断其心理状态、人格特征、行为动机和意向的认识活动过程；个体对各种认知信息进行加工处理从而形成对他人一种较为综合、概括的印象，形成这种印象的基本依据是个体对他人在社会特性、智能特性方面所做的好坏评价。由于受到首因效应、近因效应、晕轮效应、定型效应等心理效应的影响，最终形成的他人印象与其真实面目之间会出现一定偏差，降低认知的准确性。

4．人际关系是人们在交往中形成的直接心理关系或心理距离，主要表现为心理上的好恶喜厌、远近亲疏，反映了人们寻求满足自己社会需要的心理状态；人际关系的心理结构包括认知、情感和行为三种成分，其中情感是核心成分，它集中表现为人际吸引和人际排斥，不同程度的人际吸引反映了不同层次的人际关系。个人在仪表、才能和人格等方面的魅力，人们之间在态度、价值观等方面的相似性，在需要、能力、气质、人格特征等方面的互补性都是产生吸引力的重要来源；同时，人际间的吸引水平会出现变化。

5．人际互动是群体内的个体之间在行为上的相互影响和作用，它有丰富多样的表现形式：社会助长是指与他人一起活动可以提高个体的行为效率，其原因是他人在场激活了个体被评价的意识，导致动机水平增强。社会助长作用只是在个体从事简单的、熟练的活动条件下出现；社会惰化指与多人共同完成一件工作时个人所付出的努力比单独完成时要偏少，其主要原因是个人成绩不单独计算而使活动动机下降；从众是个体的认知、观念和行为由于受到群体压力的影响，而向与大多数相一致的方向变化的现象。研究表明，影响人们从众行为的因素有群体因素（如群众规模、群体凝聚力等）、个人因素（如人格特征、个体的地位等）和情境因素（任务的模糊性与难度等）；模仿是在没有外界控制条件下，个体有意无意地模仿他人行为举止而引起与之相同或类似的行为，它主要是后天学习的结果；暗示是采取含蓄的方式，通过语言、表情、行为等刺激手段，对他人的心理和行为发生影响,使他人接受某一观念,或按照某一方式进行活动,一般将其划分为直接暗示、间接暗示、自我暗示和反暗示。合作与竞争是人们生活中经常出现的人际互动形式。合作是个体或群体为了同一共同目标的协同活动,相互配合以实现同一目标的行为或意图。竞争是个体或群体对于同一共同目标的争夺,促使某种只利于自己的竞争结果实现的行为或意图。研究发现竞争占据心理优势。

【理论应用与实践】

人际交往知识在教学中的运用

作为教师,在教学中运用人际交往知识应注意以下方面:

一、关注与学生的沟通

教师作为信息的发送者,不仅要注意信息发送的准确、清晰,而且要关注学生在信息的编码和发送方面是否存在困难和障碍。在教学中教师有训练和发展学生人际沟通能力的责任,对于学生在课堂发言或日间谈话中出现的语言表达不清和词不达意的现象,要及时加以改进。语言是师生沟通的重要工具,教师应当具有娴熟的语言技能。语言表达要清晰,而且应有一定的文学修养;语言要逻辑严密,富于感染力。除了熟练运用语言外,在教学中,教师要善于运用眼神、表情和肢体语言来传递信息。同时,教师也要善于捕捉学生有意无意间传递出来的非语言信息。如教师在课堂上讲解某一个知识点的时候,学生如果皱起了眉头,就说明学生可能还没有理解。教师需要进一步讲解或单独辅导。

二、建立和谐的师生关系

为了教育教学工作的顺利开展,师生之间的关系应是密切而又亲切的。这种关系的建立需要相互的理解。教师首先要掌握处于青春期的孩子的生理和心理特点,正确看待学生的追星行为,并积极引导学生。对于学生在学习、交友方面的问题,不能轻易下结论,更要注意避免出现晕轮效应和刻板印象等认知偏见。

三、保持积极的师生互动

教师作为教育者,对学生施加着这样或那样的影响。其中,教师的期待对学生的发展有直接的影响。教师对学生的期待不宜过低,过低的期待容易使学生放松对自己的要求。然而期望值也不宜过高,过高的期望值超出学生的实际能力,学生虽然努力了也达不到要求,可能增加学生的心理压力,容易挫伤他们的积极性。因此,教师要针对不同学生的特点寄予恰当的期望。

师生交往中另一个重要问题是彼此的尊重。作为青少年的中学生已不同于儿童,他们渴望得到教师和家长的尊重。教师只有给予学生充分的尊重和信任,才能赢得学生的尊重和信任。学生常常因为喜欢一个老师而喜欢他主讲的一门课,相应的课程成绩就较好。也可能因为讨厌某一个老师进而对这门课不感兴趣,导致成绩较差。这是我们看到的因为师生关系影响学生的学习积极性的实例。

教师不单对学生寄以角色期待,同时他自己也有角色扮演的问题。因为学生对教师也有角色期待,教师的实际表现与学生对他的期待之间的符合程度,决定着学生对教师的印象和态度。因此,教师要关心自己的个人形象,在与学生初次接触时,教师要给学生以良好的第一印象,建立初步威信。

【学习评价】

(一)基本概念解释

1.人际沟通　2.人际认知　3.人际互动　4.社会助长
5.社会惰化　6.模仿　7.暗示　8.从众

(二)判断正误

1.人际沟通的基本构成要素包括:信息发送者和接受者、信息、信息通道。

2.人际认知的内容包括对他人仪表、人际关系、情绪情感的认知。

3.人际关系包含认知、情绪和行为成分。

4.人际认知是双向的、复杂的认知过程。

5．关于某人的两种信息连续出现时，首因效因起作用；在关于某人的两种信息断续出现时，近因效应起作用。

6．人际关系发展经历了定向、情感探索和情感交流阶段。

7．在人际吸引的条件中，个体的能力是最重要的。

8．暗示的类型有：直接暗示、间接暗示、自我暗示和反暗示。

9．在人际印象中，有一些特性对印象的形成更为重要。

10．与成人相比，年龄小的孩子更容易从众、模仿和受到暗示。

11．人们更倾向于优先选择合作，而不愿意竞争。

12．"众人拾柴火焰高"描述的是社会助长作用。

(三)综合应用

1．能综合运用模仿、暗示、从众等原理，分析青少年的"追星"行为。

【参考文献】

[1]全国十二所重点师范大学编写：《心理学基础》，北京：教育科学出版社，2002年版。

[2]时容华著：《社会心理学》，杭州：浙江教育出版社，1998年版。

[3]章志光、金盛华主编：《社会心理学》，北京：人民教育出版社，1996年版。

[4]周晓虹著：《现代社会心理学》，上海：上海人民出版社，1997年版。

[5]金盛华、张杰著：《当代社会心理学导论》，北京：北京师范大学出版社，1995年版。

[6]郑全全、俞国良著：《人际关系心理学》，北京：人民教育出版社，1999年版。

[7]申永荷主编：《社会心理学——原理与应用》，广州：暨南大学出版社，1999年版。

[8]金盛华等编：《沟通人生——心理交往学》，济南：山东教育出版社，1992年版。

［9］孙时进编:《社会心理学》,上海:复旦大学出版社,2004 年版。

［10］黄希庭著:《心理学》,上海:上海教育出版社,1997 年版。

［11］郭享杰著:《心理学——学习与应用》,上海:上海教育出版社,2001 年版。

［12］卢家楣等主编:《心理学》,上海:上海人民出版社,1998 年版。